我这样教数学

华应龙课堂实录

华应龙◎著

十周年
纪念版

I TEACH
MATH
LIKE THIS

长江出版传媒　长江文艺出版社

图书在版编目（ＣＩＰ）数据

我这样教数学：华应龙课堂实录：十周年纪念版 /
华应龙著.-- 武汉 ：长江文艺出版社， 2020.3（2021.12 重印）
（大教育书系）
ISBN 978-7-5702-1244-6

Ⅰ.①我… Ⅱ.①华… Ⅲ.①小学数学课－教学研究
Ⅳ.①G623.502

中国版本图书馆 CIP 数据核字(2019)第 214143 号

选题策划：秦文苑

责任编辑：施柳柳　　　　　　　责任校对：毛　娟

封面设计：仙境　　　　　　　　责任印制：邱　莉　杨　帆

————————————————————————————————

出版：长江出版传媒　长江文艺出版社

地址：武汉市雄楚大街 268 号　　　　邮编：430070

发行：长江文艺出版社

http://www.cjlap.com

印刷：武汉中科兴业印务有限公司

————————————————————————————————

开本：710 毫米×970 毫米　　　1/16　　印张：19.375　插页：1 页

版次：2020 年 3 月第 1 版　　　　2021 年 12 月第 4 次印刷

字数：249 千字

————————————————————————————————

定价：42.00 元

————————————————————————————————

目　录 | CONTENTS

序一 华应龙：小学数学教育的智者

华应龙的数学课，有独特的色彩和光亮，有丰富而深层的意蕴。我很喜欢，很赏识。常常想：我在华应龙现在这个年龄，能这么设计吗？能这么研究设计吗？能这么去呈现吗？能这么去表达吗？答案是否定的。不过，我并不难过。相反，我很高兴，因为有华应龙这样一批年轻人，我们国家的小学数学教育就有希望，中华民族的小学教育就会站在与国际对话的平台上。因此，应把华应龙当作与世界小学数学界进行交流和研究的对话者，而且是优秀的对话者。

一直在寻找一个词来概括华应龙的教学特色，以表达我对华应龙教学总的认识，但是，十分困难。这是因为，他美丽的侧面太多了，再现的色彩很丰富，蕴涵的意义又很深。不过，我想也许用一个普通的很流行的词来表达，倒可能是最合适的，这个词就是智慧。

实际上，不能小看、轻看"智慧"。可以这么去判断：人类一切最优秀的文化都是智慧的结晶，都是智慧；自古以来杰出人物都是智者。华应龙的小学数学教学正是人类文化的田野里开出的一朵鲜亮的花，华应龙正是小学教育界的一位智者、一颗越升越高的星星。

自知者明，知人者智。华应龙首先对自己有一种清醒的认识。比如，他对生活中的"我"有发现："我的年历上没有星期天，没有节假日，有的只是一天五六个小时的睡眠，更深夜半，烛泪将尽，常常是和衣而睡。一觉醒来，踏踏步、暖暖身子，继续看书……沉浸在教育教学的王国。"黎巴嫩诗人纪伯伦说得好：人是一支队伍，有的人因队伍走得快而离开队伍，有的人则因队伍走得慢而离开队伍。显然，华应龙是离开队伍的一位领跑者。华应龙的成长告诉我们，智者首先是一位辛勤的刻苦的开垦者、耕耘者。不付出，哪儿来的智慧？华应龙还告诉我们，生活中处处有智慧，如何认识生活、对待生活，实质是如何认识自己、对待自己，其间会生长出智慧。比如，他竟然把打篮球和自己的成长联系在一起，把篮球当作自己的"导师"，而且产生了一种美丽而遥远的想象——"庞加莱猜想"。一个有想象力的人，一个善于联想的人，是有智慧的。在华应龙的课上，你可以发现，他一直在现实的教育场景中去进行教育想象，因而充满着激情，充满着"梦幻"般的色彩。

更为重要的是华应龙对学生的认识。他对学生的认识更多的是一种发现。他发现了学生的什么呢？他发现了学生是"尧舜"。这种发现是基于儿童心灵的发现，是基于儿童最伟大之处——可能性的发现，所以，他说，"人皆可以为尧舜"。他告诉我们，教育教学本身就是一种"可能性"，一切奇迹都可能在课堂上发生，其背后的哲理是：人，尤其是儿童，就是一种创造性、超越性存在。不过，儿童的可能性常常被许多现实性的东西遮蔽着，久而久之，可能性的光芒会消退，会消失。唯有智者才能洞穿现实，去发现可能性。华应龙在课堂上的挥洒自如，与学生的心心相印、热情而又幽默的对话，不正是他在尊重学生的前提下，用独特的慧眼发现了儿童的独特之处吗？华应龙的身材可以说是魁梧的，但他的教育身姿是很低的，他伟岸的身躯里有一颗勃勃跳动着的"童心"，他的教育姿态最美丽。

对人的认识和发现固然是智慧的，对教育教学的认识当然也是一种智慧。我们日复一日、年复一年地生活在"教育""教学"中，但是未必理解什么是真正的教育，什么是最好的教学。对此，华应龙却有深层次的体悟。他认为应该像农民种地那样教书。他说，要像农民那样不误农时，要像农民那样调整，因地因物制宜，要像农民那样耐心等待，不做揠苗助长、贻笑大方的事，要像种树那样"能顺木之天以致其性"，要像农民那样不责怪庄稼，而是反思自己……而这一切不能不说与他是农民的儿子，在农村生活过有关。农民的情思、农业的情结、农村的情怀，让他像一位智慧的农夫一样在田野里耕耘。如今虽在现代都市生活，但他永葆农业教育的品格，更显出他的难能可贵。

理解教育教学，离不开对学习的理解。华应龙的课堂教学，我认为，最成功的，是他把学生真正推到教学的核心地位，"让学习像呼吸一样自由"。只有学生主动地去学、积极地去学，只有学生在教师的指导下学会学习，创造性地去学，学习才会"像呼吸一样自由"，学生才会享受学习，体验到学习数学的幸福。在华应龙的课堂里，学生兴奋，有激情，思维活跃，有创见，这和学生获得主体性的真切体验是分不开的。此外，学习像呼吸一样自由，还意味着，学习不是技能的训练，而是智慧的生长，是思维的发展。华应龙把教学、把学生学习的真谛巧妙地把握在自己的手里，教学像清溪那样欢畅地流淌，像登山一样拾级而上，去高峰欣赏更阔大的美景。这是一种智慧，是一种大智慧！

智慧的核心是创造。华应龙是一个创造者。他从不满足，没有教学重复的感觉，他从不会去"重复昨天的故事"，船票是新的，摆渡是一次出发。在华应龙那里，抵达是又一次出发，每一次出发都是新的抵达。华应龙之所以能创造，其中有一点特别重要，那就是他的学科专业素养很丰厚，其学科教学又极具个性。更为重要的是，他把学科知识与学科教学知识结合在一起，统一在一起，因而得心应手，驾驭自如，其间充满着创造。

华应龙这位智者的背后实质上是他的文化底蕴和哲学功底，是他思想的深度与高度。因此，一位小学数学教师，能有如此功力，能成为智者，其课堂是智慧课堂是不难理解的。一次上课，听课的既有数学教师，又有很多语文教师和其他学科的教师。他对大家说：也许你们听我的数学课还是有意思的。结果，所有听课的教师都说，华应龙的课的确有意思。这种有意思，实质上是一种有意义。

华应龙的这句开场白绝不是戏言，相反，是一种自信，自信中又饱含着真诚。这种自信是他实力的自然流露和生动体现。他在语文教师们面前不仅表达了对"数学文化"的理解，还表达了对"教学文化"和"课程文化"的理解。这不仅与他对数学本质的深刻认识和准确把握分不开，也与他丰富的文化素养和全面良好的知识结构分不开。不难想象，华应龙也会是一位优秀的语文教师，我们不妨把他看作是教学文化、课程文化的研究者和智者。

也许以上这些只是华应龙的一个侧面。即便如此，也让我们看到了华应龙智慧的结晶和深意。真的，不夸张地说，华应龙已站到了与国际小学数学教育界对话的平台上，用他的课，用他的研究与实践，表达了他对数学教学现代意义的认识和发现，生动而形象、准确而深刻地阐发着中国数学教学及基础教育的文化传统和新的追求。总有一天，华应龙会登上国际小学教育的舞台，去传播中国的教育智慧。我们完全相信，而且乐观地期待着。

（成尚荣，国家督学，江苏省教科所原所长）

序二　什么样的课是好课

对华应龙老师的教学风采早有耳闻，他是全国知名的小学数学特级教师，许多学者总结过华老师的教学特色，许多文章赞美过华老师的教学风格。我作为一名小学数学教育工作者，总想有机会去体验华老师的教学风采，从华老师的教学中学习和研究小学数学教学问题。但遗憾的是几次机会都擦肩而过。前不久华老师找我为他的一本书《我这样教数学——华应龙课堂实录》写一个序，想到这是一个学习的机会，就欣然接受。但静下来一想又觉得有些唐突，因为没有在现场听过华老师的课，怎么有资格为他写的怎样讲数学课的书写序呢？可答应的事又不好推辞，只好勉为其难来完成这一任务。好在华老师书中的每一部分都是他的课堂教学实录，以及对这节课的准备、反思与专家的评价，好在借助现代化的教育手段我也看到了几节华老师的录像课。所以，这个序至少不是闭门造车了。

这本书展示了华应龙老师的 12 节数学课，以及与这些课有关的教学设计、反思与评价。看了这些课，我想到了似乎是被人们说了千百遍的一个话题——什么样的课是好课，一节好的数学课应当具备什么样的特点。人们常说"教无定法"，对课的评价、对什么样的课是好课，也没有固定的标准。况且，仁者见仁，智者见智，不同的人对"好课"会有不同的理解。我这里不想罗列那些评课的"标准"，也不想把华老师的每一节课都说成是完美的课，只是想透过华老师的这些鲜活的小学数学课表现出来的特点，谈一谈对好的小学数学课堂教学的理解。

1. 好的数学课是学生感兴趣的课

兴趣是学生学习的源泉和动力，喜欢学习数学和在数学学习上取得成就的往往是从对数学的兴趣开始的，而学不好数学，或不想再学数学的人，往往是从对数学失去兴趣开始的。有人说数学是抽象的，数学的学习是枯燥的，只有耐得住寂寞的人才能去学习数学。作为数学教师，要想真正把学生领进数学的殿堂，就必须使学生对数学学习产生兴趣。也许数学教师的一个重要的功夫就是能够把看似枯燥的数学变得有趣。学生是否对数学学习产生兴趣，也是衡量数学课是否成功的重要标志。从华老师的课上，我们看到一个突出的特点就是通过引人入胜的教学情境和灵活多样的教学过程引发学生的学习兴趣，使学生沉浸在学习乐趣之中。"角的度量"这样一节技能课，华老师针对"技能课为什么上得这样累"的课前思考，创设了有趣的情境，使学生不仅学得不累，而且兴趣盎然。引入时三个斜度不同的滑梯把学生带进了有趣的情境中。而当有的学生说想玩第三个滑梯时，引来了一阵笑声。从这笑声中可以想到学生可能悟到了什么，并且马上对后面要学的内容产生了兴趣。下面的教学片段会让人们想象出当时的课堂教学气氛。

师：（笑着）有人笑了，笑什么？

生：第三个太斜了。

师：这个"斜"字用得很好。

生：第三个太陡了。

师：这三个滑梯的不同之处在哪儿呀？

生：它们三个有高有矮。

师：对，有高有矮。还有什么不同呢？

生：有胖有瘦。

师：哈哈……是，有胖有瘦。你说呢，小伙子？

生：有宽有窄。

师：（惊讶）还有宽有窄。你们说出的这些都有点像。不过有一个很重要的不同之处，那需要有数学的眼睛才能看出来。

生：（齐声）角度！

师：哎呀，厉害！是不是这样啊？（抽象出三个角）

生：是。

师：最主要的是它们的角度不同。（隐去两个角，留下第二个滑梯的角）那么滑梯的角多大才算合适呢？这就需要量角的大小了，是不是？

生：是。

师：今天这节课我们就一起来学习——（板书：量角的大小）

多么引人入胜的课堂引入！这样的学习活动，相信每一个学生都会感兴趣的，即使他将来不去专门研究数学，抑或是现在数学学得不太好，但在这样的教学活动中，他也会对数学学习产生兴趣，至少不厌烦数学。数学教师应把每一个学生领进数学的殿堂，并让他保持对数学学习的兴趣。

2. 好的数学课不避讳出现差错

常常看到一些上得十分顺利的课，老师讲得准确无误，学生个个对答如流。真佩服上课的老师和学生，把一节课演绎得那么完美无缺。然而，既然学生都会了，老师为什么还要教呢？学生在课堂上没有问题，没有矛盾，老师的价值又如何体现呢？因此，那些近乎完美的课不见得是好课，甚至是淡而无味的课。而真正有味道的却是那些有差错的课。华老师的课确实由于融错而精彩，老师和学生共同面对这些差错，从差错中悟出道理，有所收获，使一节课变得有味道。心理学中的"试误""最近发展区"的学说，也为这样的有差错的课提供了理论的诠释。华老师把课堂中的差错作为资源来看待，让差错为开展教学活动、解决教学问题服务。他认为："数学课堂差错资源化的要义是：尊重学生的劳动，鼓励学生积极探索，深化学生对数学知识的理解，增强学生对错误的免疫力，发展学生的反思能力，培育学生的创新意识和直面错误、超越错误的品质。"我这里还要加一句——教学中教师还应当有意识地创造"差错"，为学生的学习设置"陷阱"。教师不仅不能回避差错，还应设置一些学生容易出现错误的情境，以了解学生的差错出在什么地方，他们存在什么误区，这样才能有针对性地设计课堂活动，才能真正做到针对学生的需要作出课堂决策。从某种意义上说，课堂教学中真正的生成性来自学生出现差错时教师的处理和师生的互动。

在"我会用计算器吗"这节课中，华老师先让学生问一问自己"我会用计算器吗"，学生都胸有成竹地回答"会用"。然而让学生计算这样三道题——"①57734＋7698，②56÷7，③2345－39×21"时，第三道题却出现了三种答案：1526、48426、1358。这时老师利用学生出现的错误，不失时机地引导学生了解计算器中还有许多奥秘，要很好地运用计算器，就要了解它更多的功能。接下来的课学生不仅兴趣盎然，而且积极主动地去探索。课堂中的错误不仅能使老师了解学习状态、学习需要，也能激发学生的学习欲望，使学习活动生动、深刻，并且有更多的探索空间。

3. 好的数学课是引发人思考的课

数学是思维的体操，数学的学习需要思考。好的教学要让学生主动探索，让学生在思考的过程中发展，"跳起来摘果子"才更有味道。要使课堂教学富于思考意义，教师就应为学生创设有助于思考的空间。"孙子定理"这节课是一节难度很大的课，在某种意义上可能还超出了学生学习的接受水平。若只是把它作为一节知识和技能教学的课，就会有这样的疑惑；但从数学思考的角度来看待这节课，就会体味到无穷的趣味。在课堂教学中学生有多处出现疑惑、困惑、不知所措的表情，又有多处表现出沉思、争论、微笑、兴奋的状态。学生的这些状态，反映了学生是在思考，而出现困惑后的思考、思考后的争论和解决问题后的兴奋，正是数学的魅力所在。可能解决问题所用的时间与解决问题给人们带来的兴奋是成正比的。不经思考马上就解决的问题，只能让人高兴一时，经过几分钟的思考解决的问题，则会带来一段时间的兴奋，而经过几天、几个月、几年的思考才解决的问题，恐怕会让你一生难忘。在这节课中，我们经常看到这样的情境：

生：我是说我刚才左思右想，终于想清楚它为什么要用最小公倍数来加1了。因为士兵总数是一样的，所以说每3个人站一排，就是3乘以他的排数再加1，这样的话，我们只需要用人数来除以3、5、7，最后必定是等于它的排数余1的，所以说用最小公倍数来加1。

（学生在一次一次尝试之后，兴趣越来越浓，研究的积极性越来越高。课件出示：每3人站成一排，最后一排只有2人；每5人站成一排，最后一排站了3人；每7人站成一排，最后一排是4人。你能推算出最少有多少人吗？）

师：（学生独立思考2分钟后）非常好，大家都在用脑子想。有什么感受呢？是不是在想办法转化？能把它转化成最后一排的情况都一样吗？

生：不能！

生：我根据题意列了一个方程，但不知道能不能走得通。设站的行数是x，于是$3x + 2 = 5x + 3 = 7x + 4$。

（老师流露出欣赏的神色，示意同学们来评价）

生：我对他的想法有一点意见，因为总人数除以 3、5、7，他们的排数不可能是一样的。

······

师：你现在有什么想法？

生：我想对这个算式提一个问题，我不知道那个 70 是怎么来的。因为我知道那个 21 是 3 乘 7，15 是 3 乘 5，但是我不知道 70 是怎么来的。

从这些情境和师生互动的过程中，我们看到学生在积极地思考，在寻找解决问题的办法。在这个过程中，他们所学到的不只是这节课的知识与方法，更可贵的是他们投入到探索的过程之中，体会到了数学的思维奥秘，学会了思考的方法，养成了思考的习惯。这也许正是数学教育的魅力所在，抑或是数学教育的本质特征。

4. 好的数学课要体现数学的本质

小学生的思维以具体形象为主，在学习抽象的数学内容时，往往要把内容具体化，用形象的方式呈现所学的内容。但这并不等于要去掉数学的本质特征，数学课之所以成为数学课，一个重要的原因就是数学课要体现数学的本质，小学数学也应如此。这往往会给数学教师带来许多难题。怎样把抽象的数学以学生可以理解、可以接受的方式呈现给学生，同时又使其保持数学自身的本质，对小学数学教师来说是一个挑战，也是衡量他们的基本功的重要标志。这既需要对小学生发展水平和思维方式有准确的把握，又需要对数学本身的内涵有正确的理解。我们从华老师的课中可以看到一些用浅显的方式表现，并很好地体现了数学本质的案例。如"游戏公平"这节课，华老师让同学们用实验的方法估计"丢啤酒瓶盖正面朝上"的概率。这与一般教材和课堂中所用的抛硬币的方法不同。这不是一个"等可能"的事件，对其可能性也没有事先的假设。而正面朝上是一个随机事件，并且学生很容易操作。课堂中学生得出了不同的结果，但至少有两点是清楚的，当抛的次数比较多时，正面向上都比反面向上少。而实验次数再多时，正面出现的频率大约是 1/3，因此，可以说"啤酒瓶盖正面朝上"的概率大约是 1/3，即可以近似地表示为 1/3。这个过程反映了"可能性"的本质特征，让学生在学习的过程中体验到随机。随机就不是事先确定，不是事先知道发生的概率。小学数学教学由于学生的年龄特征和接受能力往往忽视了对数学本质的揭示，这样可能会给学生带来错误的认识。因此，如何用浅显的方式让学生理解和掌握所学的知识，同时又不影响数学本质，是对小学数学教师的一个很大的挑战。

5. 好的数学课是自然流露的课

课堂教学本质上是师生互动的过程，是师生共同参与的过程。教师在教学活动中应当有计划，有预设，但实际的教学应当是自然地随着教学进程的推进，根据学生在教学活动中的表现不断调适和展开。在这个过程中，教师的作用在于对教学的总体目标的把握，并且根据课堂中随时发生的变化、学生的反应，对应该采取的教学活动作出判断，随时给予学生恰当的指导和引导，提出恰当的问题和情境。因而，真正意义上的教学绝不是按照事先准备好的语言叙述出来，而是教师对现场情况作出判断后，根据自己的实践性知识和学生的具体表现所作出的自然的反应。这种自然的流露既不能脱离教学的总体目标，也要与现场的情境、进程形成互动，它是一种教学机智、一种合理的教学决策，是老师实践性知识的集中表现。我们在华老师的许多课中都看到过这种自然流露式的教学，教学的过程虽然是事先设计的，但具体的语言表述、具体的互动方式，以及师生之间的对话与交流又是自然的、流畅的，有一种水到渠成的感觉。

在华应龙老师的这本书中，有许多值得我们学习、研究和思考的地方，以上只是凭我的理解撷取一点点闪光之处。这既不是对这本书特征的全面概括，也不是对数学课堂教学的系统阐述。华老师这本书的许多可贵之处，有待读者自己来提取和概括。希望这本书能对小学数学教育工作者有所启示，也希望这本书中展示的许多案例能成为小学数学教学的范例。

（马云鹏，东北师范大学教授，博士生导师）

序三　读华应龙

　　看了华老师的《我就是数学》《我这样教数学》两本书后，我有一个感慨：要读懂一个老师的课，恐怕要读懂一个人。自然，光从文字方面是不够的，但他的文字好像是能够让人更加清晰地读懂他。在读书过程中，我读出来的一些东西可能不一定对，但确实是我读出来的。

　　从华老师的人生来看，他是一个不服输的人，是一个善于从挑战当中实现自己发展的人，也是一个善于抓住发展时机的人。他是一个比较清醒地知道自己需要什么，可以怎么去实现自己需要的人。从书里面还可以看出他的个性，他是一个心态非常积极的人，是一个比较率直的能够在自己文字当中直抒胸臆的人，是一个自信而略带狂气的人，也是一个精力充沛的人，一个好学的人。

　　从书中的案例来看，他是一个非常喜欢学生而且能够读懂学生的人，是一个热爱数学和潜心研究数学的人，也是一个有底蕴的人。在我听到的课上，他是一个自如的人，是一个追求课不润人誓不休的人，一个具有自己教育思想和教学风格的人。

　　华应龙的书像他的课一样具有鲜明特征，都表达了自己的教育追求。他把自己的风格概括为"化错"，而且在这个"化"字上面做了很大的文章。

我觉得教学风格不是一下子可以说明白的，用"化错"概括他的教学风格似乎还不够。我一直在琢磨，他是名师、基础教育工作者、北京数学领域带头人，到底用什么东西可表达他的风格？这让我想得很苦。一天早晨我突然明白了，悟出来了，可不可以用两个字概括他的教学追求和教学风格？这两个字就是"求化"，"化"就是化解的化。我觉得可以从几个方面说：

第一个"化"是努力将自己对人生对数学的领悟化到数学教学当中，他把数学和他的人生化为一体，所以他喊出了"我就是数学"这句听起来有一点狂气的话，但这是他愿意把自己的一生跟数学化在一起的表达。

第二个"化"就是在数学教学过程当中，把"趣"字化为严谨的"思"，他从"趣"入手唤起"思"，又以"思"升华"趣"。前面的"趣"是有趣，后面一个"趣"则是对数学对科学的研究的"趣"，那是一种升华的"趣"。从"有趣"开始到体会发现创造那种"乐趣"。

第三个"化"是他把人文生活，中国传统文化有意义有价值的东西，他自己领悟了的东西，化到他的学科教学当中，使他的数学教学呈现一种人文的关怀。

第四个"化"就是将课堂当中、学生在学习过程当中呈现的各种各样的资源化成教的资源，把学的资源化成教的资源，通过教把学生思考领悟引入到新的层次，再化为学生真实的学。在他那里教与学不是谁先谁后，而是互化的一个过程。

第五个"化"是他把难化为易，把易化为深入，把点化为面，把每一节课化到学生的精神生命成长当中，他承担起了一个教师应尽的责任，这就是对学生成长的点化。

我并不是说华老师的"化"已经是尽善尽美。"化"是一个无止境的过程，万物都可以互化，教育的过程就是一个朝着教育目标不断地努力和转化的过程。另外，有别才能有化，如果没有区别的话，就不会有转化。

　　他的研讨课给我们留下了思考空间，也为华老师今后的发展留下了思考空间。我相信我们只要有志于"化"，着力于"化"，就会渐渐走进教育本身，因为教育就是一个转化的过程，没有转化就没有教育。当然，这个"化"还有很多的内容。我相信，华老师继续向前，可以走到教学中出神入化的境界。

　　看华应龙的书，我觉得"华应龙"三个字跟"化"有一点缘，"应龙"出自屈原《天问》："河海应龙？何尽何历？鲧何所营？禹何所成？"在古代神话里面，"应龙"是一条带着翅膀的黄龙，它是帮助大禹治水的，它用它自己尾巴画的江河让洪水得以疏通。还有一个说法是"应龙"是蓄水行雨的，它战胜蚩尤，杀了夸父，然后到南方去了。华应龙恰是从南方来的。大禹和他父亲鲧在治水方面最大的差异就是他不是用堵而是用疏，恐怕教育也不能用堵，要用疏。

　　华应龙到了北京，我希望他把我们教育上的沙尘暴（如果有的话）化成雨水！开个玩笑。

（叶澜，华东师范大学终身教授，博士生导师）

自序 "我怎么没想到"

"华老师，您是怎么想到的？我怎么没想到？"这是朋友们在听完我的"圆的认识"和"角的度量"后问我的话语、发出的感慨。一位朋友说："'圆的认识'这节课我们已经听过很多老师的很多遍了。拿到会议资料，看到您要讲'圆的认识'这节课的时候，我们就想这节课还能讲出什么来？但是，您的这节课是从头亮到尾！都是我们没想到的新东西。您是怎么想到的？我怎么没想到呢？"

"鸳鸯绣罢凭君看，莫把金针度与人。"通常，做完课后，做课老师会说课，但只是说某个教学环节的目的和意图，很少有人说自己这节课是怎么千辛万苦设计出来的。

"我怎么没想到呢？"这个话题是很有价值的。我们做老师的就是要上出有价值、有思想含量、有效的课。我上的这两节课并不完美，不过，我想在此把设计这两节课的"银针"和一些感悟与朋友们分享。

一、我有没有想过

对于一节课，如果我们没有好好思考过，那么是根本不会有什么新东西呈现出来的。那我们怎样才能去想呢？

第一，有问题才愿意想

古人说："疑是思之始、学之端。"疑问是学习和思考的开端。爱因斯坦说过这样一段话："提出一个问题往往比解决一个问题更重要，因为解决一个问题也许仅是一个科学上的实验技能而已。而提出新的问题、新的可能，以及从新的角度看旧的问题，却需要有创造性的想象力，而且标志着科学的真正进步。"创新需要有不安于现状、精益求精的意识，面对任何未知的问题有勇于尝试的冲动，能够自主地不断探索，勤于思考，善于发现并解决问题。

"圆的认识"一直是小学高年级数学内容。几乎小学数学领域所有的名师、大家都用过这节课来"吟诗作画，各领风骚"，后生新秀们也频频用这节课来"小试牛刀，异彩纷呈"。我在欣赏和回味之余，发现我自己和同行们对于"圆的认识"这节课主要存在三个问题：第一，注重组织学生通过折叠、测量、比对等操作活动来发现圆的特征，而不重视通过推理、想象和思辨来概括圆的特征。第二，注重让学生学会用圆规画圆，而不重视让学生思考为什么用圆规可以画圆。第三，注重数学史料的文化点缀，而不重视数学史料的文化功能的发掘。

例如，"圆的认识"的教学目标一定会有"了解圆的特征"。那么，圆的特征究竟是什么呢？我们原来是不是把"一条曲线围成""没有角""半径是直径的一半"等都作为圆的特征了？其实，"一中同长"就是圆的特征，通俗地说就是"半径都相等"。

原来，我们为了让学生认识到半径都相等、直径都相等，是让学生比赛：在规定时间内，看谁画的半径、直径条数多，然后让学生去量这些半径或直径是否相等。学生能量出半径都相等吗？是不是测量肯定就有误差？那个测量只是做个样子罢了。学生为什么对误差视而不见？因为脑子一想就知道半径都相等，学生是先有"半径都相等"的判断，然后有的测量数据。

在一个圆内，半径和直径真的画不完吗？是不是只要画就一定能画完，但在脑子里想就能肯定圆是有无数条半径的？因为圆上有无数个点。"圆有无数条半径"和"圆内能画无数条半径"是两回事。

有朋友说，小学生是以形象思维为主的。没错。但我们应引导学生从形象思维向抽象思维过渡。学生已在二楼，要去三楼，我们为什么硬要把学生由二楼拉到地下一层，再爬上三楼？学生抽象思维能解决的，却让学生用有问题的、做样子的动作思维来解决，我们的教育在干什么？

我们在黑板上板书"半径都相等，直径都相等"后，会问学生："同学们，这前面还要不要加上什么？"老师想在前面加"在同一个圆中或等圆中"，可是学生不知道也认识不到。冷场，尴尬地等待。当学生还没有反应的时候，老师走到台下，拿起学生画的一个小圆，对着黑板上老师画的一个大圆，问："你们看，这两个圆的半径相等吗？""那你们想想，在这个'半径都相等，直径都相等'的前面要加上一个什么前提条件呢？""在同一个圆中或等圆中。"我们是不是应该冷静地思考：究竟要不要加上这句话？我们说"正常人的两条腿是一样长的"，怎么不加上一个前提条件——"在同一个人身上"？

米兰·昆德拉说："人类一思考，上帝就发笑。"在设计一节课时，我们应铭记鲁迅先生的一句话——"从来如此，便对吗"，勇于否定自己。

道法自然。自然的才是真的，自然的才是美的。在备课时，对于生硬的教学内容和环节，我们应该大胆怀疑，多多地追问"为什么"。

原来我们以为加上"在同一个圆中或等圆中"是为了严谨的需要。那请问什么是特征？特征是一类事物中每一个个体都具备的，区别于他类事物的特别显著的征象和标志。因此，加上那句话的严谨，是不是教学内容上的形式主义？

我们设计一节课，主要考虑两个问题：一是教什么，二是怎么教。最根本的是要考虑"教什么"的问题。内容决定形式，教首先是因为需要教。

我们原来讲"半径""直径"两个概念的时候是浓墨重彩。先给出名称，再判断，然后学生说，老师说，课本说，最后咬文嚼字地说出"半径是连接圆心和圆上任意一点的线段""直径是通过圆心，并且两端都在圆上的线段"才罢休。我思考：那两句话需要费那么大的力气去做文章吗？讲"圆的认识"，圆的概念没有给出，为什么要抓住"半径"和"直径"的概念呢？不那么咬文嚼字，学生对直径和半径的认识会有错误吗？我回忆：原来揭示了"半径"和"直径"的名称以后，让学生从一个圆里面标出的很多线段中挑选半径和直径，不管是我自己的课堂，还是同行的课堂，从没有哪个学生挑错。那我就思考了：一个学生都不会有错的活动还要不要组织？

新课程呼唤"淡化形式，注重实质"。2008年第2期《人民教育》上刊登了我的一个设计：不要让学生咬文嚼字地说，而是让学生在圆中实际地画"半径"和"直径"。后来我发现，五六年级的学生没有一个画错半径和直径的。我在昌平讲这节课的时候，上来画的学生没有意识到粉笔是有宽度的，她把三角尺的边准确地压在圆心上，结果画的直径偏在了一边，没有通过圆心。我正庆幸终于有了错误资源，哪知她很认真地把圆心给圈大，画的直径就通过圆心了。同学们、听课的老师们都笑了。现在，我认为五六年级的学生对"半径""直径"的理解没有问题，不需要专门安排画"半径""直径"的环节。

我是在公开课中成长起来的。1984年开始工作，1988年开始在县级以上开公开课。20多年的公开课生涯中，前面的十几年，我设计课时就是考虑怎么标新立异，怎么别出心裁，怎样与众不同。后十年，我设计课时就是回顾以前的课，思考出一些问题，只要把这些问题解决掉了，就是一节创新的有价值的课。

有朋友发邮件给我说："华老师，我要上某某课，您能帮我想一些新点子吗？"我往往会回答："老师，请问您在备这节课的时候遇到了什么问题？"要设计一节课，就要去琢磨这节课，思考以往的这节课存在什么问题，不管是你自己以前的，还是同行朋友的。做正确的事比正确地做事重要。只有找准问题，才能做正确的事。找准问题，实际上是要在无疑处有疑，要突破思维定式，不迷信书本和权威，不受现成结论和传统观念的束缚，不人云亦云，要多问几个"为什么"，自己独立思考。

第二，有胆识才敢想

前不久，李烈校长交给我一个做研究课的任务，我布置给一位年轻教师，他的素质非常棒。临出门，他说："华校长，我先回去备，想不出来，我请您帮忙啊！"我说："你一定别这么想，你这么想就一定备不出来了。你别找我，我忙得很。"这叫"置之死地而后生"。如果觉得可以依赖某某某人，自己就想不出东西了。备一节课一定得有个自己想的过程。你自己不去琢磨，听别人告诉你如何讲，你就只是表演，对课的理解就达不到一定的深度。就是表演成功了，也只是形似，而不可能神似。一旦有新的生成，就会乱了阵脚，不会变通。

为什么年轻教师不相信自己呢？没有底气，没有经验，更主要的是没有胆识。马克思说过："伟人之所以伟大，是因为我们跪着，站起来吧！"站起来，你就是伟人。优质的课，不是只有特级教师能上，不是只有名师才能上，大家都可以上出来！陶行知先生说："处处是创新之地，天天是创新之时，人人是创新之人。"每一个人都可以创新的，请看下面这段资料——

几年前，美国财富500强公司之一委托一家独立研究机构对本公司那些被认为是最具有创造力的雇员进行分析。这家公司想辨别出这些雇员所共有的特征和品质，以便今后吸纳更多具有相同特性的雇员。该研究机构采访结束之后，得出结论：所有具有创造力的雇员只拥有一个共同点，那就是对"你是一个有创造力的人吗"这个问题的回答一定是肯定的。

只有相信自己有创造力的人才能有创造。如果有朋友问我："华应龙，你是一个有创造力的人吗？"我会毫不犹豫、一点也不谦虚地说："我是一个有创造力的人！"只要我找到了问题，还没有一次找不到解决问题的办法。也只有常常独立思考，寻找解决问题的办法，不断地体验成功，才能帮助自己建立这份自信。

第三，有激情才能想

有一句广告语大家都很熟悉——"激情成就梦想"。

每次备课，我都会深入挖掘教材，学习它，研究它，剃须、吃饭、走路时都对它念念不忘，有时可以为它废寝忘食，常常在睡觉时因想到一个好点子一跃而起。正像 2006 年 6 月 26 日，丘成桐先生在光明日报社演讲时所说的："'庞加莱猜想'这个命题太优美了，太重要了，我们没办法来抵抗它的魅力。就像我们年轻时，喜欢漂亮的女孩子一样。"我十分认同他所说的："假如你对学问没有极度的热情的话，你就不可能成功。"一个人成就的大小和他激情的饱满程度是成正比的。我通常是深夜 12 点左右睡觉。有一天，我关灯睡觉。睡了一会儿，突然想到了白天琢磨的那个问题的解决办法。我开灯，把它记下来。记完了，关灯再睡。睡一会儿，又想到了，再开灯记，记完了关灯。再开灯，再关灯……我突然想我家的床头灯不就像萤火虫吗？这样的状态是不是激情状态？人在激情状态下，不创造都难。人也只有在激情状态下，才会有创造。

二、我会不会想

小学四年级数学"角的度量"，课始——

师：孩子们，请看屏幕。（出示第一个倾斜度比较小的滑梯）玩过吗？

    生：玩过。

    师：地球人都玩过！（全班学生都笑了）（出示第二个倾斜度稍大的滑梯）想玩哪个？

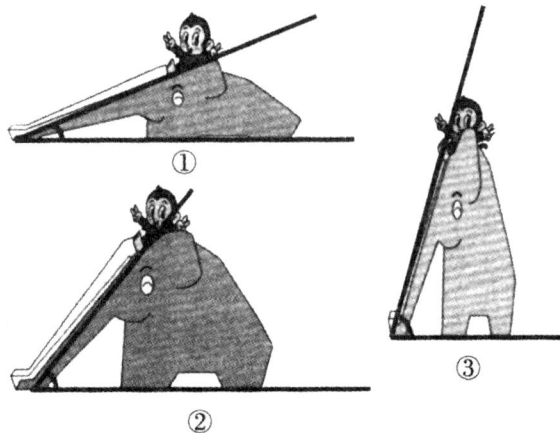

    （大多数同学说"第二个"。教师出示第三个倾斜度很大的滑梯。"第三个！"可是，大多数同学马上笑着改变了注意——"第二个"。）

    师：（笑着）有人笑了，笑什么？

    生：第三个太斜了。

    师：这个"斜"字用得很好。

    生：第三个太陡了。

    师：这三个滑梯的不同之处在哪儿呀？

    生：三个滑梯有高有矮。

    师：对，有高有矮。还有什么不同呢？

    生：有胖有瘦。

    师：哈哈……是，有胖有瘦。你说呢，小伙子？

    生：有宽有窄。

    师：（惊讶）还有宽有窄。你们说出的这些都有点像。不过有一个很重要的不同之处，那需要有数学的眼睛才能看得出来。

生：（齐声）角度！

师：哎呀，厉害！是不是这样啊？（抽象出三个角）

生：是。

师：最主要的是它们的角度不同。（隐去两个角，留下第二个滑梯的角）那么滑梯的角多大才算合适呢？这就需要量角的大小了，是不是？

生：是。

师：今天这节课我们就一起来学习——（板书：量角的大小）

老师们听课后，直夸三个滑梯设计得好，从司空见惯的场景中发现了有价值的数学问题。好多老师好奇地问："华老师，您是怎么想到的？"

关于"角的度量"一课，我回忆自己和同行们的课堂教学，发现存在着这样的问题：我们艰难地、枯燥地、机械地让学生量了各式各样的抽象的角，却没有能让学生感受到量角的用处。

那么，度量角的大小是屠龙之技，还是生活中必不可少的技能？能不能创设一个好的问题情境？

刚开始，我搜寻生活中的角，发觉生活中的角都不需要量，因为大多是直角。

在一筹莫展的一周后，我躺在床上发现衣柜里衣领的角是千差万别的，我很兴奋。进而，我发现牙刷上也有非常讲究的角，椅子靠背向后倾斜一定的角……真是定能生慧，随着定力的滋长，我眼中看到的是各种各样的、大小不同的角。

那为什么要量角呢？不量，用一个模子也能解决问题啊。怎么才能让学生感受到量角的必要呢？

又经过三天的搜寻、比较、思考，我设计了大头儿子和小头爸爸配玻璃的情境：小头爸爸在商场要为家中配两块扇形玻璃（课件出示两块扇形玻璃，半径相同，一个圆心角是 35 度，另一个圆心角是 105 度），但忘记了量大小。因此，他打电话给家中的大头儿子。大头儿子先找直尺量出半径，在量圆心角多大时犯难了。怎么办呢？

这样的情境暗含着量长度和量角度的联系和区别。量长度是学生已知的，量角度则是学生未知的。长度是一维的，角度是二维的，但量角度也要像量长度那样从 0 度刻度线开始。这样的问题解决可以唤起学生量长度的经验，为探索量角度的方法提供支撑，还能为解决学生分不清是看内圈刻度还是看外圈刻度的问题，以及为课尾总结度量的相同点作铺垫。

35 度和 105 度的两个角，为学生尝试用三角尺上 30 度的角来比着量提供了空间，但又不正好是 30 的倍数，就为统一度量单位做了铺垫。

打电话这样的情境，不可以用比画来解决问题，也没法用普通语言表达清楚，凸显了数学化表达的价值。

可是，和大家讨论的时候，刘兼老师不认可，理由有二：第一，这样的情境是很有价值，可是一般的老师想不到。第二，这样的情境不常见，有些假。

我忍痛割爱，决定另觅新境——真实、简单而又有问题的情境。

我以学生的视角来看世界，在儿童的生活中寻找。终于，滑梯进入了我的视域。这是地球人借助自身质量来玩的游戏，不管是城市还是乡村的小孩一定都玩过。要比较，得有两个滑梯，于是我拿起笔在纸上画了两个滑梯，画完第二个滑梯，我不由自主地画出了第三个滑梯。看着自己画的三个滑梯，想象着课堂上学生看到第三个滑梯时的情景，我幸福地笑了。

我终于找到了真实又熟悉、有趣还能引发学生学习需求的滑滑梯情境。

想到前两个滑梯很正常，想到第三个滑梯得益于我懂得"极限思维"。

大家都知道一个苹果掉到牛顿头上的故事，可是可能好多人都不知道牛顿当时是怎么想的。我从牛顿的传记中知道了牛顿是这样想的：苹果为什么会掉到地球上来而不是飞上天呢？如果苹果树有 100 英尺高，苹果还会掉到地球上来吗？200 英尺高呢？1000 英尺高、10000 英尺高呢？假如苹果树有一天长到月亮那么高，苹果还会落到地上来吗？

十多年前，我曾在报纸上写文章介绍一道题的解法："两人在圆桌上轮流平放一枚同样大小的硬币。谁放下最后一枚而使对方没有位置再放时，谁就获胜。假设两人都是高手，试问，是先放的胜还是后放的胜？"有人认为是先放的胜，有人认为是后放的胜，还有人认为谁先谁后无所谓，更多的人莫衷一是。其实，您只要假想——如果圆桌面很小，小得和硬币一样，那么是先放的胜还是后放的胜就不言自明了。当然，您也可以把硬币想得很大，大得和圆桌一样，答案是一样的。

极限思维就是把所思考的问题及其条件进行理想化假设，当假设被一步步地推到极端时，问题的实质就会水落石出。所以，我想我能够想到第三个滑梯，就得益于这样的思维方式。爱因斯坦说："你能不能观察到眼前的现象，不仅仅取决于你的肉眼，还要取决于你用什么样的思维，思维决定你到底能观察到什么。"我们要设计出一节创新的课、有价值的课，就要能从司空见惯的场景中，看到别人看不到的，想到别人想不到的。怎样才能做到这一点呢？爱因斯坦的话给出了答案——我们要完善自己的思维方式。

怎样完善自己的思维方式呢？我的体会是多看哲学的书，多看思维科学的书，多学习、借鉴、实践。

三、我有没有坚持想下去

同样一个人，想过，而且也是会想的，为什么他一开始没有想到解决问题的办法，后来却想到了？

读初三学化学的时候，老师要我们背元素周期表，太枯燥了，真懒得背。化学老师告诉我们，这个元素周期表是化学家门捷列夫做梦的时候想到的。这让我们觉得很神奇。后来我看资料发现，有一位记者问了一个十分可爱的问题："请问门捷列夫，您是怎样在梦中发现的？"门捷列夫回答说："这个问题我大约考虑了二十年，而您却认为是我一觉醒来就想到了，没这么简单。"

对一个问题持续思考二十年，是一种怎样的精神？不就是《管子》中说的"思之思之，又重思之，思之不通，鬼神将通之。非鬼神之力也，精气之极也"的锲而不舍的坚持精神？

我非常喜欢美国诗人 P. C. 库利治的《坚持》：

> 世界上没有什么能代替坚持。
> 才能不能，
> 没有什么比有才能的失败者更常见。
> 天赋不能，
> 没有发挥作用的天赋跟没有天赋一样。
> 光有教育也不能够代替坚持，
> 世界上到处都是受过教育的无能之辈。
> 而坚持和决心结合在一起，
> 就是战无不胜的力量。

我一看到这首小诗，就会想起很多成功和失败的事例。汶川大地震中有坚持90多个小时、140多个小时、162个小时的英雄们。奥运冠军的成功无一不是坚持结出的硕果。人类所有的成功，几乎都是坚持的结果；人类所有的竞技，几乎都是坚持的较量；人类所有的创造，几乎都是坚持的作用；人类所有的美好品质，都需要以坚持去修炼。

"圆的认识"一课，我思考、解决了30多个问题，靠的就是坚持。

"角的度量"在教材中是先学量角，再学画角，但我在讲"角的度量"这节课时，创造性地让学生先画角，然后再量角。为什么我要把教材先后顺序给倒过来？这么做好不好呢？我画角的创造是怎么想出来的呢？

首先是回忆：当学生第一次拿着量角器，不会量角的时候，他会怎么做？常常是拿着量角器圆弧和直边夹的角去比在要量的角上，然后报出"100度"。

然后是追问：学生为什么这么做？我的分析是：学生朴素地认识到要想量角，就要拿角来比角，而学生从量角器上找不到角，以为那是一个角。

再思考：量角的本质究竟是什么？为什么以前我们那么费力地教，总结概括出"二合一看"等要诀，学生学的效果反而不好呢？经过思考，我明白了，因为以前我们"只见树木，不见森林"。我们讲了"角的顶点和量角器的中心重合，一条边和0度刻度线重合，看另一条边所对应的刻度"，但没有讲量角的实质是什么，缺乏整体把握。"二合一看"等要诀，看似简洁，颇得要领，其实这是我们成人的偏好，对孩子来说却是不得要领的，要孩子们想象出这四个字的内涵挺难的。因为孩子们是以形象思维为主，老师抽象概括出的词语反而增加了学习的难度，老师附加的认知负荷挤占和压缩了学生生成的认知负荷，所以说我们原来的教法阻碍了学生自由的"呼吸"。

又经过几天的思考，我终于发现，量角其实就是把量角器上的角重合在要量的角上。抓住这一点，只要让学生认识了量角器上若干个大小不同的角，怎样量角的问题就迎刃而解了。

怎样让学生在量角器上找到角呢？先组织学生讨论"量角器圆弧和直边夹的角"是不是我们数学上学的角，然后让学生拿着量角器找到一个90度的角（90度的角是一下子就能看到的），把它画出来，接着再画一个60度的角，再画一个1度的角，最后画一个157度的角。直角、锐角、钝角、角的度量单位都有了。教师提问："看着量角器，你能看到什么？"有学生说看到了30度的角，有学生说看到了10个18度的角，有学生说看到了150度的角。教师再总结："如果这个时候你说，我看到了量角器的中心点、0度刻度线，当然没错。不过，比刚才同学的回答就差了一截。量角器上画了角，你就能看到角；不画角，就看不到角啦？那不就相当于，一个人穿着马甲，你就认识他；他把马甲脱了，你就不认识了？"笑过之后，接着说："我们可以看到量角器上有若干个大小不同的角。那大家想想，怎样用量角器来量角呢？"实际教学和我预设的一样，真正解决了量角教学中的难题。当师生形成共识——"量角其实就是把量角器上的角重合在要量的角上"时，就可以给孩子量角提供表象支持。

接着搜寻画出量角器上的角的方法。我尝试后发现，水彩笔在量角器上画不出角，只能在起笔的地方留下一个点，那该怎么办呢？我去西单商场询问营业员，知道了油画笔才能画。我当即买了50支油画笔。试讲很成功。老师们非常响亮的掌声提醒我：如果我的发现是有价值的，那也不能让全国的老师都去买油画笔教"角的度量"。不用油画笔行不行？带四根牙签来，行不行？用牙签可以在量角器上摆角，牙签的两头是尖的，可以很好地靠在一起，组成一个角。实际一做，不行。牙签摆出的角会滚动。因为在量角器上摆出角不是目的，目的是通过交流认识量角器上的角。那怎么办呢？在琢磨了几天之后，一个周六的下午，我打开办公室的复印机，平铺了四个量角器，一按按钮，出来了纸量角器。在这样的纸量角器上随便用什么笔都能画角了。

"思之思之，又重思之"，"愚者千虑，必有一得"。孟子说："人恒过，然后能改。困于心，衡于虑，而后作。征于色，发于声，而后喻。"明白了这些道理后，坚持着想就一定能找到解决问题的方法。

四、我想到的有没有记下来

世界数学大师陈省身教授生前要求南开大学数学所的每位老师家里都要挂一块黑板，以方便记录即时的想法。在他为自己设计的墓上，要求一定要有一棵树，并在树上挂一块小黑板，以方便路过的大学生及时记下自己的想法。

20世纪伟大的科学家爱因斯坦说："我没有什么特别的才能，不过喜欢寻根刨底地追究问题罢了。"有一次在朋友家做客，爱因斯坦突然想到了琢磨了几天都没有想明白的问题的思路，竟在朋友家的桌布上演算起来。

很多创造，往往始于一闪念间。如果你能及时将其捕捉住并记录下来，再继续钻研，就有可能产生意想不到的成果。反之，任它飘零，很多创造就可能失之交臂。

我以前自恃记忆力好，常常不动笔去记录身边的数据、想到的话语，可是过了两天之后就想不起来了，深切地体会到了灵感稍纵即逝，十分认同苏东坡所说的"作诗火急追亡逋，清景一失后难摹"。现在，我养成了随时记录的好习惯，床头有专门记录梦中所思的小纸条。那些小纸条还是提醒我专注业务、思考问题的好伙伴。有研究表明，容易激发灵感的时间是早晨起床后，深夜睡觉醒来，进入梦乡后；容易产生灵感的三个场景是躺在床上，步行时，在车船上。瓦尔特·迪士尼曾说过培养创造力有四个关键性因素：梦想、信念、敢于冒险和实践。因此，我们应该运用好梦境思维，记录下梦乡中的所思所想。

下面就是我备"角的度量"一课的记录小纸条。

记得比较杂乱，因为不是一次记下来的。想到了就记一下，再想到就再记。

再和大家分享一个故事，我把在飞机上想到的解决问题的方法记在清洁

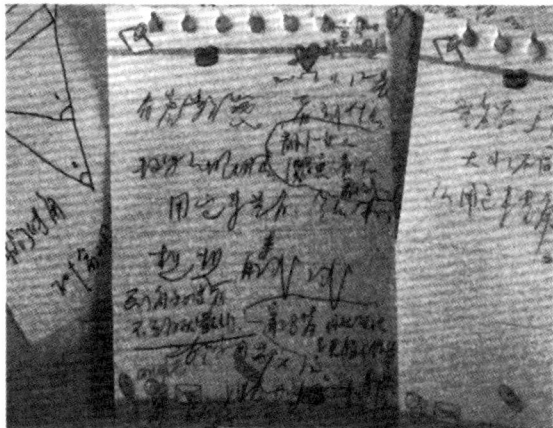

袋上的故事。

有朋友听了我的课以后，说："华老师，你的课真有味道！有数学味道，还有思考的香味。你是不是一天到晚就琢磨课啊？"其实我在学校很忙，上厕所基本上是小跑步，很少有闲庭信步的时候。相信吗？现在有例为证。

事件回放：差牌

2005年底，一个星期三的下午，《中国教育报》记者来学校采访李烈校长，我把那些老师来接待采访安排好，照例是小跑步去厕所。"啪！"我重重地仰面摔倒在楼道里，脑子里"嗡"的一声。只听见一个惊慌失措的声音："对不起，对不起！华主任，没事儿吧？"我睁眼一看，手拿拖把的工友就在我前面不到一米的地方愣愣地站着，我赶紧说："没关系，没关系，是我自己没走好，不关您的事。"伸手一摸后脑勺，满手掌的血！原来，后脑勺磕在门框上，破了！在两位同事的陪伴下，去北大人民医院缝了六针，戴上了像郝海东在足球场上受伤后戴的那种头罩。

晚上，李烈校长知道后，很是心疼地打来电话慰问我："……都是为了我……周六你还要做课，怎么办呢？"李烈校长就是这样一个常常让你感动的人：不是她的责任，她也会揽过来；你没想到的，她会为你想到。是啊，大后天还要做一节观摩课，总不能像郝海东那样壮烈地戴着头罩上课吧。那节课本来是请李校长讲的，她把机会给了我。

课是不好调整了，我决定戴着帽子上课。晚饭后，和老婆一起跑了两家商场，终于买到了我喜欢的印有"2008 中国印"的帽子。

戴着帽子上课一定很别扭。不管是夏天还是冬天，我都不戴帽子，更不用说戴着帽子进教室了，压根也没有看到过哪位老师戴着帽子上课。怎么能够让自己有个比较体面的交代？我不喜欢直接说。有句话叫"书山有路勤为径"，我要说"教学有路曲为径"，曲径通幽更美妙。头磕破后的两天，我一直在思索。可是，没有想到解决的办法，连一丝头绪都没有。

灵光闪现：妙打

周六上午就要上课了。周五晚上十点多钟，我在飞机上修改完一个课题报告。飞机即将降落了，我按空姐的提示关掉了电脑，很是享受地靠在椅背上，长长地舒了一口气。突然，脑中灵光一现，我赶紧从飞机前排后面的口袋中抽出清洁袋，在那个清洁袋上把想到的方法记了下来。

"小朋友们，此时此刻，看到站在讲台前的我，你最好奇的是什么？（或：你觉得我最特别的是什么？）做真人，说真话（怕学生不敢说出戴着帽子的怪怪的老师）……猜猜我为什么戴着帽子呢？……不告诉你，是个谜。"

"下课，谢谢同学们！（脱帽，鞠躬，90 度的鞠躬，是为了让更多的学生看到我后脑勺上的白纱布）同学们再见。"

实际教学的情景和我预想的差不多。不过，当会议组织者介绍我的时候，我从老师们的掌声里听出老师们不怎么欢迎我。由衷欢迎的掌声和不怎么欢迎的掌声一听就知道。我心里的滋味真不好受，我是带伤上阵啊。转念一想：主持人介绍时，我帽子没摘，只是欠了一下身子，老师们当然不满意了。想通就释然了。

轮到我上课了。第一个学生说："您的腰杆特别直。"第二个学生说："您戴着帽子。"

在学生说出了最好奇的是我"戴着帽子"以后，我考虑到教学内容是"中括号"，于是，不是问"猜一猜，我为什么戴帽子呢"，而是问"我为什么要在头上加个帽子呢？猜一猜"。这与课上的算式中要"加上"一个中括号正好吻合。

有学生说我没有头发，有学生说"发型不好"，有学生说"戴帽子显得年轻"，有学生说"戴着帽子特别有风度"，有个男孩说"推广 2008 奥运"……

在学生五花八门的猜测后，我说："帽子有各种各样的功能，可以是宣传，如美女头上的广告帽，也可以是提醒，如小学生头上的小黄帽，还可以是装饰，如大明星头上的帽子。可以是保暖，也可以是遮阳，还可以是遮羞……那我到底是为什么呢？想知道吗？不告诉你。"我把总结落在功能上，与中括号的功能正好衔接。

下课时，我总结完中括号改变运算顺序的功能后，摘掉帽子，深深地一鞠躬，孩子们轻轻地笑了，听课老师中响起了掌声。是啊，不少听课的老师一定也是一脑子的疑惑："怎么能戴帽子上课呢，耍什么酷？"

"哈哈，脑袋上加个帽子和算式中加个括号是一样的，都是因为有某种需要，帽子和括号都有着特别的功能！"

更热烈的掌声在礼堂里响起来了。有老师说："看到您戴着帽子，就知道里面有戏。但不知道是迫不得已。"哈哈，磕破脑袋，是无意的；但把磕破的脑袋给用起来，却是有心的、苦苦追寻的。

感悟：脑袋磕破后的笑声

尴尬啊，磕破了脑袋，整天戴着个帽子。

太有趣了，磕破的脑袋和一顶帽子合成了一件难得的"教具"。

真开心啊，因祸得福，我把尴尬的事件变成了有趣的资源。

摸着后脑勺上的伤疤，我想起了美国前总统艾森豪威尔母亲说过的一段话。艾森豪威尔年轻的时候，有一次和家人玩牌，他连续几次都拿到了很糟糕的牌，情绪非常不好，态度也开始恶劣起来。她母亲见状说了段令他刻骨铭心的话："你必须用你手中的牌玩下去，就好比人生，发牌的是上帝，不管是怎样的牌，你都必须拿着，你所做的就是尽你全力，求得最好的结果。"把差牌玩好，就是更大的成功。其实，那样的牌也不能算作差牌，而是考量我们眼力和心力的"金牌"。

怎样的教学才能算作好的教学？有很多维度的界定。能把突发的、不期而遇的、不利的事件转化为难得的、恰到好处的、有用的教学资源，把课上得学生恍然大悟、悠然心会，这样的教学是否可以算作好的教学？

在教学中，还可能发生哪些不愿发生且是不利的事件呢？碰到这类事件，该采取何种教学策略呢？这是缄默的知识，还是因为我没有能够深入其中，所以语焉不详？我能发现帽子和括号的联系，是否和自己一贯地追求活动和教学内容的有机联系有关？

世界上的事物总是意想不到地存在着微妙的联系，关键是发现那份联系是件不容易的事。朱光潜先生在《谈美》中指出："在意识中思索的东西应该让它在潜意识中酝酿一些时候才会成熟。功夫没有错用的，你自己以为劳而不获，但是你在潜意识中实在仍然于无形中收效果。"我想，灯火阑珊处的那人，如果不是千百度地有意识地寻找，就不会有那份蓦然回首的惊喜与回味！

摸着后脑勺上的伤疤，看着清洁袋上歪歪斜斜的字迹，我幸福地笑了。

要设计出一节有价值的课，更重要的是热爱数学、热爱生活。艾青说："为什么我的眼里常含泪水？因为我对这土地爱得深沉……"只有当你深爱着这片土地，真爱着生活，挚爱着数学，你才会多情善感，登山则情满于山，观海则意溢于海，才能看到更多的生活中的美丽，才能看到感动我们的数学。好鸟枝头亦朋友，落花水面皆文章。我看"数学"多妩媚，料"数学"见我应如是。张爱玲说："人生最大的幸福，是发现自己爱的人正好也爱着自己。"我上出了一些大家认可的课，有人说我"勤奋""刻苦"，其实我自己不认为是"勤奋""刻苦"，我是在享受幸福，享受自己的全情投入，享受数学对我的青睐有加，享受生活对我的"无微不至"。

要设计出一节有思想含量的、创新的课，需要经历王国维先生《人间词话》里所说的三种境界："古今之成大事业、大学问者，必经过三种之境界：'昨夜西风凋碧树。独上高楼，望尽天涯路。'此第一境也。'衣带渐宽终不悔，为伊消得人憔悴。'此第二境也。'众里寻他千百度，蓦然回首，那人却在，灯火阑珊处。'此第三境也。"第一境界就是当我们开始接触一节课的时候，觉得自己对这节课没有什么不清楚的，什么都明白，就像站在高楼之上什么都看得清清楚楚，望尽了天涯路。除了没有新点子，什么问题都没有。第二境界是当你去想了，回顾了之后，会发现很多问题，但还找不到解决问题的方法。为此"衣带渐宽"，为此"人憔悴"。著名儿童文学作品《小王子》的作者、法国小说家圣埃克絮佩里把"创造"定义为"用生命去交换比生命更长久的东西"，因此，衣带渐宽人憔悴也值得。从第一境界到第二境界，也应了宋代理学家朱熹的话，他说："读书，始读，未知有疑；其次，则渐渐有疑，中则节节是疑，过了这一番，疑渐渐释，以至融会贯通，都无所疑，方始是学。"怎么从第二境界突破到第三境界呢？坚持！创新思维就是要求我们必须对每个问题进行长时间的反复思考。当你坚持一段时间以后，就会达到"众里寻他千百度，蓦然回首，那人却在灯火阑珊处"的第三境界。大道至简。踏破铁鞋无觅处，得来全不费工夫。文章本天成，妙手偶得之。到了这样的境界，别人听完你的课，就会发出这样的感慨——"我怎么没想到"。

1. 让学习像呼吸一样自然

—— 以"角的度量"教学为例

【课前慎思】

为什么教得那么累

关于"角的度量"一课我的问题和困惑是：①我们让学生测量了各种各样的角，学生感受到量角的用处了吗？量角的大小是屠龙之技，还是生活中必不可少的技能呢？②"角的度量"一课教学的难点是什么？为什么会有这样的难点？量角器的结构很复杂，量角之前先要认识量角器，那认识量角器的什么呢？怎么认识量角器？关于量角的技能，在以往的教学中我们简要概括出了"二合一看""0 度刻度线在左边看外圈，0 度刻度线在右边看内圈"等要诀，为什么学生还是不会量角？③我们的教学有三个层次——教知识、教方法、教思想。以前我们只是教量角的知识和技能，这一节课可以给学生什么样的方法和思想呢？

经过查阅资料，思考消化，和老师们交流，比较选择，最后我决定这样来解决这三个主要问题。

一、创设怎样的情境

刚开始，我搜寻生活中的角，发觉它们都不需要量，因为大多数是直角。

后来发现衣柜里衣领的角是千差万别的，我很兴奋。进而发现牙刷上也有非常讲究的角，椅子靠背向后倾斜形成一定的角……经过反复搜寻、思考和讨论，我终于找到了滑滑梯这样既有趣又能引发学习需求的情境。

二、如何认识量角器

这节课到底要认识量角器的什么？我回忆起学生拿着量角器手足无措的样子，他们往往是用量角器的直边和圆弧夹的角比在要量的角上。原来学生找不到量角器上的角！因此，我让学生讨论：在量角器上能不能找到角？我大胆地想：可以让学生先在量角器上画角然后再量角吗？进而，我再追问："量角的本质是什么？"重合。如果学生在量角器上清晰地找到了角，量角的问题就能迎刃而解。因此，我决定让学生在量角器上画角，再交流有没有不同的角，这样就可以顺势介绍"中心点""0度刻度线""内外圈刻度"、1度的角、度数的写法等。

我们提供给学生量的角，开始往往是开口向右，然后才是开口向左。现在觉得，那样做是在有意制造难点。先让学生形成动力定型，然后再费力去改变，我们这是在干什么呢？因此，这次我的设计是，第一个要量的角开口向右，第二个要量的角就开口向左。实践证明效果很好，大部分学生没有问题，个别学生出现了问题，这正好是难得的资源。在整节课上，我没有设计看图读角度、看图判断量角器摆放得对不对等习题，而是从学生的学习过程中捕捉值得讨论的话题。

三、如何渗透度量意识

角的大小是一种二维特征，和长度的一维特性有着较大的差异，但因为都是以数量来刻画特征的，所以它们又具有一致性。几经推敲，我决定在一个长方形上做文章，从长度、面积、角度等维度进行归纳，以帮助学生建立起度量意识，最后用华罗庚的话画龙点睛。

两年前，我上"角的度量"一课，组织学生感受角的度量单位产生和统一的必要性，我享受到了学生用直尺成功解决了两个角大小的比较等的智慧。但这次我想突破量角这一操作技能课的难题，因此，确定的教学目标是：① 认识量角器、角的度量单位。②会用量角器量角。③感受量角的意义，进一步形成度量意识。

【课堂实录】

"角的度量"教学纪实

一、创设情境，引入课题

师：孩子们，请看屏幕。（出示第一个倾斜度比较小的滑梯）玩过吗？

生：玩过。

师：地球人都玩过！（全班学生都笑了）（出示第二个倾斜度稍大的滑梯）想玩哪个？

（大多数同学说"第二个"。教师出示第三个倾斜度很大的滑梯。"第三个。"可是，大多数同学马上笑着改变了主意——"第二个"。）

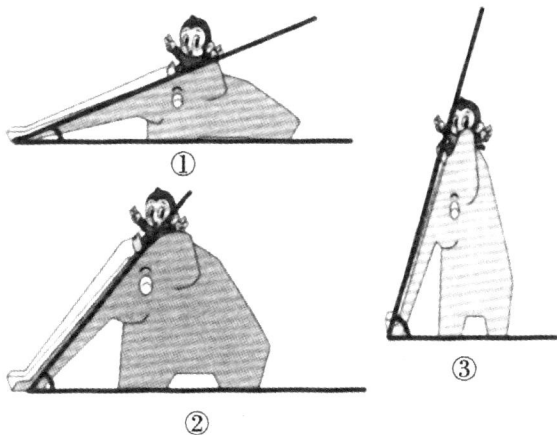

师：（笑着）有人笑了，笑什么？

生：第三个太斜了。

师：这个"斜"字用得很好。

生：第三个太陡了。

师：这三个滑梯的不同之处在哪儿呀？

生：三个滑梯有高有矮。

师：对，有高有矮。还有什么不同呢？

生：有胖有瘦。

师：哈哈……是，有胖有瘦。你说呢，小伙子？

生：有宽有窄。

师：（惊讶）还有宽有窄。你们说出的这些都有点像。不过有一个很重要的不同之处，那需要有数学的眼睛才能看得出来。

生：（齐声）角度！

师：哎呀，厉害！是不是这样啊？（抽象出三个角）

生：是。

师：最主要的是它们的角度不同。（隐去两个角，留下第二个滑梯的角）那么滑梯的角多大才算合适呢？这就需要量角的大小了，是不是？

生：是。

师：今天这节课我们就一起来学习——（板书：量角的大小）

二、自主探究，认识量角器

师：怎么量角的大小呢？

生：用量角器。

师：（一怔，轻声问同学）用量角器，同意吗？

生：（异口同声）同意。

师：（板书：量角器）都知道啊？那会量吗？

生：（部分）会。

师：先来试试看，好不好？

生：好。

师：华老师发的纸片上有一些角，我们先用量角器试着量一量∠1。

（学生尝试用量角器量∠1）

师：（巡视）呦，真会动脑子，虽然没学过，有的人还真量对了。有的人虽然不会，但在动脑子，我觉得也挺好的。小伙子，带着你的量角器，到投影这儿来，把你的方法展示一下。（该生的展示如下图）

（该生将自己的量法投影后，有同学小声嘲笑，老师摇头制止，示意听该生解说）

生：我先把这个尖放到这个角上，然后看这条边。

师：那这个角多大呢？

生：不知道。

师：（摸着学生的头，微笑着说）还没学，不会很正常，但敢于尝试，值得表扬。我提议大家为这样敢于尝试的精神鼓掌！（鼓掌）以前我们量长度的时候，就是这样从"0"开始的。这一点你做得非常棒！（热烈的掌声）要量角的大小，他已经想到用角来比，真不简单！这个思路是正确的！我提议大家再次鼓掌！（演示的学生在同学们热烈的掌声中坦然地回到自己的座位上）现在的问题是：我们在量角器上能找到角吗？

（有学生指着量角器的一端）

师：这是不是角？认为是角的，请举手。有几位，大部分同学不同意，为什么？

生：（指着量角器的圆弧）这条边不是直的。

师：我们已经知道，角是由一个顶点、两条边组成的，（板书：角、顶点、一条边、另一条边）并且这两条边都是直的，都是射线。那现在来看看，（指量角器的一端）这是角吗？

生：（众）不是。

师：这不是角，那量角器上有没有角？角在哪儿？

生：这是角。（用手在量角器上比画出一个直角）

师：这是角吗？

生：（众）是。

师：这个角多大呢？

生：（众）90度。

师：大家注意，这个角的顶点在哪里？这个角的顶点就是量角器的中心点。（板书：中心点）这条边上有一个"0"，所以这条线叫作0度刻度线。（板书：0度刻度线）她刚才指的另一条边就是90度刻度线。我发的纸片反面复印了四个量角器，在第一个纸量角器上面画一个90度的角好不好？

（学生安静地画直角）

师：这个90度的角的顶点在哪儿呢？

生：在中心。

师：对！量角器的中心。一条边是这个量角器的0度刻度线；另一条边呢，是90度刻度线。我们画得怎么样？互相交流一下，欣赏一下。

（学生互相交流欣赏）

师：在第二个纸量角器上画60度的角，尽可能和同学画的不一样，想想怎么画。

（学生安静地画60度的角）

师：（边巡视，边说）不能随手画，角的两条边是射线，必须用尺子。

师：（挑选了三位同学画的角）好，我们来看看这三位同学画的。（实物投影展示一个学生画的 60 度的角）同意吗？

生：同意。

师：（实物投影展示另一个学生画的 60 度的角）这个同意吗？

生：同意。

师：（将两个 60 度的角放在同一个屏幕上展示）哎，这两个角的不同之处在哪儿？

生：不一样的是方向，一个向左，一个向右。

师：说得真好！同学们注意到了量角器上有两条——

生：0 度刻度线。

师：一个向左，一个向右。找到了吗？

生：找到了。

师：孩子们，我们一起来看这位同学画的 60 度的角。（实物投影展示第三个学生的画法）同意吗？

（"嗯？"学生中发出纳闷的声音。）

师：这个 60 度的角画得怎么样呢？

生：这是 120 度。

师：觉得画的是 120 度的同学请举手。

（绝大多数同学举起了手）

师：不过，我觉得这个同学画得有道理。这里不是标着"60"吗？

生：因为从右面开始画，应该……

师：请上台来，我想你会说得更清楚。

生：（走上台）如果从右面开始画，应该看里面的，他看成外面的了。所以他画的是 120 度。

师：噢，0 度刻度线是表示起点的。从这边开始数，0 度，10 度，20 度，30 度……到这儿就是 60 度了。如果到这里，那就是 120 度了。看外圈的 60 度，应该从哪边开始？

生：左边。

师：对，从左边开始数，0度，10度，20度……这么转，转到这儿是60度。如果这条线不改，要画60度的角，怎么办？

生：从这边开始。

师：我想刚才举手的人和笑的人跟她想的是一样的。佩服！不过，我觉得要感谢这位同学，是他画的角提醒了我们：量角器上有两个60度，究竟看哪一圈，我们要想一想是从哪边开始的。

（学生主动地鼓起掌来）

师：（课件演示，分别从左右两条0度刻度线开始旋转而形成内外圈刻度的角）量角器上有两圈刻度，究竟看哪一圈，主要取决于——

生：（整齐而响亮）0度刻度线。

师：其实，我们还可以这样想，60度的角肯定比90度的角小，如果画成这样（指120度的角），就比90度大了。如果要画一个120度的角，你会画了吗？

生：（众）会！

师：那就不画了。来，挑战一下，请在第三和第四个纸量角器上分别画一个1度的角和157度的角。

生：1度？（学生纷纷怀疑自己是不是听错了）

师：对，1度！

（学生画1度的角）

师：画完了吗？

生：画完了。

师：相互欣赏一下，觉得画1度角怎么样？

生：（面有难色）难啊。

师：（笑）为什么？

生：太窄了。

生：难画。

生：最小的就是10度，怎么会出来1度呢？

师：是啊，刚才就有同学说哪儿有 1 度啊。有人能到上面来指一指 1 度的角在哪儿吗？

（一生指一小格）

师：1 度的角在哪儿呢？请指出顶点、一条边和另一条边。

（学生指 1 度的顶点及两条边）

师：真棒！（鼓掌）1 度的角是挺难画的。水彩笔笔头粗，我看到有同学改用铅笔画了。1 度角画完了，想想看，量角器上有多少个 1 度的角？

生：180 个。

师：是啊，全世界都是这样规定的：把一个半圆平均分成 180 份，每一份所对应的角就是 1 度的角。（课件演示把半圆平均分成 180 份的过程）那么，量角器上有多少个 1 度的角？

生：180 个。

师：我看到绝大部分同学画的 157 度的角都对了。画 157 度的角要——

生：先找 150 度，再数 7 小格。

师：（展示一个学生的作品）从这里开始数，是 157 度。画得准不准啊？真准！应该给他掌声！

（师生热烈鼓掌。再展示另一个学生的作品，那个学生自己在座位上说"我画错了"。）

师：错在哪儿了？

生：我给画反了。

师：你们同意他现在的看法吗？

生：（众）同意。

师：157 度的角应该比 90 度大。找到 157 度了，但是他的方向错了，应该从哪边开始？现在你会画 157 度的角了吗？

生：会了！

师：请看我们在纸量角器上画的四个角，它们有什么相同的地方？

生：都有一个顶点、两条边。

生：顶点都在量角器的中心。

生：都有一条边在 0 度刻度线上。

（教师欣赏地频频点头）

三、尝试量角，探求量角的方法

师：现在，请大家看量角器，你看到了什么？

生：中心。

生：0 度刻度线。

师：（环顾全班，微笑着制止了想说"两圈刻度"的学生）刚才画了角，你从量角器上看到了角；现在不画角，你就看不到角了？哈哈，就像一个人穿了马甲你认识；他把马甲脱了，你就不认识了。

（众生开怀大笑）

师：在量角器上能看到角吗？

生：（众）能！

师：如果有一双数学的眼睛，我们就能在量角器上看到若干大小不同的角。那么怎么用量角器来量角呢？想一想，再试着量量∠1 是多少度。

（学生再次量∠1 的大小。大部分同学说"50 度"，也有人说"130 度"。）

师：小组内交流一下∠1 是多少度，我们应该怎么量角。

（学生兴致盎然地交流着）

师：有人说 130 度，怎么回事？怎么量∠1？

（请开始不会量的学生再次到台前量∠1。0 度刻度线没有和角的一边完全重合，有些错位。）

师：同意吗？

生：不同意。

师：你哪儿不同意？用语言来提醒她。

生：她那边没对齐。

师：哪儿没对齐？

（学生口欲言而不能，想离开座位，上台来指点）

师：（示意他回座位）哈哈，只能在座位上说。

生：（想了想）把 0 度刻度线和那条边对齐。

（教师在台前配合着指了指那条边，台上的学生将量角器放得很到位了，台下的同学纷纷说："对了，对了，50 度。"）

师：（满意地点点头）刚才她放量角器的时候注意什么了？

生：角和量角器上的角重合了。

生：角的顶点和量角器的中心点重合了。

生：0 度刻度线和一条边重合了。

生：还有一条边和量角器上的边重合了。

师：听大家这么一说，我觉得量角其实就是把量角器上的角和要量的角相重合，是不是啊？

（学生纷纷点头）

师：我们量角的时候，一条边和 50 度刻度线重合，0 度刻度线和另一条边重合。应该先重合哪个？

生：0 度刻度线。

师：（看到众生同意，满意地点了点头）刚才有人说 50 度，有人说 130 度。到底是 50 度，还是 130 度呢？

生：50 度。

师：为什么是 50 度呢？

生：因为是从右边的 0 度刻度线开始的。

师：这句话说得多好！这个"50 度"还有一个很有数学味道的写法，有没有人会？（无人应声）是这样的。（在∠1 内板书：50°）这就是 50 度。

生：（众）噢——

师：知道怎么写了？数学就是追求简洁。每个人在自己的∠1 内也写一个"50°"。

（学生写"50°"）

师：有同学写字的姿势真漂亮！"50°"那个小圆圈应该怎样写？写大了就像 500 了。

师：现在请大家看一看∠2。先不量，估一估，哪个角大。

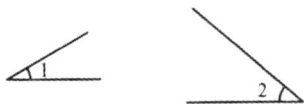

（有的说∠2 大，有的说∠1 大，有的说一样大）

师：你的判断究竟对不对呢？量一下。

生：（迅速地说）一样大。

师：都量出来了？是多少度呢？

生：50 度。

师：回头再想想，刚才为什么有人说∠2 大。

生：因为∠2 的边长。

师：现在你有什么收获？

生：开始以为∠2 大，实际上是一样的。角的大小与边的长短真的没有关系。

师：对，角的大小与所画的边的长短没有关系。当角的边画得不够长，不好量时，我们可以把边延长后再量。最后，请大家量量∠3、∠4、∠5 是多少度，把度数标在角上。

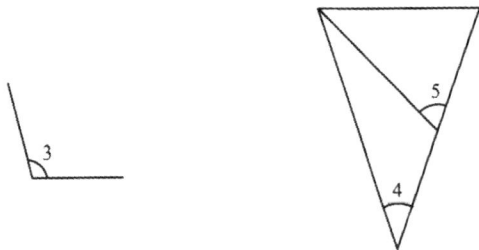

（学生安静地量角，标角）

师：（巡视）同学们心灵手巧，把这三个角的度数准确地量出来了。真佩服同学们，大多数同学量的都是对的。∠3 是 115 度，有同学写的是 116 度，可以算对。因为量角的时候，可能稍微有一点误差，所以相差 2 度我们都认为是对的。有人量的是 125 度，怎么回事呢？（出示∠3，放上量角器）

生：他读错度数了。

师：是的，他把量角器和∠3 重合得很好，遗憾的是读错度数了，方向性错误。0 度刻度线在哪儿？明白了吗？再看∠4，是 43 度。

生：（纷纷地）42 度，41 度。

师：42 度、41 度也是对的。∠5 是 67 度。

生：（纷纷地）65 度，66 度。

师：三个角的度数我们都知道了，∠5 大于∠4。如果不量，你知道不知道∠5 大于∠4？

（有的学生说"知道"，有的说"不知道"。教师随手在∠5 的对边上画出足球球门。）

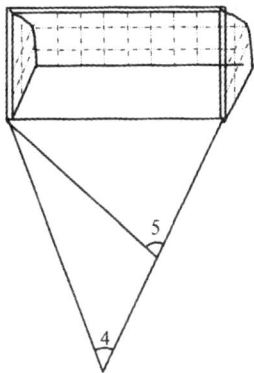

（学生脸上流露出惊喜的神情）

师：哈哈，足球运动员就知道，他们总是尽可能把足球带到球门前，离球门越近，角度就越大，射中的可能性就越大。德国足球博物馆里就放着一个量角器，表明他们射门角度的精准。

四、体会量角的用处

师：同学们会量角了，那量角在生活中有什么用呢？（出示学生放风筝的图片）玩过吗？

生：玩过。

师：参加过风筝比赛吗？

生：没有。

师：风筝比赛是用同样长的线比谁的风筝放得高。怎样才能量出风筝的高度呢？能不能用梯子爬上去量？那是个笑话。（众生笑）那怎么比呢？把风筝线放到地上，（出示两个角度）然后量一量谁的风筝线与地面的夹角大，夹角大的风筝飞得就高。哈哈！

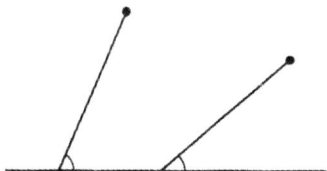

（出示椅子图片）椅子的靠背总是向后倾的。用于学习的椅子的靠背向后倾斜 8 度，吃饭的椅子靠背向后倾斜 9 度，沙发的靠背一般向后倾斜 11 度。

（出示课始时出示过的滑梯）滑梯的角度多大才合适呢？我请教了 3 位工程师，他们告诉我：滑梯的角度应该是——（板书：40°—56°）

五、总结全课

师：（出示长方形）要想知道它的长，怎么办？

生：用直尺量。

师：（出示直尺）1 厘米、2 厘米……4 厘米。要知道它的面积呢？

生：量出长和宽，再用长乘宽。

师：对，也就是用面积单位来量。（出示摆方格的过程）1 平方厘米、2 平方厘米……12 平方厘米。要知道这个角的大小呢？

生：用量角器来量。

师：（在长方形上叠加量角器）以前我们说它是直角，现在我们可以说它是 90 度的角。看来，要表达一个数量，先要找到一个度量单位，再数有多少个这样的单位。大数学家华罗庚说过："数（shù）起源于数（shǔ），量（liàng）起源于量（liáng）。"

（出示开始量∠1时学生不会量的情形）开始我们同学这样量角，可以理解，因为以前我们只是量长度，量长度就是这么量的。而量角的大小是要量两边张开的大小。（两手合成一个角，慢慢张开）现在我们会量角了吗？量角其实就是把量角器上的角重叠在要量的角上。要量得准，就要重合得准。怎样才叫重合得准呢？（师生合作，完成板书）

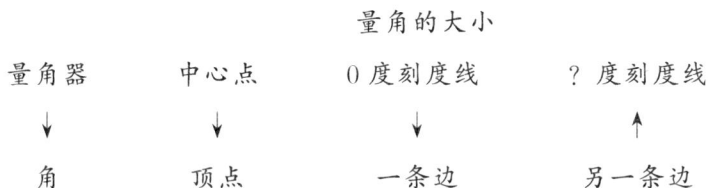

量角的大小

量角器	中心点	0度刻度线	？度刻度线
↓	↓	↓	↑
角	顶点	一条边	另一条边

（出示量角器）量角器很有用，但要用好不容易。如果你是量角器的话，你会对同学们说些什么呢？把你想说的话写出来，好不好？

生：好！

师：下课。

（宋征、赵铂楠　整理）

【课后反思】

道法自然

上完课，有老师问："操作技能性的课还要让学生探究吗？"说实话，我没有特别意识到自己是在组织学生探究。在我看来，教和学是一回事，应当追问四个问题：第一，教（学）的是什么；第二，为什么要教（学）；第三，怎么做；第四，为什么这么做。这一次教"角的度量"，我只是多问了两个为什么，顺着学的路径去思考教的路径。我们的教学不仅仅是要把事情做正确，更重要的是首先要思考做正确的事。其实，学生是天生的学习者，学习就像呼吸一样自然，好为人师的我们往往会好心地做出一些费力不讨好的事。

以前，我们习惯于将问题分解为若干个可以掌握的部分，这种视野狭窄的过程使我们看不到解决问题的整个系统。而当我们先见森林，再见树木，先看到整个系统，再回头进入细节时，我们对各个部分的重要性就有了更好的理解。诚如孟子所言："先立乎其大者，则其小者不能夺也！"看来，我们小学老师为了更有效地教学生学，真应该"变成小孩子"，要习惯于感知性思维，着眼于全局，而不仅仅是局部。

陶行知先生说："先生的责任不在教，而在教学，而在教学生学。""事怎样做就怎样学，怎样学就怎样教；教的法子要根据学的法子，学的法子要根据做的法子。"现在这样认识量角器，不就是依据了量角器的做法吗？

通过这节课，我认识到教师的教怎样才能有效地促进学：一是要把握"做"的本质，昏昏的教师是教不出昭昭的学生的；二是创设好的情境，调动"学"的兴趣，让学生愿意学；三是学生自主尝试，教师相机诱导，"好风会借力，送生上青云"。上完这节课，我相信了人本主义心理学家罗杰斯说过的一句话——"没有人能教会任何人任何东西"。

弗雷登塔尔说："泄露一个可以由学生自己发现的秘密，那是'坏的'教学法，甚至是罪恶。"以前我们教"角的度量"时，课堂上是少有笑声的，学生几乎成了教师教的附庸和工具，学生在课上的活动似乎是玩偶式的活动。现在的课堂上，学生有开怀大笑，有小声窃笑，还有会意的微笑，学生先试先量，先想先说，正确的地方充分肯定，存在的问题一起探讨，学习活动顺着孩子们学习的天性展开，"教师之为教，不在全盘授予，而在相机诱导"（叶圣陶语）。真是"上善若水"，因物赋形。

以前我们教"角的度量"时，一节课下来，教师教得累，学生学得苦，不少学生还是不会量角，量角器都不知道怎么摆放；而今天，学生都会量角了，并且理解了量角的本质。也正因为学生理解了量角的本质，所以变得"自能""自得"了。为什么以前我们那么费力地教，总结概括出"二合一看"等要诀，学生学的效果反而不好呢？上完这节课，我明白了，因为以前我们"只见树木不见森林"。我们讲了"角的顶点和量角器的中心重合，一条边和0度刻度线重合，看另一条边所对应的刻度"，但没有讲量角的实质是什么，缺乏整体把握。"二合一看"等要诀，看似简洁，颇得要领，其实这是我们成人的偏好，孩子对之却是不得要领的，要孩子们想象出这四个字背后的内涵挺难的。因为孩子们是以形象思维为主的，老师抽象概括出的词语反而会增加学习的难度，老师附加的认知负荷挤占和压缩了学生生成的认知负荷，所以说我们原来的教法阻碍了学生自由的"呼吸"。而今天，在学生已进入"洞口"，感觉恍惚若有光的时候，"量角其实就是把量角器上的角重叠在要量的角上"一语点破，是可以为学生的量角操作提供表象支持，促进学生更顺畅地"呼吸"的。

还是老子说得好："少则得，多则惑。""不自见，故明；不自是，故彰；不自伐，故有功；不自矜，故长。"总之，一句话："道法自然！"

原来如此。

【专家评析】

让技能教学成为探索与发现的沃土

传统的技能训练课应该怎么上、怎么改？这节课已经带给了我们直观的感受。执教者的思考比较深入且颇富启发性。技能训练课的意义在哪里？技能训练与探索发现之间有没有关系？是怎样一种关系？技能训练课需要改什么？改革应该从哪里入手？带着这一系列问题重新审视这节课，思考就更深入了些。所以我想稍微离题远一点谈起：

一、如何理解小学数学中的角及其度量

1. 认识角的角度

作为教学内容的"角"，并不像看上去那么简单，无论是皮亚杰的认知结构理论，还是霍尔的几何分层理论，"角"都排在比较高的认知水平和层次上。之所以如此，主要是因为"角"是构成"形"（三角形）的基础，而形的特征及相互关系又是推理几何的基本题材。因此，角在数学理论中的重要性可见一斑。但这个知识链条没有在小学数学中出现，小学数学里的角是作为认识和度量的对象出现的。

认识教材中的角并没那么容易。传统上把角定义为射线绕一点旋转的结果，不仅在生活中难以找到原型参照，在脑海里模拟也不容易，对小学高年级的学生来说，理解上也会有困难。生活中抽象角的原型在哪里呢？环顾四周，除了直角以外，真有点不大好找。尤其是在城市里，传统的中国式建筑越来越少，代之以以外形简洁为标志的现代高大建筑，到处是圆、弧和直角，想要找一个不是直角的角确实不容易。想想华老师备课时连牙刷柄的角度都想到了，就知道在生活里找个锐角对儿童来说是个多大的挑战。如此说来，难道角，特别是锐角，就只能在纸面上画，从书本中找，而在生活中不多见吗？不然！我们要做的是稍微调整一下认识它的角度。通常，我们在环顾四周时，总是离不开家具、摆设、建筑等触手可及的直观层面，而这里的角多半是直角，有时甚至只有直角。而锐角除了是设计上的美学元素之外，更多的是在体现支撑作用和表示坡度、陡度的场合出现，以空间而不是平面的形式存在。在这些场合去发现和认识角，并非直角的角就到处都是了。这就是认识角的角度问题。

2. 理解角的作用

认识角，要与理解角的作用一起进行。

先说支撑作用。且不说筷子、剪子形成的支撑角，刚刚栽下的树要避免长歪或被风刮倒，就要用一个或几个斜柱固定住。一根高高直立的细电线杆

为何不惧风吹雨打？因为它周围总有几根斜拉的钢丝绳或金属杆在保护着它。建筑物楼面上外挂的空调机，哪个不是靠支架牢牢托举着？虽然在书桌桌面上只能发现直角，可用手向下摸一摸，桌子腿的拐角处往往有一根金属或木头的斜梁在起稳定作用。这些到处可见的与支撑有关的场合，都离不开锐角。从这个角度能感知到大量角的存在。

再说坡度。用梯子登高，梯子短了，摆放得可能就会很陡，攀爬时就会有危险；梯子长了，虽能使坡度变缓，但占据的空间较大，会引起其他不便，而且攀爬起来也未必安全。冬天来了，公园里建起了冰雪滑道。坡度太小，溜不出多远；坡度大了，又会增加危险。这里提到的梯子陡不陡、坡度大不大都与角有关。华老师举滑梯的例子，研究的就是与坡度有关的角的大小问题。在生活中，与坡度、陡度有关的场合到处可见，在这些场合都是锐角唱主角。从这个角度不仅能感知到角的存在，而且容易发现角在社会生活中的存在形式和作用。

认识小学数学中的角离不开认识和理解角的作用。因此，不仅要从直观的层面去寻找角，还要从"作用"的层面去发现角。否则，角的教育价值就会大打折扣。

3. 把握度量的意义

认识了角之后，面对形形色色、五花八门的角，比较大小的问题就会随之浮出水面，度量则成为定量认识角的主题。

度量解决的主要是诸如线、角、形、面、体、物有多大、有多长、有多直、有多曲等问题。度量有公度和测量两层含义：

一是"度"，也就是大家都认可的公度，即度量单位。单位本身是规定的结果，关键在于引导学生理解公度存在的必要性。这里有较大的讨论、活动和探索空间。小学阶段的度，重心在理解和具体感受单位的实际意义。像掂一掂五百克一袋的盐有多重、摸一摸 0.4 平方米的桌面有多大、量一量自己有多高等等看上去没什么"数学味儿"的举动，都是理解单位时不可或缺的尝试。

二是"量"，即如何测量的问题。重心是从学生自己的经验出发，从"真刀真枪"的问题开始，通过鼓励学生使用自创的工具和单位，逐步导向规范的工具和单位，引导学生多角度摸索测量的方法，逐步从不那么正规的测量单位和方法一步步接近直至达到科学的度量。这就是小学测量的真谛，也就是华老师在这节课上所采取的策略。

二、技能教学应当是探索与发现的沃土

本文从认识角的角度，到理解角的作用，再到把握度量的意义，现在可以回到技能教学这个主题上来了。虽然弯子绕得有点大，但都和下面的结论有关。

区区小学阶段的度量，直接告诉学生如何认识测量单位、如何使用测量工具、如何具体地量，即进行单纯的技能教学有何不可呢？事实上问题没那么简单！度量是小学几何的重头戏，是将伴随学生一生的本领。这个本领的核心是什么，有必要分析清楚。

如前面提到的那些与支撑、坡度、陡度有关的角，大多数看不见，摸不着，你虽然知道它们在那里发挥着作用，但要测量它们却不容易，学生手里的量角器基本派不上用场。只有想办法把它们绘成具体的平面图形，书本上的方法和量角器才用得上。所以书本上、课堂里的角和测量多半是纸上谈兵，与实际大相径庭。实际的度量需要一个由现实、直观到抽象的过程，然后才能量。这个过程是技能教学必备的，省略不得。

在实际生活中，确定角度的主要不是"量"，而是"算"，真正决定坡度、陡度、支撑力的不是角，而是与角相关的那些可测的直边长短及其比值。即使工程师要在图纸上设计一个角，或加一根斜梁，或造一个斜坡，也不会贸然使用量角器，而是努力把形成角的两条直边的长短搞准。这些学生到中学之后会逐步接触到。至于理论学习中关于角的讨论，则基本与度量无关。

综上所述，如果小学阶段把量角处理成照本宣科的技能教学，学生虽有动手的机会，但教育价值有限，做的也多半是无用功，对此我们一定要心中

有数。小学阶段的度量，不是单纯的技能培养与训练，而是为学生进行探索与发现准备的沃土，它提供给学生通过自己的眼和手去认识世界的机会。不仅是度量，小学数学课程中的许多"技能"，如与计算有关的大家耳熟能详的"进位加""退位减""混合运算""乘法口诀""竖式除"等，都是探索与发现的载体，都是学生自主探索、动手实践的基本题材。那些形如"想大算小"式的"算理"，多半会随着儿童的成长渐渐隐去，而伴随着一连串"为什么"而发现的运算规律、道理和方法倒有可能长久留存，成为伴随学生一生的本领。对这样的技能，如果只是采取"多快好省"的方式灌输，辅以大量的训练，再任意拔高速度、精确性方面的要求，就彻底浪费了这些题材的教育价值。学生对数学越来越明显地敬而远之，学习数学的目的越来越趋于实际，多半与此有关。现实告诉我们，技能教学需要"革命"并非危言耸听。有些事情已经到了不改不成的地步。

三、重要的是教师的见识

技能教学怎么改？它真能成为前面所说的那个"沃土"吗？这里无需过于系统的理论表述，因为华老师在课堂上已经给出了佐证。

这是一节用一连串的"为什么"串起来的"量角的大小"课，每个结论的得出都伴随着学生自己的发现、归纳与整理。学生不仅知道了如何量角，还知道了"量"的方法是从哪里来的、书本上的角和生活中的角的关系，以及度量的意义。这节课的载体是量角，而获得量角方法的过程，则积淀下不少数学的思考、数学地解决问题的大思路。如果技能教学都顺着这个思路展开去，数学的面貌就会一步一步在学生的眼前清晰起来，他们的兴趣也会随之而来，今后学三角、学物理也都会有兴趣。

新、旧课程都量角，处理思路却大不相同，再加上"发现"与"探索"，就加大了度量的含"金"量。华老师所做的处理，源于经验，更源于见识。而后一点给我留下的印象更深。他正是抓住了技能教学的真谛，才有了一系列相关的设计和考量，才使这节课显得意味深长。归根结底，"革命"也好，改革也好，这一切都离不开教师个人的见识。而见识则基于知识和视野，表现为把一件事看清楚、想明白的水平，形成这个见识要靠数学的功底，更要靠教师的使命感、职业意识和责任心。要老师们都做到华老师这样，不容易，但不学学华老师，就有些可惜了。

（孙晓天，中央民族大学数学系主任、教授，数学课标制定小组组长）

技能的学习不是简单模仿与训练

量角的大小是一种基本的操作技能。在日常教学中，操作技能的教学往往是教师讲解、演示、示范操作的基本程序和步骤，然后学生模仿操作，并进行强化练习。这样的技能教学容易降低学生的思维水平，因为在操作中缺少思考与探究，更缺少猜想与创造。

操作技能的教学仅仅是模仿与训练吗？如何使学生真正参与其中，真正实现独立思考与创新？下面以华应龙老师执教的"角的度量"为例分析如何使技能教学更厚重些。

一、量角是"屠龙之技"，还是生活所需

带着问题、带着思考的教学就能避免学生的简单模仿与记忆。为什么要度量角的大小？在实际生活中，学生能够感受到角的大小的作用吗？很难。学生并没有进行角的大小比较的直观经验，也没有量角的实际需求（但这种需求能够被激发出来）。因为角是蕴涵在客观物体里的，需要抽象才能得到数学上的角（顶点、过顶点的两条直边、平面图形），因此在客观物体里很少能直接看到数学上的角，在"静态"中很难意识到角的大小的作用。

那为什么还要学习"角的度量"呢？如何才不会使"量角的大小"成为单纯的"屠龙之技"？

1. "三个滑梯"，激发学生的学习需求

在课的导入环节，三个不同倾斜度的滑梯情境既符合学生的生活经验，又体现出角的大小的作用，使学生强烈地感受到角的大小是影响下滑速度（即刺激的程度）的重要因素。虽然学生有这方面的生活经验，但现实中的滑梯几乎都是"标准的"、安全的。学生没有思维上的对比和冲突，就不会有意识地去思考下滑速度与角的大小之间存在本质联系。学生学习的愿望与需求，需要教师去激发，而不仅仅是满足。另一方面，这三个滑梯也渗透着重要的函数思想：当滑梯角度越大时，下滑的速度越快，即一个变量随着另一个变量的变化而变化。让学生在变化中感受角的大小的作用。

2. 在"抽象"中感知角的作用

华老师在课堂上为学生提供了丰富的应用情境：滑梯的角度多大合适？谁放的风筝高？椅子的靠背多弯舒服？在哪个位置射门进球率高？……并直观演示了所抽象出的"角"，让学生感知角的大小的作用。

虽然教师还不能清楚地向学生解释原因，但至少给了学生宽广的视野，给了学生进一步思考的空间，让学生感受、体验到角的大小所蕴含的思想与方法不仅是生活所需，还是进一步学习数学、学习其他学科的重要基础。

3. 技能的背后是对概念的深刻理解

量角的过程是学生更深刻地理解角概念的过程。虽然在此之前学生已经认识了角，但并不精细、深刻。例如，学生仅仅会判断什么样的图形是角或不是角，知道角各部分的名称；至于如何抽象出角、角的大小的作用以及角的大小是否取决于角两边的长短等等问题，学生的理解并不深刻，而这些都是角概念的重要内容。这一课则让学生对"角"有了更深刻的理解。由此我们不难得出以下结论：有效的技能教学离不开对概念的深刻理解，脱离对概念深刻理解的技能教学容易演变为简单的模仿、记忆、强化训练。

量角的教学可能是"屠龙之技"的传授，也可能是让学生对概念、思想方法深入理解并感受其价值的教学，两者的选择取决于教师有效的教学设计。

二、量角的大小为何要画角

华老师在课堂上花费了很长时间让学生在纸制量角器上画角：90 度、60 度、1 度、157 度。这节课的教学目标是"量角的大小"，可为什么要不厌其烦地让学生画角呢？这是由角的度量的本质所决定的。

角的度量的本质就是所要测量的角与标准的角（即已经知道大小的角）的合同，即这两个角能够完全重合。唯有如此，我们才能知道要测量的角的大小。

在角的度量中，两个角的重合与长度度量中两条线段的重合从本质上说是一致的，但学生在理解这两种不同量的度量时难度是不一样的，学生容易误认为角的大小等于角的两条边之间的"宽度"，因此得出错误的结论：角的两条边越长角的度数就越大。

学生理解角的度量的本质有两方面的困难：

一方面，学生看不到量角器上的角。这与学生对角的概念的理解比较浅有关。另一方面，即使看到了量角器上的角，也不知道怎样才能使量角器上的角与所测量的角重合。量角器上角的顶点在中心，有两条边都可以作为角的"始边"，要度量的角与哪条始边重合呢？这需要学生根据所要测量的角的特征来决定。另外，所要测量的角的两条边的长度不确定，不能恰好和量角器上的刻度线重合。

真正了解了教学的"难点"，教师就应该"该出手时就出手"，设计有效的活动（四次画不同角度的角）进行适时的点拨引导，使学生认识到量角的本质。

三、什么是度量意识

在课的最后有这样的环节：

师：（出示长方形）要想知道它的长，怎么办？

……

师：（出示量角器）以前我们说它是直角，现在我们可以说它是90度的角。看来，要表达一个数量，先要找到一个度量单位，再数有多少个这样的单位。大数学家华罗庚说过："数（shù）起源于数（shǔ），量（liàng）起源于量（liáng）。"

角的度量为什么要牵扯到长度、面积？华老师在教学目标中指出：感受量角的意义，进一步形成度量意识。什么是度量意识呢？

一方面，度量意识就是让学生初步从整体上感知、了解度量的共同特征，整体感知度量的结构。

日常生活中最重要的度量是数物体的个数，自然数也是度量的结果，是对离散变量（或者说"集合"）的度量。现实生活中其他所有的量几乎都不是离散的，而是连续的。例如长度、面积、体积、角度、时间、质量等等。日常生活中要度量的量很多，但无论度量哪类量，其度量的结构都是相同的，即必须满足以下四点才是可度量的量：（1）选定度量的标准，即"单位"；（2）用"单位"去度量所得到的度量数非负，即度量得到的数大于等于零；（3）运动不变性，即合同（完全重合）的两个不同的量其度量所得到的数相等；（4）有限可加性，交集为空集的两个量其和的度量数等于各自度量数的和。

度量意识的另一层内涵是感受度量单位的内涵与价值。在度量中要让学生感受到确定统一的度量单位的价值；要让学生体会到为了更简洁更精确地表示度量结果，需要选取合适的度量单位，即度量单位的统一性与多样性是人类交流与刻画多样化的现实世界所必需的。

当不能用整数倍的度量单位去量尽时，就需要选取一个更小的单位。在日常生活中，同一个量总有许多不同的单位，如果度量单位 e 太大，人们就习惯于用度量单位 e 除以 10 的若干次幂（与现行的十进位值制记数法相匹配。除以 60 的若干次幂也可以，古巴比伦人就偏爱 60，在角的度量中人们也偏爱 60）作为新的、更小的度量单位来测量，这样测量的结果就只需要移动小数点，其单位名称前面加上前缀，例如分、厘、毫、微等。如果将测量过程理想化，就会出现无限十进小数。

对于教师而言，则应认识到，虽然实际生活中需要度量的量（离散量、连续量）很多，但进行度量时，只要度量单位确定，就可以用同样的数来表示所有量的度量结果，即用同样的数刻画万千的量，这就是数学的本质——抽象性与结构性。

四、技能教学能否给学生创造的机会

在做学生学习基础的前测调研中，大约 80% 的学生是按照下述方法量角的。

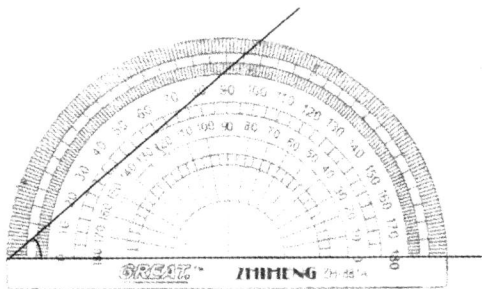

显然，这不是巧合，任何差错的存在都有其必然性与合理性。正是在追问必然性与合理性的过程中，我们更加深入地理解了度量的本质，理解了学生的学习方式与思维方式。

学生认识一维空间比较容易，因此，量长度没有困难，但量角度时就产生了很大困难，主要体现为思维定式：度量要"从头开始"。试想，在以往度量的学习中，哪一类度量不是从头开始的？度量长度是这样的，度量质量也是这样的（但面积的度量不是这样的，面积是通过公式计算得到的），凡是度量的量不是从头开始的，学生的学习就有困难。例如认识钟表，钟面是一个封闭的结构，没有头和尾，将哪儿作为认识的起点呢？因此，要先认识"整时"与"半时"，然后再认识其他时间。

因此，学生按照上述方法量角是很自然的。值得注意的是，这种办法也

有其合理性：这样量角，只要把所读出的度数除以 2 就得到所测量角的度数（圆心角等于圆周角的 2 倍）。

给学生思维与创造的空间，发明新的方法，这样，他们在使用自己独创方法的过程中，通过案例分析、比较两种方法的优劣，从而感受到自己的方法的局限性，例如，只能测量锐角，当所测量的角接近直角时，就会有比较大的误差。

另外，假如学生就用这样的"方法"量角，为了避免上述局限，是否可以重新设计量角器呢？量角器毕竟只是一个"工具"，而"工具"是人创造的，只要合理，无矛盾，并能够解决实际问题，创造什么样的工具皆可由人来决定。事实上，无论怎样设计量角器，其本质和现行的量角器都是一样的，即将半圆平均分为 180 份，每一份是一度。这是因为我们能感知的空间是欧几里得空间。通过这样的活动，再一次让学生感受到什么是数学：数学是创造，但绝不是随心所欲、胡编乱造，要符合逻辑，要与宇宙的本质共性。

因此，技能教学能否给学生一个创造的空间，值得深思和探索。

（刘加霞，北京教育学院数学系教授）

技能教学的方式可以多样化

一、什么是开启技能教学之锁的钥匙

在小学数学的技能教学中，量角器的使用历来是一个难点。难在何处？怎么解决？年复一年，有人在思索，有人在实践。

早就有教师仔细观察了学生最初使用量角器的过程，发现他们往往将被量角的顶点放在量角器的圆弧上，而且常常分辨不清该看外圈刻度还是内圈刻度。由此，形成了突破难点的教学策略：着重教会学生怎样放量角器，怎样读刻度。进一步，还概括了"心对点，线对边，度数就看另一边"等要领。

一部分教师自觉或不自觉地依赖诀窍进行教学，却忽视了"怎样放"、"怎样读"的实践感悟，教学效果自然不理想。

正如许多人所分析的，量角的关键——角与角的重合，之所以难学，有多重原因：一方面，学生必须面对从一维到二维的跨越和测量工具的复杂性，因为"角的大小是一种二维特征，和长度的一维特性有着较大的差异"（华应龙）；另一方面，他们又要克服缺乏直接经验的先天不足和学习负迁移的后天干扰，即缺乏量角的经历，同时具备从零刻度起量长度的经验。

对此，原来的小学数学教材与教学又是怎样处理的呢？

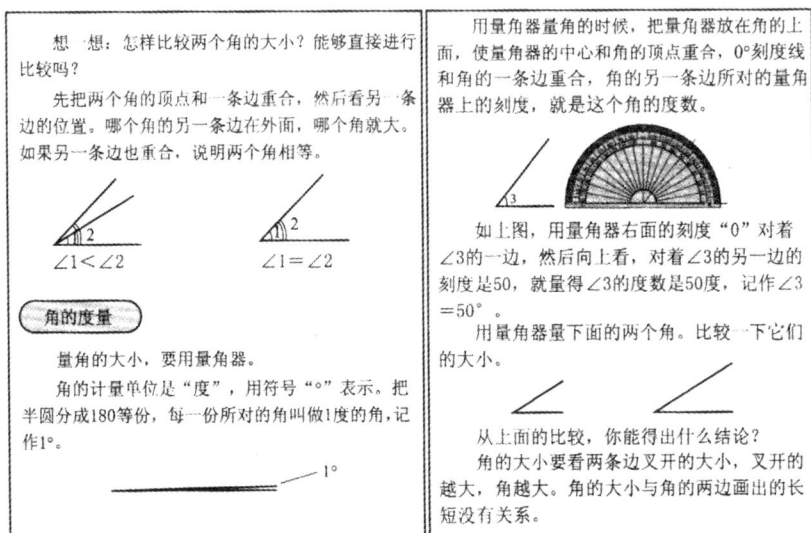

想 一想：怎样比较两个角的大小？能够直接进行比较吗？

先把两个角的顶点和一条边重合，然后看另一条边的位置。哪个角的另一条边在外面，哪个角就大。如果另一条边也重合，说明两个角相等。

∠1＜∠2   ∠1＝∠2

角的度量

量角的大小，要用量角器。

角的计量单位是"度"，用符号"°"表示。把半圆分成180等份，每一份所对的角叫做1度的角，记作1°。

1°

用量角器量角的时候，把量角器放在角的上面，使量角器的中心和角的顶点重合，0°刻度线和角的一条边重合，角的另一条边所对的量角器上的刻度，就是这个角的度数。

如上图，用量角器右面的刻度"0"对着∠3的一边，然后向上看，对着∠3的另一边的刻度是50，就量得∠3的度数是50度，记作∠3＝50°。

用量角器量下面的两个角。比较一下它们的大小。

从上面的比较，你能得出什么结论？

角的大小要看两条边叉开的大小，叉开的越大，角越大。角的大小与角的两边画出的长短没有关系。

（以上选自九年义务教育六年制小学教科书数学第八册第 130－131 页，人民教育出版社 1996 年 4 月第 1 版）

可见，原来的教材为了引导学生实现从一维到二维的跨越，采取了两条对策。首先，启发学生通过重合比较角的大小，并强调怎样的重合才能说明两个角相等。这是学习用量角器量角的认知基础，也就是余亚萍老师所指的"发生学习正迁移的条件"（《小学数学教师》2005 年第 1、2 期合刊）。然后，通过用量角器量角，启发学生得出结论：角的大小要看两条边叉开的大小，与角的两边画出的长短无关。这是在量角的实践基础上，使学生加深对角概念的理解。

针对量角器构造的复杂性和学生缺乏直接经验的不利因素，该教材的对策是，通过量角的实例，较详尽地描述了使用量角器的方法。在实际教学中，教师大多采用"讲解示范→模仿操作→强化练习"的程序开展教学。实践表明，效果往往不尽如人意。

深入分析，主要存在两个问题：一是未能有意识地帮助学生排除先前学习量长度时形成的"一端对齐，从头量起"的操作定式，即学习负迁移的干扰。二是讲解与演示没能切实引导学生找到量角器上的已知角，并捅破了"用量角器上的角去重合被量的角"这层窗户纸，从而使得教材给出的铺垫——"重合，比较角的大小"这一促成学习正迁移的条件，并未真正发挥作用。

华老师的教学之所以成功，正是因为化解了以往教学中一直没有很好解决的两个问题。难能可贵的是，华老师变"全盘授予"为相机诱导，让学生"先试先量，先想先说，正确的地方充分肯定，存在的问题一起探讨，让学习活动顺着孩子们学习的天性展开"。这里，教师的教学智慧和教学艺术提升了技能操作教学的境界。当然，我们不可能要求每个小学数学教师都达到相机诱导的教学水平。但应该努力做到，仔细观察、深入分析学生的学，把握学生学习的困难所在、症结所在。这就是开启数学技能教学之锁的钥匙，也是"道法自然"的基础。进而，即便采用讲解、演示与模仿操作、强化练习的教学程序，也能针对学生的情况，消解负迁移，促成正迁移，提高操作技能教学的有效性。

这一课例不仅让我们看到了以往教材教法研究中对教学对象研究的不足，还使我们发现数学学科教学心理研究的缺失。一般来说，数学的操作技能，既不是典型的动作技能，又非纯粹的心智技能，很少引起心理学研究者的关注。数学教师可以采用临床观察的方法，通过作业与谈话，发现学生量角、画角以及画垂线、平行线时是怎样做的，会有哪些困惑，却很难像皮亚杰那样，设计具有典型意义的心理学实验，揭示学生形成操作技能的内在心理机制。如果专业研究者能和教师协作，开展本来意义上的行动研究，增强理论与实践的互动，并坚持下去，相信能让我们迎来技能教学的"革新"。遗憾的是，至少在目前，我们似乎还没做好迎接"革新"的准备。

二、突破技能教学关键的方式可以多种多样

如前分析，学习量角的关键在于理解"量角就是用量角器上的已知角去重合被量的角"。要理解并运用这一原理，首先必须在量角器上找到已知度数的角。

为此，华应龙老师的方法是先让学生找"量角器上有没有角，角在哪儿"，然后让学生在纸制量角器上画不同度数的角。

余亚萍老师的方法是先让学生看课本，了解什么是 1 度的角，量角器上有多少个 1 度的角。然后予以启发："我在量角器上没有看到从中心点引出射线构成许多个角，而是看到中心点处是一个空白的半圆，这是为什么？"学生思考后作出解释："量角器上所有的角若都画出，那么，中间就变成了一团墨，这样各个角的顶点位置就无法确认了。"这表明他们已经能够在量角器上看到角了。

两种不同的教学过程，殊途同归，都为学生理解量角的实质"重合—相等"，掌握量角的方法"二合一看"，扫清了障碍。有了这样的认识基础，学生也就容易摆脱先入为主的操作定式，不再想到将角的顶点与量角器上直径的一端（即 0 度刻度线）对齐了。

换一个角度思考，既然学生已经习惯于"一端对齐"，为什么我们非要和他们"过不去"，从一开始就试图彻底扭转呢？能不能突破我们自己的思维定式，因势利导呢？

比如，我们完全可以先出示只有一圈刻度的"半个"量角器，让学生用它来量锐角、直角。如此一来，既顺应了学生"一端对齐"的习惯，又暂时回避了分辨外圈刻度、内圈刻度的麻烦。然后使学生明白，这样的量角器一次至多只能量直角，为了一次直接量出钝角的度数，再出示只有一圈刻度的

整个量角器。最后，为了方便度量开口向右的角，再给出第二圈刻度。相应地，1度角的规定可以这样引入：把四分之一圆平均分成90份，每一份所对的角叫作1度的角。历史上，人们定义角的计量单位"度"，用的是圆周的360等份。为了便于引出半圆形量角器，教材通常采用半圆的180等份来定义1度的角。它与四分之一圆的90等份是一致的。

显然，这是一种变换测量工具，让量角器"迁就"学生的教法，而不再一味地让学生去适应相对复杂的工具。这种教法，分散了学习的难点，便于学生由易到难，拾级而上。更彻底地，既然现有的学习工具难为了学生，为什么不可以改造工具呢？事实上，目前市面上已在出售只有一圈刻度的量角器。

面对现有的工具，华老师和余老师的教法也有优势。那就是能让学生"跳一跳，摘果子"，经历较为完整的问题解决过程。于是，又引出了以下话题。

三、怎样适当丰富技能教学的内涵

教学量角，除了让学生学会使用量角器，还能追求什么？

首先，必须追求理解。在数学操作技能的学习中，理解是变机械模仿为有意义操作的杠杆，其道理不言而喻。对于学习量角来说，必须使学生理解量角器的构造，理解量角的实质，并进一步理解角的概念。

原来的教材中画有两个角，它们的边，一个画得长，一个画得短，要求学生用量角器量，并比较大小。学生量后发现，两个角的度数相等。由此得出，角的大小取决于两条边叉开的程度，与边画出的长短没有关系。

实际教学时，教师大多会提醒学生，用直尺延长角的边，使两边露在量角器外，这样便于读出度数。可惜，很少有教师意识到，这是一个难得的契机，可以用来启发学生初步感悟：数学中将角的边定义为射线，原来是有作用的。是啊，为什么要规定角的边是两条射线呢？在初次出现角的定义时，教师很难解释。幸好我们的学生几乎从没提出过这样的疑问。事实上，正是由于角的边是射线，我们才能根据需要加以延长，也正是因为角的边是射线，所以角的大小与边的长短无关。

这是学习数学技能与理解数学概念相得益彰的一个例子。可以说，认识角的计量单位，学会使用量角器，由此加深对角概念的理解，是量角教学的基本要求。

其次，应该追求教学的更高境界，尽可能地让学生"自能"、"自得"，从而使学生在掌握技能的过程中，获得主动探索的经历和学习成功的体验。这方面，华应龙老师的课例给我们提供了一个范例，值得大家学习、借鉴、举一反三。

再次，还有许多相关的追求有可能在量角的教学中得以实现。比如华应龙老师所做的努力：渗透度量意识，让学生初步感知测量的本质；创设富有情趣的情境，激发学生学习量角的需求；联系生活实际，设计应用问题，让学生初步体会量角的用处。

又如，刘加霞老师在《技能的学习不是简单模仿与训练》一文里提出的培养创新精神的建议：让学生重新设计量角器。

前不久，上海的潘小明老师应邀上了一节量角的观摩课，进一步发展了"度量意识"的内涵：

（师出示题目：你有办法知道 5 时整钟面上时针与分针之间的角度吗？）

……

生：我用量角器量出的度数与用数学方法算出的度数，相差 1 度。

师：我想知道你用数学方法是怎么计算的？

生：钟面的角度是 360 度，把它平均分成 12 份，每一份是 30 度，从 12 到 5 有 5 份，应该是 150 度。

……

师：时针与分针相交的地方比较大，让我们很难对准。还有，针太短，延长时可能会有误差，使我们很难与刻度线重合。看来，在这里用数学方法进行计算，是找到正确答案的好办法。

然而，事物总是具有双重性，刻意追求多了，就很难保证一切都像呼吸那样自然。

例如，华老师"经过反复搜寻、思考和讨论"，最终在课堂上呈现了三个实际生活中的角：滑梯板与地面的夹角、风筝线与地面的夹角、足球场上的射门角。严格说来，滑梯板与地面所成的角是二面角，风筝线与地面所成的是线面角。尽管在数学中，二面角与线面角的度量都归结为平面角，但它们都有各自的定义。二面角的平面角是以两个平面相交的棱上任意一点为端点，在两个平面内分别作垂直于棱的两条射线所组成的角；直线与平面的交角则规定为直线与它在平面上的射影所成的角。如果说，滑梯板与地面的夹角从"正面"看过去，看到的角基本上就是该二面角的平面角，直观上可以忽略其抽象过程（如下左图）。那么风筝线与地面的夹角，实际上是很难凭视觉确定的（如下中图，看上去风筝线与地面的夹角似乎是∠AOB，其实应是∠AOC）。

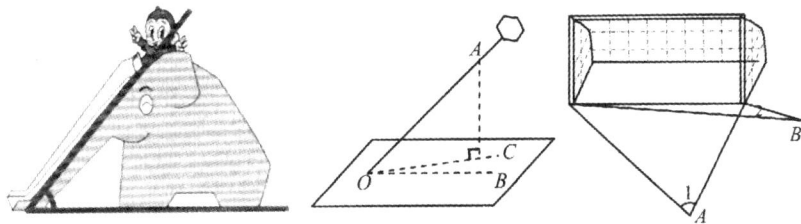

用"挑剔"的数学眼光来看，足球场上的射门角，作为平面角的现实原型比较贴切。但并非"离球门越近，角度就越大"（如上右图，A 处比 B 处离球门远，但∠1＞∠2）。也就是说，量角的实际应用，常常涉及数学以外的专业知识。如此看来，在小学阶段学习量角，在很大程度上确是一种"屠龙之技"。既然是"屠龙之技"，为什么还要"纸上谈兵"？因为角的度量是一个绕不过去必须学习的数学基础知识。谁都知道，它不仅是立体几何里学习面面角与线面角的基础，也是学习三角函数的基础。

讨论到这里，又生成了一个话题：在初学阶段，是否所有的数学基础知识与操作技能都必须煞费苦心地由现实背景引入，并在现实生活中加以应用？这个"节外生枝"的问题，三言两语说不完。限于篇幅，一言以蔽之：还是"道法自然"为好。

回到教学过程中"下要保底，上不封顶"的追求上来。教师群体所蕴藏的想象力和创造力是无穷无尽的。除了以上介绍的各种追求之外，各地教师的教学设想和教学实践中，肯定还有许多不被我们所知的内容可以插入量角的教学过程中。

如此丰富、厚重的教学内涵，都与量角有关，一节课的时间能容纳下吗？即使可以，学生能消化吗？难！正是在这个意义上，笔者非常赞同："我的课堂，我做主！"一节课有所取舍，有所为，有所不为，或以后再为，本是教学的自然之道。为了从整体上保持课堂教学的生态平衡，我们是否应该让教师根据本班学生的承受能力和自己的能耐作出选择呢？

这是由话题"可否给技能教学来一次革命"引出的另一个话题。

感谢《人民教育》的"话题"，让我们通过对数学技能教学课例的分析，更深入地认识了研究学生、吃透学生的重要性，更全面地看到了课堂教学的复杂性、变通性，还使我们更深刻地感悟了教学有法，但无定法，贵在"道法自然"。

（曹培英，全国著名特级教师，上海市静安教育学院副院长）

技能教学原来可以如此美丽

一、技能也需要理解性的学习

角的度量作为一个知识点在布鲁纳的教育目标分类中属于较低的一个层

次——使用工具的简单技能。过去靠教师讲解、学生模仿和练习，我们也能把这个技能教给学生，但是从学生实际掌握的效果来看，情况并不是十分理想。最主要的一个表现在于，总有个别学生在针对在不同位置摆放的角进行度量的过程中，往往在判断何时该认读内圈刻度线，何时该认读外圈刻度线时出现错误。其次，我们还进一步发现，在涉及有关角的度量的解决问题层面的问题时，对概念和原理的理解程度会更多地暴露出来。比如，有一个这样的问题：有一个量角器不巧有部分残缺，虽然中心点可以看到，可是零刻度线却看不到了，你还能准确地度量出一个角的度数吗？结果许多学生回答说不能。我们知道，如果理解了量角器量角的原理，学生就可以利用量角器中间完好的部分进行测量。显然要做到这一点，就必须对角的度量这一简单技能背后所涉及的概念和原理有真正地理解和思考，靠单纯的模仿和练习是很难让学生灵活地解决类似这样非常规的问题的。

关于数学教育的目的，当前一个被普遍接受的观念是让学生理解性地学习数学。建构主义为我们提供了关于儿童如何学习数学的理论基础。从建构主义的观点来看，儿童是知识的创造者，而不是被动接受者，他们主动地建构属于他们自己的知识和对事物的理解。

那么，什么叫作理解？如果说知识可以说成是要么有，要么没有的东西，理解却从来不能说成是要么有，要么没有的东西，即它不是一个全或无的概念。比如，对于度量角的大小这个技能，可能许多学生还不知道如何正确地使用量角器去度量，我们可以说他不具备这一技能，但不能因此说他完全不理解有关角的度量这一技能的有关概念。事实上，孩子们已经知道角是有大小的，而且还知道它们是有度数的，比如直角的度数是 90 度，只是他们不知道如何测量任意大小的角的度数而已。进一步，我们还看到，当华老师创设出三个不同倾斜度的滑梯情境时，孩子们利用生活中的经验已经可以判断出滑梯的"斜"、"陡"和一个重要的因素有关，那就是角度。这说明他们已经开始理解每个角的大小不仅是不同的，而且正是这些大小不同的角影响着滑梯的倾斜度，只是他们不知道滑梯的角度多大才合适。再进一步，我们还可以看到，孩子们能在量角器上找到角，只是有些孩子不知道，量角器上的这些角共同拥有的那个顶点有一个名字叫中心点；孩子们也能试着画一个指定度数的角，只是有些孩子还不知道内外圈刻度线所显示的度数有什么不同的作用，存在怎样的关系，等等。

因此，我们在进行课堂教学设计时，就必须将教学建立在学生对概念已有理解的基础上，从学生的角度出发而不是从教师自身的角度出发来考虑教学内容的选择和教学活动的安排。如果教师忽视了这一点，不考虑学生已有的知识起点，不是把自己的教学设计建立在学生已有的生活和知识经验的基础上，而是把学生想象成一张白纸，在教学设计时，只考虑自己怎么去对一群一点也不懂的孩子把执行技能的步骤以最清晰、最明白的方式讲清楚，就会重复一些劳动，也会使整堂课变成单纯的记忆和模仿，虽然讲解的内容没有任何科学性错误，练习也保证了一定的分量，但在思维层次上却索然无味。就像鹦鹉学舌一样，虽然也能学会，可是遇到情况稍一变化就会暴露出它只会模仿，并没真正理解人话的本性。从华老师执教的"角的度量"一课中，我们看到教师通过创设适当的情境，是完全可以有效地引导学生理解性地学习技能性知识，从而为将来更好地灵活运用这些技能解决问题打下基础。和过去我们把知识掰开揉碎地讲"角的顶点和量角器的中心重合，一条边和0度刻度线重合，看另一条边所对应的刻度"，再高度概括出"二合一看"等学习要诀相比，我们感受到的是华老师在这节课的教学设计中所力求体现的不同的教学理念，后者更加注重学生对知识和技能的体验和探索的过程。孩子们体验数学、经历数学的学习才是理解性的学习，这样的课堂才是充满活力的课堂。

二、学数学的过程是一个在做中学的过程

华老师在课堂教学设计中创设了这样一连串的学习活动：

让学生先在量角器上找角，然后在纸制量角器上画角，最后再用量角器量角。

有人一定会问：绕这么一大圈才到量角，是舍近求远，还是画蛇添足呢？

还有人会问：在教师还没有介绍量角器的有关知识前，就让学生自己去找角，行吗？在教师还没有介绍量角器量角的步骤前，就让学生利用量角器的原理画角，行吗？

提出这样的疑问，不是没有一点道理。我们可以看到即使是到了初中阶段的学生，当我们提供给他们一个以前没有见过的问题时，许多人的第一反应是拒绝解决这个问题，他们会说："我们老师还没有教过呢！"调查还发现，许多学生认为他们在做数学题时，每一个问题都应该有一个事先确定的解答方法，而且答案或结论也应该是十分明确和唯一的，不应该期望他们去解决一个陌生的问题或答案不明确的问题。这种问题类型熟悉、解决方法明确、答案唯一定向的数学观点是对"做数学"的一种歪曲，它不太容易让人兴奋。事实上，只有少数学生会因为只是为了追求好的数学成绩而在做这样的数学时主动而充满热情。而且我们也不得不承认，这种由外在的动机而引发学习的学习者常常不是最好的数学观念的思考者。

那么，什么叫作"做数学"？现代的数学教育观点认为，做数学的过程是一个探索模式与秩序的科学的过程，它是需要付出努力并花费时间的。没有理解的重复练习虽然花费时间，却不是在做数学。综观各国的数学课程改革文献，对"做数学"的描述常常是与下面所列出的这些动词联系在一起的：观察、判断、描述、探索、表达、解释、调查、形成、预测、联系、发现、发展、解决、建构、推理、证明、验证、应用等。描述做数学的行为动词其实都意味着，一些要求学生付出努力和主动的活动，学生需要动手操作，"冒险"猜测，提出和解释自己的观点和解法，说服别人接受自己的观点或修正自己错误、不完善的观点。当学生从事这样的活动时，就不可能只是一个被动的观察者和模仿者，而必须积极地思考其中所包含的各种数学观念。

为了创设一个做数学的环境，教师要在课堂上营造一种探究、质疑、推测的学习氛围。在这一环境中，学生被邀请来做数学，问题由教师或学生自己提出，学生在教师的引导下努力地寻找解决的方法，而知识和技能作为做数学的一个结果被自然而然地习得和掌握。我们看到，华老师由于思考了"量角的本质是什么"——重合，从而找到了一个邀请学生来做数学的切入口，如果学生在量角器上清晰地找到角了，进而能在纸制量角器上画角，量角的问题就能迎刃而解。在交流这些角中有没有不同的角的过程中，学生很自然地接触到了什么叫"中心点""0度刻度线""内外圈刻度"、1度的角、度数的写法等，特别是对于内外圈刻度的作用和相互之间的关系有了理性的认识。这就是教师的智慧。只管教不管学，教学设计自然容易，但难点如何攻破就不敢保证；只管学不管教，教学活动自然轻松，但学生的错误如何矫正同样也无法保证。华老师是理解了陶行知先生提出的教育真谛的："先生的责任不在教，而在教学，而在教学生学。""事怎样做就怎样学，怎样学就怎样教；教的法子要根据学的法子，学的法子要根据做的法子。"原来教和学是密切联系的，教为学服务，学为教的基础。教促进学，学促进教，教学相长。华老师在学生一系列的学习活动中，通过轻松、幽默的对话，渗透了有分量、有内容的教学；通过创设一个个情境，提出了一个个启发性的问题，把学生的学习活动引导出来，把学生的思维调动起来，把学生错误的概念理解和操作行为暴露出来，而教师在其中动态地把握各个教学时机，适时地介绍有关的事实性概念和操作步骤，并充分利用学生生成的资源促进学生建构起角的大小的概念和对量角器量角原理的理解。这正是我们一直渴望追求的让学生自然呼吸的教学境界：教学"无痕"，精彩"有痕"。表面上"波澜不惊"，"自然而然"，而教师的用心却处处有痕，学生的发展也处处有痕。

三、在课堂中还学生一个"知情权"

长期以来受东方师道尊严的儒家文化和科举考试文化的影响，学生和教师把教师的一言堂、教师的绝对权威当成天经地义的事情，要求学生不管懂不懂，理解不理解，只管把教师和书上的话先记住、先背熟，所谓"书读百遍，其义自见"。我们没有去思考，学生是否有权利知道他们为什么要学习这些知识，他们学了这些知识后又有什么用。

数学教育学者戴维斯在讨论"成绩绝对优异"的高中学生时，得出的一个结论是，当你仔细地去观察这些"明显成功"的学生处理数学问题时，会发现他们拥有很多荒唐的错误概念。他们成功地通过考试的原因在于：大多数数学教学，从小学到高中，甚至到大学，都是按照"做这个，然后做那个，然后做这个……"的程序在教学。而与此同时，教师们也常常将这些正确执行的程序作为该生学业成功的充足证据。

在这样的教学方式和评价方式下，学生们在数学课上实际上只是记住了一些精确定义的形式，执行了大量的标准化的程序，求解出那些能清晰地界定出层级的练习题的答案。其结果是学生掌握了大量的数学知识和技能，但却不知道数学家们思考和研究问题的方法；掌握了许多运算规则，却不能灵活地解决生活中一个简单的实际问题。

其实这种为什么要学习这些知识，学了之后又有什么用的"知情权"是需要教师们格外珍视和引导的。引导学生们思考知识背后的道理和值得学习的思维方法，正是促进学生逐渐成长为一个具有独立见解、善于理性思考、积极开拓应用，以及勇于创新变革的人。

华老师在"角的度量"一课的教学设计之初问了一个多么好的问题："学生感受到量角的用处了吗？量角的大小是屠龙之技，还是生活中必不可少的技能呢？"如果是生活中必不可少的技能，那么就应该在生活中发现它的用途，利用它的原理设计一些物体或解释一些现象。华老师在这节课中所创设的滑梯角度多大合适的情境，从一开始就主动地把"知情权"还给学生，当学生发现角的大小是影响倾斜度的关键因素，只有准确地测量出它们的大小才有可能研究和有效地刻画出滑梯的倾斜度时，学习的必要性已不言自明。而之后的找角、画角、量角，华老师又是在一点点地把学生对于有关"中心点"、"内外圈刻度"等等规定的"知情权"还给学生，让学生明白这样称呼它们、利用它们度量是有道理和原因的。而后华老师在学生练习量角快结束的时候，适时地推出"哪个位置射门进球率最高"、"谁放的风筝高"、"椅子的靠背多弯才合适"等一系列感性又贴切的实际问题情境。此时，学生的学习活动被推到了一个高潮，学生在辛苦的探索、暂时的错误之后，终于品尝到了胜利的果实、幸福的味道。原来如此，角的度量是如此重要、这么有用！真是不学不知道，一学多奇妙！

好美丽的一节技能教学课！我很想在这里感谢我们的华老师，他让我们看到了希望，看到了一个充满教师智慧、敢于破旧、勇于创新的教学新境界，他正在让我们的数学课更清新，更自然，充满更多惊喜。愿这样的课多些，再多些。

（张春莉，北京师范大学教育学院教授）

2. 千金难买回头看

　　——以"多位数减法练习课"教学为例

【课前慎思】

练习课的质量取决于什么

　　练习课的价值是巩固所学的知识，形成一定的技能，发展学生的思维，激发起他们进一步学习的兴趣。因此，一节练习课肯定需要一定量的练习。可是，衡量一节练习课的质量就是看练习题的数量吗？要真是那样的话，"熟能生巧"的同时就"熟能生厌"了。

　　练习课的质量取决于什么？在一定题量的基础上，关键看思维的含量，看学生自主练习的积极性。

　　因此，这节课不是命名为"数字黑洞"，而是命名为"多位数减法练习课"，就是想引起大家探究的兴趣。

　　这节课的教学内容是北师大版小学数学二年级下册"神奇的'495'"和人教版小学数学五年级上册"什么是'数字黑洞'"。

　　经过和刘伟等老师的多次研讨，我们制定的教学目标是——

　　1. 正确熟练进行多位数减法计算。

　　2. 提高发现规律和提出问题的能力，初步感悟猜想、验证、尝试等探究的方法。

3. 感受数学的神奇与魅力。

我们想，如果下课后，有学生主动地继续做多位数减法题目，把枯燥的数字玩得十分起劲，那么这样的学生在爱数学的情感上和做数学的意识上与"数学家"就没有多大的差异了。

这是原来小学数学教材中没有的内容，这是新课程的贡献，我们应当把它用好，不至于让学生"入宝山而空返"。

【课堂实录】

"多位数减法练习课"教学纪实

一、提出问题：旅行箱设什么密码好

师：（出示图片）小明将要参加一个夏令营活动，他爸爸给他买了一个带密码的旅行箱。他很高兴，但过后他又想：万一我把密码忘了，可怎么办哪？我设什么密码好呢？这时他爸爸说："儿子，我们一起玩个游戏，做完游戏，你就知道密码设什么最好了，即使忘了，也能很快找到它。"同学们，你们想一起玩这个游戏吗？

生：（很有兴致地）想——

师：小明的爸爸对他说：你看看这个密码箱上的密码是由几位数字组成的。

生：（齐）三位。

师：好，那你就写出三个不同的数字。（师板书：三个不同数字）也请同学们在练习本上写出三个不同的数字。

师：你来说说写的是什么数字。

生：我写的是 1、2、3。

师：（面向全班）可以吗？为什么？

生：可以，他用了三个不同的数字。

师：如果有同学写的是 3、6、12，这样写行不行？

生：（齐）不行，不行——

师：为什么不行？

生：12 是由两个数字组成的，这样就有四个不同的数字了。

师：小明写的是这样三个数字：4、7、5。小明的爸爸说：你用这三个数字，组成一个最大数。（板书：最大数）大家一起说小明举出的这几个数字组成的最大数是——

生：（齐）754。（师板书）

师：再组一个最小数。（板书：最小数）

生：（齐）457。（师板书）

师：组完以后，用最大数减去最小数，这道题就是 754—457，我们一起来计算。

（教师带着学生说计算的过程并板书；学生计算得都很认真，教师及时鼓励）

师：计算的结果是 297，这样又得到了三个不同的数字。接着再用这三个数字——2、9、7，再组成最大的数和最小的数，分别是多少？

生：972 和 279。

师：再用这两个数相减，又得到三个数字，然后呢？

生：再接着做。

师：我们按照这样的规则，把你所写的那三个数字所组成的数，一步一步地计算下去，咱们来比一比，看谁在规定的时间内写的算式又对又多。建议大家只写竖式，不用写横式。

二、练习三位数减三位数

（学生们很快提起笔埋头计算。教师在巡视的过程中请一位学生去板演。过了一会儿，有些学生停笔不再算了，并发出一阵议论声。板演的孩子出现了重复的算式，想要擦掉，被教师及时拦住，重复的算式被擦掉了一半。）

三、发现问题

师：（疑惑地）你们怎么了？怎么都停笔不算了？

生：算了半天，算不出去了，就是那几个数字，来来回回的。

生：重复，不停地重复。

生：怎么算都是 954 - 459 = 495。

师：（好像很疑惑）大家都是这样的吗？

生：（点头）对，都是这样的。

师：有这样疑问的同学请举手。

（学生互相看看，结果大部分学生都举起了小手）

师：（由衷地感叹）佩服，佩服我们班的孩子们，你们真棒！老师刚才在看大家计算，算得都很快，也很准确。后来你们再算，我就不看了，站在这里看着你们，看有多少同学能自己提出问题。一会儿就有同学陆陆续续地举起手来，表示有疑问。非常好！那我们一起看看黑板上的算式，看看刚才板演的同学做得对不对。

师：（指着被孩子擦掉一半的算式）这个算式为什么会这样？

生：我想把它擦了，因为它和前面的算式重复了，再往后也是和前面的一样。

师：和刚才那位同学一样，算出重复的算式就不算了的同学，请举手。

（孩子们都把小手举得高高的）

师：如果不是这样，而是不管不顾地一直算下去——

生：（接话）算出好多，七八个一样的算式。

师：你们好像都上老师的当了，老师说在 3 分钟内看谁写得多，其实就想看大家是不是动脑子。

（学生们面面相觑，笑了，脸上写的是"哦，原来是这样"。）

师：刚才我们发现，动脑子的人，算一会儿，出现问题就不算了；可不动脑子的人呢，他就一直往后算。所以老师想告诉大家一句话——（板书：千金难买回头看。同时，学生读出来。）谁来说说这句话是什么意思？

生：千万两黄金都买不来回头看看。

师：他说得真对。这说明回头看看是太有价值了。不能只是埋头赶路，而要回头看看，抬头想想。

（学生报以热烈的掌声）

四、发现规律

我们要是一边做一边回头看看，你就知道后面不用再写了，因为接着往后的算式还是——

生：$954 - 459 = 495$。

师：我们能不能换一个角度来看，有没有新的发现？

生：（举手）我觉得每位同学写的数字不一样，但算出的结果却都是一样的，都是 495。

生：（纷纷）我也是 495。我也是。怎么会这样？

师：（搔搔头，疑惑地）哦？怎么会这样？（师板书：495）

生：我发现每个算式得数中间都是 9。

（教师掉转身来，看着黑板。孩子们有的看黑板，有的看自己的练习本，不住地点头。一位学生提出异议：只有在被减数和减数中没有 0 的情况下才可以。教师没有表态，大部分孩子也没有反应，有的孩子皱起了小眉头。孩子们举手还想说自己的发现，被教师制止了。）

师：我们先把这个话题讨论完。同学们都认可有这样的规律——得数的十位数字都是 9。为什么？

（孩子们都在认真地观察着、思考着）

师：看到同学们的状态，我想起一句名言："思考着是美丽的。"只要你动脑子想，你就是美丽的。

生：被减数和减数中间的数字都是一样的。

生：被减数的个位一定比减数的个位小。

生：三个不同的数字，组成最大的和最小的数，被减数的个位一定是减数的百位，所以被减数的个位一定比减数的个位小，并且它们中间的数又相同，个位不够减，向前一位借一，像 $14 - 5 = 9$，$13 - 4 = 9$，那么差中间都是 9。

师：他表达得真棒，用上了"并且"、"那么"这样很有逻辑的语言。

生：我还有相关的问题。刚才我就说了，我猜想被减数和减数的数字中不能有 0。

师：有哪位同学在举例时，三个不同的数选到 0 了？

（一个孩子选的数字是 9、0、1。教师展示他的练习本：$901 - 109 = 792$，$972 - 279 = 693$，$963 - 369 = 594$，$954 - 459 = 495$。）

师：我们看看有 0 的参与可以不可以。他的结果也是 495。刚才那位同学说什么？他是怎么猜想的？

生：刚才我的猜想说得可能不够严密。我是说个位不能有 0。

师：我们一起来看看刚才那位同学所举的例子。他所举的数 901 是不是最大的数？

生：（齐）不是。

师：是啊，最大的数应该是 910，那最小的数呢？

（学生们不知如何回答，看着教师）

师：他所举的最大的数肯定是不对的，但最小的数可以是 109，019 也是可以的，这两个数老师都算过，都是可以的。我们现在的问题是，他这里写错了，为什么还可以得到 495 呢？

（学生一片哗然，很快就有学生举手："我知道，我知道。"）

生：他的列式中间数都是 0，所以他也算出了 495。

生：这就像我刚才说的那样，被减数个位比减数个位小，十位是一样的，所以也得出了 495。

生：我发现，我们每个人所举的数字不一样，但我们都能算出 594，然后就能算出 495。

师：（竖起大拇指）咱们班同学真是厉害，像这样的问题一般人是想不到的，因为他必须把这组算式和自己的或同桌的进行比较，才有可能发现。请同学们以小组为单位互相看看练习本中所写的每一道算式，你能发现什么？

（学生看练习本）

师：通过观察我们发现，虽然我们选的数字不同，但最后一个算式的结果是 495，前一个算式的结果是 594，再前一个算式的结果是 693。我们再次证明，我们做事要回头看一看，要不然就得不到新的发现了。

五、查找计算错误的原因

生：我选的数是 2、1、0，可我算出的结果怎么就是 595 呢？

师：咦，这是怎么回事？谁来帮他指出问题？

（学生们瞪大眼睛，都认真地看着投影中那孩子的练习本）

生：他算错了。最后一个算式的百位借走 1，还剩 8，8 - 4 = 4，他没有借位，还是用 9 做的。所以他得 5，就错了。

（出错的同学不好意思地挠挠头，点头表示明白了）

师：这也正是我们在做多位数减法时最容易出错的地方——忘掉退位点了。来，没有算到 495 的同学查一查，哪儿有问题了。

（学生独立检查，没有错的主动帮忙）

六、交流多位数减法注意点

师：下面我们小组交流一下，在计算多位数减法时，特别要注意什么？

生：要相同数位对齐。

生：从个位算起。

生：退位减时不要忘了退位点。

七、介绍"数字黑洞"

师：同学们真的很棒，有不懂的就问，善于提出问题。现在我们回过头来看看。三个不同的数字，组成最大数，再组成最小数，它们相减，按照这样的规则，一直算下去，得出的结果都是495。这个495有一个特别的词语来称呼它，叫"数字黑洞"。（板书：数字黑洞）

师：谁知道黑洞是怎么回事？

生：能将它旁边的物体给吸进去。

生：在天空中，连光线都逃脱不了。

生：是个很大很大的洞。

师：它是宇宙中的一种天体，它的质量特别大，小的黑洞都是太阳质量的十几倍，大的是太阳质量的一百多亿倍。

（展示一系列黑洞图片，孩子们发出阵阵惊叹声）

八、提出新问题

师：刚才我们说的是数字黑洞，我们开始选择不同的数字，最后都被495给吸进去了。现在你们是不是又有什么新的问题呢？爱因斯坦曾说过："提出一个问题比解决一个问题更重要！"

生：四个数字有数字黑洞吗？是什么呢？

生：五个数字呢？

生：两个数字呢？它们的黑洞究竟是什么？是不是还是 495？

（孩子们使劲地摇着小脑袋："肯定有变化。"教师把学生的问题板书在黑板上，重重地标上问号。）

生：有相同的数字行不行？

生：三个都相同肯定不行；有两个数字相同，我就不知道了。

九、再次练习多位数减法

师：这些问题我们能解决吗？自己选一个，试试！

（学生兴高采烈地计算，不时有学生发出惊叫声）

生：我发现四个不同的数字的数字黑洞是"6174"。

生：我发现有两个数字相同是可以的。

……

十、千金难买回头看

师：时间关系，就此打住。"千金难买回头看"，通过刚才的观察我们发现，差的十位上都是 9，其实我们还可以有其他发现的。

（教师用手指着板书竖式中差的百位和个位，引导学生观察。孩子们又纷纷举起小手。）

师：还有很多。有的规律是我们可以解释的，有的规律是我们解释不了的。比如，今天我们所研究的内容为什么是 495，而不是其他的数呢？这个问题，我解答不了。我上网查询了很多，也没有人解答得了。对，将来你们谁能解答了，谁就是全世界的老师。

（孩子们跃跃欲试，想再动笔自己试试）

师：天下没有不散的筵席，课堂上解决不了所有的问题。感兴趣的同学课下继续研究吧。

（铃声响了，孩子们恋恋不舍地离开了教室……）

附　板书设计

三个不同数字	"495"	**数字黑洞**		
有0？				
相同？				
四个？				
五个？				
最大数	754	972	963	954
－最小数	－457	－279	－369	－459
	297	693	594	495

千金难买回头看！

（王红　整理）

【课后反思】

数学教学与语文教学的不同

下课的铃声响了，课上完了，我沉浸在和学生一起智力冲浪的享受之中，我留恋着数学花园的美妙和课堂生活的美好。听课老师们热烈的掌声告诉我，大家认可了我们的探索。

回味学生意犹未尽的样子，我思考：为什么大部分学生对数学不感兴趣，对数学学习心生畏惧？为什么我们很少听到学生说怕学语文？是数学学科本身的原因，还是我们的数学教学出了问题？

我没有教过一堂语文课，只是听过一些语文老师的课——学校同事的，贾志敏先生的、于永正先生的、靳家彦先生的、王崧舟老师的。语文教学和数学教学有着诸多不同，现在我想到的和想说的是，语文教学更多的是给了学生想象感悟和表达自我的时空，而数学教学更多的是在抽象趋同和重复操练。特别是语文教学和数学教学中的练习有很大的不同。语文的练习往往是开放的、新鲜的；数学的练习常常是封闭的、熟悉的，可以依样画葫芦的。数学练习机械重复的题目、数学练习"熟能生巧"的价值追求，是不是学生怕数学、不愿意学数学的重要原因呢？不少学生可能还没达到"熟能生巧"却"熟能生厌"或者"熟能生笨"了。

因此，我想数学教学中的练习不应侧重在"熟能生巧"，而应更多地追求"急中生智"。让学生在情境中急于解决问题，迫切地想知道问题的答案，在解决问题的过程中运用所学的知识和技能，催生智慧，激发出爱数学的情感。能够艺术地把学生带入情境之中，是我们教师应该磨炼的功夫。

哈哈哈，今天算是一个成功的尝试。

不过——

如果学生都算对了，没有算不到"495"的，怎么办？今天有一个学生提出了困惑："我选的数是2、1、0，可我算出的结果怎么就是595呢？"正好引入预设的环节，让学生运用发现的规律发现错误，查找错因，小组交流在计算多位数减法时要特别注意什么。如果没有算错的，练习课提醒学生注意计算中易错的几个方面就没法出来了，怎么办？哦，没有错误，就不需要提醒了啊！教师可以俏皮地说："这个可以有！真没有？佩服！这是多位数减法中最容易错的。"

再让学生回头看，力争发现几组不同的算式不但最后得数都是"495"，倒数第二个、第三个、第四个也相同，分别是"594""693""792"。可以将两个学生的作品上下位摆放，这样便于学生发现。

【专家评析】

超越40分钟的练习课

华应龙老师执教的内容是北师大版小学数学二年级下册"神奇的

'495'"和人教版小学数学五年级的"什么是'数字黑洞'"，此课却以"多位数减法练习课"命名，正像华老师自己所言——"想引起大家探究的兴趣"。这也是华老师对如何上好减法练习课的尝试与探索吧！

我有机会走进"多位数减法练习课"的课堂，学习和感悟华老师的数学教学设计理念与方法。我认为该课有以下几方面的特点。

一、巧设情境，激发学生的探究欲望

上课伊始，屏幕上出现了小明将要带密码箱参加夏令营的画面，随之而来的问题是："万一我把密码忘了，可怎么办哪？我设计什么密码好呢？"小明爸爸说："我们一起玩个游戏，做完游戏，你就知道密码设什么最好了，即使忘了，也能很快找到它。"孩子们带着疑问——"真有这么神奇吗"，跃跃欲试地进入了主动探究规律的学习中。

激发兴趣和求知欲望是引导儿童数学学习的第一要务，优秀教师会在学习一开始就吸引学生的注意力，为其创设乐于学习的情境。华应龙老师做到了，他抓住了孩子好奇的心理，提出了既有趣又有挑战性的问题，引导儿童主动进入探索数学知识的学习状态。

二、发现问题，鼓励学生自主探索数学规律

同学们开始计算。过了一会儿，有的同学停下笔，互相议论起来——"算了半天，算不出去了，就是那几个数字，来来回回的"、"怎么算都是 $954-459=495$"；有的同学仍在不停地往下算。教师不动声色，耐心等待着同学们的发现。等待的过程就是让学生自我觉悟的过程。时机一到，华老师适时地点拨："千金难买回头看！"这恰似画龙点睛，使埋头往下一直算的学生茅塞顿开。

在探索规律的过程中学生不断地发现问题："我觉得每位同学写的数字不一样，但算出的结果却都是一样的""我发现每个算式得数中间都是9"……华老师不断地鼓励学生："'思考着是美丽的。'只要你动脑子想，你就是美丽

的。"尤其是课堂上对用"9、0、1"三个数字组成的算式的讨论更是精彩，学生学会了"在比较中发现"，他们的思考在问题的发现中不断深入。课堂上学生呈现出自主研究问题、主动探索数学知识的状态，这源于华老师不断的挑战、诱导、激励。因此，教师要充分认识和发挥自身在课堂教学中的作用。

三、巧设圈套，引诱学生乐此不疲地投入练习

"我们按照这样的规则，把你所写的那三个数字所组成的数，一步一步地计算下去，咱们来比一比，看谁在规定的时间内写的算式又对又多。建议大家只写竖式，不用写横式。"

就是因为这样的"引诱"，学生伏案执笔，埋头计算……不知不觉中，每个学生都练习了不少道三位数减三位数的计算题。

教师行间巡视，不断发现学生出现的问题。然后抓住一位同学计算的错误作为矫正的资源。那位学生选的数是"2、1、0"，可他算出的结果是595。教师引导学生帮助该生指出问题。"最后一个算式的百位借走1，还剩8，8-4＝4，他没有借位，还是用9做的。所以他得5，就错了。"这也正是学生做多位数减法时最容易出错的地方：常常忘掉退位点。在此基础上，师生共同梳理了计算多位数减法时的注意点：要相同数位对齐，从个位算起，退位减时不要忘了退位点。

为了寻求、发现计算中的规律，学生乐此不疲、心甘情愿地做了许多道被认为"枯燥单调"的计算题。这样的练习学生还会感到乏味吗？这样的练习学生还会厌烦吗？华老师巧设圈套，"引生入胜"，可谓是教学智慧。

四、借助"黑洞"，激励学生再思考

好的数学课堂，学生会带着问题走进来，还会带着问题走出去。华老师做到了。他借助对"黑洞"的介绍，又提出了更富有挑战性的问题，引发学生思考："刚才我们说的是数字黑洞，我们开始选择不同的数字，最后都被495给吸进去了。现在你们是不是又有什么新的问题呢？"学生产生了联想与

思考："四个数字，有数字黑洞吗？是什么呢？""五个数字呢？"……铃声响而意犹存。华老师为孩子创设了超越 40 分钟的课堂空间，为孩子的后续研究搭建了平台。

（吴正宪，全国著名特级教师，北京教科院小学数学室主任）

又一次惊喜和满足

华应龙老师又给了我们一次惊喜和满足。这次，他把教科书上的一个数学游戏——"神奇的'495'"变成了一节多位数减法练习课。练习课，特别是计算练习课，是很难上出精彩的。华老师这节练习课却精彩纷呈，引人入胜，难能可贵。

这节课，哪些地方特别值得我们学习与借鉴呢？

首先，开门见山，直截了当提出了一个好问题——旅行箱设什么密码好？即使把它忘了，也能很快地找到它！创设这个问题情境，巧妙地引出"数字黑洞"游戏，不仅开发了这个游戏的应用价值，而且制造了悬念，使后续的计算变成学生自发的需要。

其次，这节练习课还有一个特别之处，就是不见老师出练习题，学生的主体性得到高度尊重与鼓励。根据游戏规则，题由学生自己出，自己算；不论出什么题，只要计算正确，都只有一个归宿。"数字黑洞"的神奇又进一步激发了学生探究数学的兴趣和内驱力。

第三，计算练习课要创造机会，让学生识别数字模式与数字关系，发展数感。比如，回头看看一系列算式计算的结果，发现差的十位数字都是 9；进而要追究被减数与减数之间的数字关系，方能破解迷津，从而提高学生对数字的直觉与洞察力。

数感涉及数学思维的领域。我非常认同华老师关于练习课的价值取向："练习课的质量取决于什么？在一定题量的基础上，关键看思维的含量，看学生自主练习的积极性。"并且华老师把这种价值取向，用"千金难买回头看"这句话传达给学生，"回头看"的目的是要发现问题，发现问题有时比解决问题更重要。

这节课，学生的确自发地提出了许多有价值的问题，比如，"数字能否选取 0"、"能否选取相同数字"、"四个数字有数字黑洞吗"、"五个数字呢"。一个学生还当堂发现了 6174 是四位数的黑洞。了不起！学生就在提出问题并主动探究、解决问题的过程中，思维能力与情感、态度都得到了发展。

如果一定要给这节课提一点建议，我最想说的是，对于算法，不必"建议大家只写竖式，不用写横式"。取消这个限制，目的在于提高学生选择算法的自主性，给学生留下展示个性的空间，增加计算练习的思维含量。

我们很希望看到出现以下横式计算，因为这更便于发现其中的数字模式与数字关系。

$$754 - 457 = 754 - 454 - 3 = 300 - 3 = 297$$
$$972 - 279 = 972 - 272 - 7 = 700 - 7 = 693$$
$$963 - 369 = 963 - 363 - 6 = 600 - 6 = 594$$
$$954 - 459 = 954 - 454 - 5 = 500 - 5 = 495$$

最后，应该感谢华应龙老师的创造性劳动，由衷地感谢他又为我们奉献出一个经典课例。

（王永，福建省特级教师，新世纪小学数学教材常务编委，第二届苏步青数学教育奖获得者）

一节颇有新意的练习课

人所共知，练习课不容易上，上好则更难，尤其是计算练习课，因为小学生对这样的纯数值计算，往往会感到枯燥乏味。然而要使学生的计算技能逐步巩固并达到熟练程度，必须经历有目的、有层次的练习过程。"多位数减法练习课"是一节颇有新意的练习课，我们从中可以得到很多启发。

华老师根据低年级儿童好奇、好胜的心理特点，灵活地运用教材，将原教材后附的数学游戏——"神奇的'495'"有机地纳入练习课内，使枯燥的变得不枯燥了，被动的变得主动了，课堂气氛顿时活跃起来。

过去的练习课是老师出题学生算，现在是学生自己设计自己算，且各不相同。每人独立写出三个不同的数字，组成最大和最小的三位数并求差，这样一步步地循环计算下去，比一比谁写的算式又对又多。这种挑战性的练习，目标明确，形式新颖，思维空间很大，真正激活了学生的内驱力，短短的几分钟内，个个都聚精会神、不知不觉地做了几道，甚至十几道三位数减法的计算题，达到了练习的初步目的。

练习几分钟后，不少学生忽然停笔，回头发现"495 这个数怎么重复出现了"，开始窃窃私语。接下去，课堂就更精彩了，有惊喜，有探索，有发现，有冷静的思考，也有思维的碰撞，有的发现了其中的奥秘，还能说出个"为什么"。增加计算练习的思维含量，处理好练习中质与量的辩证统一关系，的确是促使练习高效的有力保证。

学生在计算、思考的过程中必然会出现差错。华老师很注意利用个别学生的失误（如该退位的没有退位），把它放大，提醒全班注意，并引导大家重温整数减法的三条计算法则。事实证明，小学生计算技能的形成和巩固，在很大程度上取决于是否能及时获得矫正性的信息。"把错误消灭在萌芽之中"正是优秀教师在计算教学中取得成功的秘诀。

最后提一个建议：最好在课结束前几分钟，让全体学生计算几道多种情况的多位数减法，比如退位、不退位、被减数带几个 0 的……效果会更理想。

（周玉仁，北京师范大学教授）

3. 教是因为需要教

——以"我会用计算器吗"教学为例

【课前慎思】

什么算是真正的"会"

放学的时候，在学校大门口，如果您找一个二年级的小朋友，问问他："你会用计算器吗?"十有八九，他都会说："会!"一脸的"你小瞧了我"的神情。哪怕是在农村的学校。

什么算是真正的"会"?

以往我们会自以为是地教学生怎样开机、关机，教他们认识数字键、运算符号键、显示屏，板书按键的程序框图。其实，这些都不需要教。这样教，并没有起到教学的促进作用。根据调查，笔者以为在经济相对发达的地区，需要教的是储存数据和提取数据的方法，并指导学生解决在使用计算器的过程中出现的问题。

我以为"会"是有不同层次的。会用计算器计算加、减、乘、除是最初水平的"会"，会用计算器的一些功能键算是较高水平的"会"，会借助计算器解决计算器解决不了的问题当算高水平的"会"。当然，不该用计算器的却用了，是不能算"会"用计算器的。

根据"以学论教"的观点，我们不应该把学生看成一张白纸，而应当教在学生需要教的地方，上出一节有意义、有效率的课，让学生出教室的时候和进教室的时候是不一样的。

关于"计算器"这节课，我拟定的教学目标是：会正确使用计算器进行大数目运算；会借助计算器探索简单的数与运算的规律；经历探索规律的过程，体验转化思想方法的奇妙。

【课堂实录】

"我会用计算器吗"教学纪实

一、计算比赛，体会计算器的作用

师：（在黑板上贴出一张计算器图片）认识这个吗？

生：（齐）认识！计算器。

师：是啊，地球人都知道。那你在哪些地方看到过呢？

生：售货员那里。

生：商店、卖东西的地方。

生：会计那里。

生：家里也有。

生：妈妈的单位。

生：我妈妈是干统计的，今天我带的计算器就是她借给我的。

生：电脑里有。

师：（抬腕）我这个手表上也有。能说得尽吗？

生：说不尽。

师：在我们身边，计算器是无处不在的。那么……（教师停止讲话，开始板书，和黑板上的图片组成一句话——"我会用计算器吗"。在教师板书的时候，每一个学生都随着他每一笔板书猜测要写的字。）

师：问问自己。

生：（齐）我会用计算器吗？

师：会吗？

生：（胸有成竹、异口同声地）会！

师：真的会吗？

生：真的会！

师：（风趣地）那我要下岗了，这堂课不要上了。都会啊？那行，就考考你自己吧。这里有三道题——

①57734 + 7698 =　　　②56 ÷ 7 =　　　③2345 − 39 × 21 =

师：看看你自己是不是真的会用计算器，看谁算得又准又快，开始。

（学生开始用计算器计算）

师：第一道题等于多少？

生：65432。

师：第二道题不用说了，是吧？第二道题有用计算器的吗？

（生答"用了的""没用的"都有）

师：哦，没用，也有人用的。第三道题呢？

生：1526。

师：还有其他答案吗？

生：48426。

生：1358。

师：大多数同学都是哪个答案？

生：1526。

师：究竟哪个答案对呢？

生：我们的1526。

师：大家都认为1526是对的，其实也就是这种做法。（课件出示：③

2345 − 39 × 21 = 2345 − 819 = 1526）

生：其实 48426 也是对的。不过，可能她的计算器是算术型的，不知道先乘除后加减。

师：是谁不知道先乘除后加减？

（众生看着报出"48426"的同学，语气中有些谅解的味道："是她。"也有个别同学说："是计算器。"）

生：因为如果是科学型计算器的话，应该知道先算 39×21；要是普通型的话，按顺序输入就会先计算 2345—39 的得数，然后再乘 31，所以等于 48426。

师：（恍然大悟）噢，真佩服！大家的计算器可能大多不是科学型的，不是聪明型的，而是傻瓜型的，就像傻瓜照相机一样。傻瓜型的计算器就会按输入顺序计算，算下来的结果就是 48426。我很佩服刚才这个同学帮我分析的。其实开始出现这个结果的时候，我们还可以用估算来分析一下，是不是？谁来说说怎样用估算来判断？

生：先把 2345 约等于 2300，然后把 39 约等于 40，21 约等于 20，20 乘 40 等于 800，2300—800＝1500。

生：还可以更简单地估算。2345 减去一个数不可能大于 2345。

（报出"48426"的同学羞愧地点点头）

师：看来估算挺有用的，关键是我们要养成用计算器计算之前或之后估一估的习惯。

再看看第三道题。科学型的计算器知道先乘除后加减，我们直接输入，最后就得到结果。如果是普通型的计算器，我们很多同学都会先记一个中间的结果"819"。还有没有好办法？

（生绞尽脑汁地思考，还是没有想到其他的方法）

师：那好，在普通型的计算器上是不是有这两个键——"M＋""MR"？知道这两个键有什么用吗？

生：不知道。

师：好，那我就不下岗了。我来告诉你，有了这两个键，即使是普通型的计算器也不用笔来记那个中间结果了。怎么做呢？先按"39×21"，然后按下"M＋"，计算器上显示结果是"819"，按"M＋"的目的是将"819"储存下来，就是把这个结果记在计算器里面。然后，再输入"2345－"，再按"MR"，就把"819"调出来了。

生：（恍然大悟地）啊！

师：会啦？那试一下。

（生兴致勃勃地开始试验刚学到的方法）

师：好了，都会算了吧？那练习一道题：20655÷（27×45）＝？

（生很乐意地练习，都得到正确结果"17"）

生：华老师，那个"CT"是什么意思？

生：华老师，那个"MU"是什么意思？

师：（想了想）我不知道。

生：（众）唉——

师：那怎么办呢？

生：去问您的老师。

师：如果我的老师也不知道，那怎么办呢？

生：（开玩笑地）问您老师的老师。

师：真逗！想一想，有没有办法。

（学生思考了一会儿，一位男生说"看说明书"，众生附和，教师竖起大拇指。）

师：那么这几道题做完以后，你有什么想法？有没有学到些什么？

生：我觉得计算器非常实用，而且非常简便，得数也非常准确。

师：非常准确？那刚才第三道题有同学算出"1358"，是怎么回事呢？

生：我觉得可能是按错键了。

师：对啊，也就是说，用了计算器并不能保证计算一定正确。首先要正确地输入数字。好，还有补充吗？

生：我认为计算器一般来说比人的脑子要快一些，因为有些题口算是困难的，比如说39乘21是不可以用口算来解决的，而用计算器很快就可以算出结果。

师：对，像39乘21这种题口算起来比较麻烦，我们就用计算器，那么第二道题呢？

生：很简单啊！

师：还用不用计算器啊？

生：不用。

师：其实，我们先要去判断是否要用计算器。另外，第三道题是不是告诉我们，要正确地使用计算器的话，还要了解自己用的计算器是聪明型的还是傻瓜型的？

生：我们以前对"M＋""MR"还没注意呢，现在不用笔就把中间结果记下来了。

师：好了，现在会用计算器了吗？

生：会了。

师：（指向课题）再问一下自己。

生：（齐）我会用计算器吗？

师：会吗？

生：（声音洪亮地）会了！

二、游戏激趣，感受使用计算器的必要性

师：好，这次声音比上一次高了，有底气了，"我会了"。下面我们用计算器来玩一个"猜数字"的游戏。从"1－9"这9个数字中选一个你最喜欢的数字，别说出来，在心里想。我最喜欢数字"2"，就输入9个"2"，然后把它除以"12345679"。除完以后你只要把结果告诉我，我很快就能知道你最喜欢的数是几。

生：（充满怀疑地）嗯？

师：试一试。

（生认真地计算起来）

师：算出来了吗？谁来告诉我你的结果？

生：结果是 2.700000022。

师：好，现在我告诉你，你的结果是错的，你等会儿可以再重算一遍，看看错在哪儿了。

生：72。

师：你喜欢的数字是 8。

生：（惊讶而又很佩服地）对！

师：谁再来试试？

生：27。

师：你喜欢的数字是 3。

（同时，有个学生也说出了答案）

师：嗯？你也知道了？那哪位会哪位来，我先下岗一会儿。

生：我算出来的结果是 45。

生：（生异口同声）你喜欢的数字是 5。

生：52。

生：52，嗯？错了！

师：看来你真的会猜！同学们知道诀窍在哪儿了吗？

生：知道！得数除以 9。

师：真棒！刚才得出"2.700000022"的同学，你再算一遍，也可以重选一个数字试一试，然后想一想错在哪里了。

师：算完了吗？有的人错了，但可能还不知道问题在哪儿。哪位同学来说说？

生：我喜欢的数字是"1"，我输入 9 个"1"，然后除以"123456789"，得出来的数字是 0.900000007。

师：谁来帮她分析？

生：屏幕上没有 8，你把 8 给输进去了。

师：其他算错数的同学是不是也把 8 给输进去了？

生：（部分同学有些羞愧地说）是。

师：现在再算一遍。

生：（那些同学高兴地举起手，轻声对老师说）这回对了！

师：（摸了摸学生的头）看到你的笑容我真高兴，有的时候观察不仔细，可麻烦了。

师：好，算完了吗？这个游戏好玩吗？

生：好玩。

师：玩过之后，有什么收获呢？

生：我知道了计算器不光是帮助人们学习的，也是帮助人们计算的，而且它不是按照一个整的公式来计算，有的时候还是活灵活现的。

生：自己要把数据看准确，而且操作要精确。

师：说得真好，就是要看清数据，正确输入。

三、了解计算工具发展史

师：如果没有计算器，能玩这个游戏吗？有了计算器，可以让我们领略到更多的数学王国的奇妙之处！那关于计算工具发展的历史，你知道吗？我们一起来听个故事好不好？

（课件出示画面并播放录音：在远古时代，人们是用石子计数或者结绳计数的。两千多年前，我国使用的计算工具是"算筹"。一千多年前，我国又发明了算盘，使计算的速度加快了。四百多年前，法国和德国数学家发明了可以计算加减乘除的机械计算机。五十多年前，美国人发明了世界上第一台计算机，每秒可以运算五千多次。现在世界上运算最快的计算机每秒可运算一千万亿次，原来需要几十年时间运算的题目，现在只需要 1 秒钟就可以完成。）

师：听完计算工具发展的历史，你有什么想法？

生：现在的科技飞速发展，从以前比较笨重的计算机发展到台式电脑，现在又从台式电脑发展到手提电脑，让人们用起来更加方便了。

师： 飞速，这个词用得好！

生： 随着世界不断地改变，许多东西都在不断地改变，计算机也是如此，它可以给我们带来方便，许多科学家为了让大家更方便，给大家研究出了更好的计算机。

师： 他的主要意思就是我们看到计算器功能这么强大，其实都是人研究出来的。

生： 我看到计算器的时候就想起古代的一个故事来。古代的人结绳计数，有一个徒弟，他师傅让他买两匹马和一辆车，他就在一根绳子的一边结了两个疙瘩，在另一边结了一个疙瘩。可是后来买的时候他却弄混了，记成两辆车一匹马，买好后就让那匹马拉着一辆车，自己则拉着另一辆车往回走。回去以后师傅让他去将车和马换一下，并叮嘱他说你不能再忘了。后来有一次，师傅让他去买菜，他又给混淆了，本来应该买一斤肉、两斤豆角，他给买成一斤豆角、两斤肉了。师傅高血压不能多吃肉，于是就把肉给放烂了。

师： 谁来评价她讲的这个故事？

生： 这个故事有点嘲笑古代结绳计数的方法。

师： 嗯，好。那你觉得结绳的方法能不能嘲笑？

生： 不能嘲笑，因为那也是历史的一部分。

师： 这位同学说得真好！我们学数学——你来看数学的"数"，（板书：数）这左边的"娄"其实就像一根绳子打了很多结。所以刚才那位同学说我们不应该嘲笑结绳计数的方法，我觉得是有道理的。（摸摸讲故事的小女孩的头）这个故事讲得很有趣。

四、探索方法，发现规律

师： 既然人们发明了这么好的计算器，我们就应该更好地运用它。那现在我们都会用了？（手指课题）我们再问问自己。

生：（齐）我会用计算器吗？

师：会吗？

生：会！

师：那我们来挑战一下自己，好不好？

生：好！

（师板书：22222222×55555555＝）

（生埋头苦算，有的抱怨说计算器容不下，有的很快算出了结果。）

师：谁来说说结果？

生：1.234567877　　E15

生：1.234568　　　E15

生：1.234567877　　　15

师：谁还有其他结果？

生：1.234567877×10¹⁵

师：用普通计算器的有没有结果？

生：E12345678

生：E1234567876

生：1.2345678　　　15

生：12345678E

师：怎么还有结果？大家不用报结果了，你有什么疑问吗？

生：怎么会有这么多不同的结果？

生：大家用的计算器不一样，结果也就不一样。

生：难道这么多结果都是对的吗？

师：是啊，你说这么多结果，哪个才是对的呢？

生：（迷茫地）不知道啊。

师：那正确的结果究竟是多少呢？你现在碰到了什么麻烦？

生：计算器装不下。

师：那现在我们能不能把正确结果找出来呢？前后四个同学一组想想办法吧。

（学生小组讨论了两分钟）

师：商量了，现在找到办法了吗？

生：（垂头丧气地）没有。

师：我告诉大家——这里面确实有正确的结果。不过，我们看不懂，要等到上高中才能学到。那是一种科学的计数方法。你想啊，这个数乘起来会不会是一点几啊？不会，它是一点几几乘以 10 的 15 次方，10 的 15 次方是表示有 15 个 10 相乘，其实是我们同学不明白。那我们明白的结果能不能想出来呢？

生：我觉得用 $2×8$ 的结果乘以 $5×8$ 的结果。

（同学们先是愣住了，然后是少数学生笑了）

师：好，大胆的想法！那现在大家一起算一下。

生：（齐）640。

（笑的人更多了，声音更响了）

生：（刚刚提出想法的学生）我错了。

师：哦，他自己就发现错了。不过，我很佩服这位同学，在计算器没法算的情况下，他想到自己动脑子了！

（教师带头鼓掌，学生也鼓起掌来。教师等了十几秒钟，学生似乎仍然不明就里，不知道该怎么用计算器来算。）

师：那看来我们是山重水复，找不到路了，是吧？

生：（齐）嗯！

师：（神秘地）我有祖传秘方。

生：（惊奇地）啊？

师：想知道？

生：想！

师：组长把那个信封打开，小组内每人一张。

生：（恍然大悟地）噢，对！对！（纷纷开始计算）

师：好了，算完了吗？

生：完啦！

师：最后结果知道了吗？

生：知道啦！

师：咱们来交流一下？2×5用计算器算了吗？

生：没有。

师：22×55是不是要用计算器啦？

生：是！1210。

（师板书）

$$2 \times 5 = 10$$

$$22 \times 55 = 1210$$

$$222 \times 555 = 123210$$

师：要不要再往下算啦？

生：不要！

师：如果你还没有看出来，你就再往下算一算。算完以后，回头一看，那人却在灯火阑珊处。发现什么规律了？

生：从1往后写到因数的位数，再倒过来写，再在最后加一个0。

师：是不是？

生：是！

师：这个同学说得非常准确。（手指着得数）从1开始，是几位数就写到几，倒过来再写到1，再加一个0，是不是这样一个规律呀？

生：是！

师：算完以后，你现在有什么想法？

生：我觉得看起来这个数字很庞大，用计算器算有些不便，但是掌握了这里面的技巧后，这么大数字的题用脑子就可以算出来，说明计算器不一定是非常方便的。

师：说得好，还有不同的想法吗？

生：我觉得也可以把这种计算归结于简算那一类。

师：像简算，好，好。你这么想，行，行。

生：这么大的数据在计算器上算结果是不正确的，然而用人的智慧却可以算出准确的答案，可以说人比计算器更聪明。

师：说得好不好？

生：好！（鼓掌）

师：计算器的显示屏上结果的前边出现"E"，就是告诉你计算器算不出来，这个结果是错的。后边出现"E"的，就是科学计数法了。

刚才有个同学问得特别好，他想：为什么是这样的一个规律啊？来，一起把这个结果说出来。

生：（齐）1234567876543210。

师：对呀，太奇妙了！为什么呢？（停顿，学生思考）我们一起来欣赏后边那位女同学的计算过程。

（投影学生的计算过程）

```
              2 2 2 2 2 2 2 2
          ×   5 5 5 5 5 5 5 5
          ———————————————————————
            1 1 1 1 1 1 1 1 0
          1 1 1 1 1 1 1 1 0
        1 1 1 1 1 1 1 1 0
      1 1 1 1 1 1 1 1 0
    1 1 1 1 1 1 1 1 0
  1 1 1 1 1 1 1 1 0
1 1 1 1 1 1 1 1 0
1 1 1 1 1 1 1 1 0
———————————————————————————————
1 2 3 4 5 6 7 8 7 6 5 4 3 2 1 0
```

生：（惊讶地）哇！（惊讶之后又笑了起来）

师：笑什么？

生：我笑她太笨了。

生：我觉得像金字塔似的，斜的。

生：我觉得列竖式算下来实在是太繁了！

师：刚才我们同学说这是个笨方法，但笨方法一是很适用，二是很准确。并且，它能够帮我们解释为什么像金字塔似的，而且是对称的。是不是这么一算我们就能解决这个问题了？

生：是。

师：它不断地往前错一位，错到最后，中间的最多，几个？

生：8 个。

师：现在再看这个算法好不好？

生：好。

师：这给我们解释了为什么会是那样一个奇妙的结果。所以有时候笨方法还是很管用的。最基本的往往是最有用的！你看，你不是觉得计算器挺好吗？但你的计算器算得出来吗？我们那个女同学用那种方法算出了结果。

生：其实我这个也不能只说它是笨办法，因为 5 乘 2 最后一位是 0，然后进位，也就是 8 个"1"和 1 个"0"，底下的数是一样的，就不用算了，只要向前挪一位就可以了，然后相加就行了。

师：好不好？

生：好！（热烈鼓掌）

师：是不是很笨啊？是不是每一个都要去乘啊？

生：不是。

师：它一样是有规律的。并且我们觉得更难得的是，她敢于并善于捍卫自己的想法："我的想法是有道理的，不是特别笨的。"

生：华老师，如果这个数要是再往大扩展的话，用她这种方法就容易糊涂了。

师：是啊，写着写着如果对错位了的话，就算不对了。也就是说方法都是两面的，有好的一面，也有不好的一面。就这个算式，我们现在的方法就是简单的。那如果再多呢，这个规律就不是很容易发现的了，我也不想告诉大家，如果你有兴趣，课下可以自己去寻找。

师：现在想想这个祖传秘方好不好？

生：好！

师：那回过头来看看，刚才为什么你想不到这个方法？觉得难，是不是？（板书：难）那难在哪儿呢？

生：数太大！

师：而我们现在的方法呢？

生：简单了。

师：（板书：易）其实这个秘方是我们的祖先老子告诉我的。（课件出示：天下难事，必作于易；天下大事，必作于细。——老子）

（生齐读）

师：（板书：天下难事，必作于易）我们先由容易的发现规律，再用规律去解决那些难的问题。行了，孩子们，祖传秘方掌握了吗？再问问自己。（手指课题）

生：我会用计算器吗？

五、课堂总结

师：那学完这堂课有什么收获？

生：计算器里有很多道理需要我们继续学习。

生：计算器的键盘还需要我们更深入地了解，正确地使用。

生：我希望以后能制造出有更多位的计算器。

生：计算器的得数不一定是最准确的，而且要用一点技巧才能算得准确。

生：天下没有一件东西是十全十美的。

生：我认为咱们今天学的是计算器，这个计算器咱们到处都能看到，假如把它当作摆设的话，我认为把它制造出来没什么用处，我们应该在有用的时候去运用它。

师：也就是古人说的那句话："运用之妙，存乎一心。"关键是看你是不是用心来用它。（手指课题）再问一遍自己！

生：（响亮地、自豪地齐声问）我会用计算器吗？

师：这节课，我们一遍一遍地问自己"我会用计算器吗"，同学们的回答总是"会"，从后往前看，其实都不能算完全的"会"；但从前往后看，确实都是"会了"，不过"会"的水平是越来越高了，真是应了那四个字——（板书：学无止境）

下课。

（赵铂楠 整理）

【课后反思】

学无止境，教无止境

上完这节课，我有一个十分鲜明的感受，那就是"教是因为需要教"。

叶圣陶先生有句名言："教是为了不教。"我觉得叶老的这句话可以从教学的过程和终点两个层面上来理解。我认为的"教是因为需要教"是从教学的起点和过程两个层面上说的，对当下的课堂教学是有针对性的。

回忆当初的教学过程设计——

一、关于课题

在这节课上，我不是问"你会用计算器吗"，而是以不断地追问"我会用计算器吗"来贯穿全课，体现了学习是学生的自主建构的理性认识和培养学生反思智慧的高度自觉，应然的课堂和实然的课堂很好地达到了一致，我非常满意。

二、关于课始的三道题

人们在生活中是十分相信计算器的，甚至是"迷信"。但计算器算出来的结果一定对吗？

三道题中加法、减法、乘法、除法等四种运算都有，但一题有一题的功能。在组织学生交流完感受后，老师的概括是——

第一，为什么要用计算器？或者说，什么时候才用计算器？只有遇到大数目的计算时才用计算器来帮助，并不是所有计算都需要用计算器。

第二，孔子说："工欲善其事，必先利其器。"要真正用好计算器，首先要熟悉你的计算器是聪明型的，还是傻瓜型的。像第三题，聪明型的计算器，当然可以直接输入了；傻瓜型的计算器，最好学会用"M＋"和"MR"这两个键。

考虑到可能会有学生用"倒减"的方法来解决记忆中间数的问题，我设计了一道练习题——"20655÷（27×45）＝？"，这对全班同学来说是巩固，对提出"倒减"的同学来说还是醒悟："凡事都是有利有弊的。"

第三，使用计算器时要注意运算顺序，并用估算来帮助验算。

三、关于"猜数字"游戏

借助计算器我们可以发现一些数和运算的美妙。但一些传统的题材在这节课中我都做了教学加工，不只是一种展示和欣赏，而更多的是一种激发和挑战。

我们熟知：

12345679×2×9＝222222222

12345679×3×9＝333333333

12345679×4×9＝444444444

……

我把它加工成了妙趣横生的"猜数字游戏"，吸引了孩子们的眼球。由乘变除，更加巧妙地彰显了计算器的优势。

在这节课上，我正视并接纳学生学习过程中的差错。课中创设的"猜数字游戏"，由于位数多，确实需要用计算器，但正由于位数多，学生可能会把9个"5"输成8个或10个"5"，"12345679"也可能输成"123456789"。"计算器算的也会错？"分析错误的过程就是学习使用计算器的过程。

我用计算器尝试了学生可能出错的各种类型，以便自己心中有数，但在执教过程中，又不是直接指出学生错在何处，那样就剥夺了学生自己"反省"的机会。想到郑板桥的"难得糊涂"的名言，课上的我装糊涂，学生报出"2.700000022"时，我愣住了，好像被难住了，过了一会儿才说："你算错了。"这给学生的印象是老师思考后作出的判断，应好好"反省"。郑板桥先生说"由聪明而糊涂难上加难"，看来也不一定，只要把学生放在主体的位置上，做老师的就好"糊涂"了。

四、关于"挑战题"

这是大家熟知的"宝塔数的美"：

$$1 \times 1 = \quad 1$$
$$11 \times 11 = \quad 121$$
$$111 \times 111 = \quad 12321$$
$$1111 \times 1111 = 1234321$$
$$11111 \times 11111 = 123454321$$
$$\cdots\cdots$$

我将它加工成了"22222222 × 55555555 = ?"，可以说是苦心孤诣。这样的题更富于挑战性，恰到好处地渗透了"化难为易，化繁为简"的转化思想，同时让学生领略了数学的美妙。学生在解决这样有挑战性的问题时，可能会想出竖式计算，老师可以再结合竖式引导学生初步认识"宝塔数"美的原理。

另外，我还设计了一道题——"试一试：999999999 × 999999999 = ?"，

以巩固"化难为易，化繁为简"的转化方法。

整节课从看清数据、准确输入，到灵活选择算法，再到借助计算器解决计算器不能直接解决的问题，进而超越计算器，在这拾级而上的过程中巧妙地运用了学生的差错资源。在解答"挑战题"时，一位男生说："用 2×8 的结果乘以 5×8 的结果。"同学们先是愣住了，然后是少数学生笑了。我带着同学们一起算，"640"，笑的人更多了，声音更响了。我说："不过，我很佩服这位同学，在计算器没法算的情况下，他想到自己动脑子了!"并带头鼓掌。

由于课上生成了一些没有预期到的环节，"试一试"没有时间展开了。但下课时，学生看到我关机时露出的"试一试"的题目，不依不饶硬要做。学生的兴趣已被激发，他们"祖传秘方"在手，很想小试牛刀了。

学生解出这道"挑战题"后，我打算用华罗庚先生的"善于退，足够地退，退到最原始而不失重要性的地方，是学好数学的诀窍"这段话来总结。虽然他的这段话浅显易懂，深刻实用，我对本家也很有感情，但我更想让学生尽早知道外国人十分尊崇而很多中国人并不知晓的哲学家"老子"的言论。这样就选择了普适性更强的"天下难事，必作于易；天下大事，必作于细"。

五、关于课尾的总结

按照陈省身先生"数学好玩"的思想，我觉得小学阶段的"计算器"就是玩具，整节课就是玩计算器的。因此，最后的结语，开始的设计是改古人的"玩物丧志"为"玩物生智"。后来回顾全课，三读课题，学生每一次说的"会"都是真话、实话，但每一次都是高一个层次的，所以板书"学无止境"更好。一是更适切，二是学生更明白这一词语的含义。

这节课不完全是预设的，在课堂中有教师和学生真实的、情感的、智慧的、思维的、能力的投入，有互动的过程，气氛相当活跃。

需要进一步思考的——

上完这节课，一位听课老师兴奋地夸奖之后问我："这节课是新授课，还是活动课?"新数学课程标准上不是说了"数学教学是数学活动的教学"吗? 这位老师为什么会问出这样的问题呢?

在听完"计算工具发展的历史"后,一位女孩讲了一大段故事,我是否应该打断? 怎样打断? 在不知后事如何、没有打断的情况下,我该如何应对? 我该不该板书"数"? 那个故事讲得真的"很有趣"吗? 如何评价?

【专家评析】

在对话中走向深刻

在华应龙老师的这节数学课上,学生始终敞开着心灵,作为积极的对话的一方而存在着。

首先,是与教师、与同伴的对话。也许,对教师而言,成功对话的首要条件是倾听学生。教师没有固守教材、自说自话地教学生如何开机、关机,如何输入数据等(相应地,学生便也心照不宣地假装经历着从不知到知之的过程,并心领神会地为计算器的方便快捷而表现出教师盼望的惊喜)。相反,教师给学生充分暴露、表现的机会:既然学生都说会,那就先算吧;才猜了两个数就有学生跟着报出了答案,那就让学生猜吧。教师一再走下讲台的"下岗",避免了独白式的演讲,使师生对话成为可能。

如果倾听之后只有附和与赞赏,那么这样的对话便失去了教育最初的意义。

尽管学生仍是"秧田式"就座着,但学生不再是孤独的学习者。我们分明看到了学生之间思维的碰撞与共享。在教师的鼓励下,学生之间有争论,有坚持。最好的课堂,本质上是一种"有助于启动和启发思维的酵母"。

其次,是与计算器、与整个人类文明的对话。在教师精心设计的与计算器的数次对话中,学生发现了计算器有"科学型"和"傻瓜型"之分,学会了使用不少成人都不清楚的储存和提取数据的"M＋"和"MR";学生对计算器从单纯的喜欢、依赖，到认识到计算器不过是一种计算的工具，和口算、笔算、估算等一样各有优势与局限，从而学会灵活地选择算法，是工具为我所用，而不是人为工具所累；学生也认识到从结绳计数到计算机都是人类创造的成果，学会尊重所有的人类文化。

最后，是与自我的对话。即让自己脱身出来，以一个旁观者的身份来看待自己的所做所思，将自己的思考过程置于被思考的对象这一地位。一般来说，孩子们是不善于或不太乐意和自我对话的，或者说他们的反思常常是一次性的、蜻蜓点水似的，处于"潜意识"状态。而这节课，在华老师的引导下，学生自觉地一遍又一遍地追问自己："我会用计算器吗？"从一开始草率自大的"会"到最后谨慎自信的"会"，学生体会到的不仅有征服的成就感和成长的欣喜，还有学海无涯、学无止境的深刻体验。

正是在这种平等、敞开的对话精神的指引下，在华老师的课堂上，我们看到的不是"年纪轻轻的博士和老态龙钟的儿童"，而是有着学习的天性，拥有原始稚嫩的语言与独特且宽广敏捷的思维，敢想、敢说的活泼真实的孩子。

（李烈，北京第二实验小学校长、党委书记，中国教育学会副会长）

教育无痕

"我会用计算器吗？"如果不是听了华应龙老师这一节课，对这个问题的回答，我一定和刚上课的学生一样毫不犹豫，不以为然："当然会！"作为一个学了 13 年数学，教了 14 年数学，整天免不了和数与计算打交道的数学老师，能不会用计算器吗？然而，40 分钟之后，我却不安了：我不知道计算器还有科学型与算术型之分，能算会吗？遇上混合运算，我只会一步一步地把计算器算得的得数记下，面对计算器上的 M＋、MR 键视而不见，能算会吗？……"我唯一知道的便是我的无知"，我想，走出课堂的学生一定和我一样，对手中的计算器会怀有更多的好奇和探究的冲动，因为真的是"学无止境"呵。

而这种"无知之知"，却不是由教师明白无误地告知，而是在教师巧妙的设计和不露痕迹的引导中学生自己体会到的，因而这种"无知之知"不会让学生产生焦虑或羞愧，而是引发学生"爱智慧"：

比如，一开始教师让学生用计算器算的三道题中特意安排了 56÷8，但教师没有直截了当地讲应该口算而无须用计算器，而是先让学生自主计算。而在交流时教师只是轻轻地问了一声：第二道题有用计算器的吗？当学生回答"用了""没用"时，教师也没有急着评价优劣，而只是说"哦，没用，也有人用的"。看似简单重复的一句话，却能引起学生思考：这么简单的题，还需要用计算器吗？当同学们利用计算器探索规律时再一次遇到简单的 2×5 时，教师同样问了一声：用计算器了吗？学生众口一词——"没有"。无疑，根据具体情况灵活地选择合适的方法已成为学生的共识。

又如，常被不少教师表述成空洞苍白的说教的"看清数字、符号正确输入"，却在华老师设计的猜数游戏里得到了最生动的演绎：学生在输入"12345679"这个"缺 8 的数"时，很容易因为不恰当的一般化而产生"合理性"错误，将之输入为"123456789"。正因为其"合理性"，所以这有利于学生重新审视和检验，学生找到错因后恍然大悟的一声叹息煞是可爱，一切尽在不言中了。

课的始终教者都不是给予，而是唤醒；与之相应的是，学生不是被动接受，感悟生成像奔腾在他们体内的血液般自然。华老师的课让我们明白了什么是真正的教育。它绝不是简单的物质传递，遵循着守恒定律：你给什么，我就拥有什么；你给多少，我就拥有多少。真正的教育，在质上一定是化学变化，经过教者到学者，必定会产生新物质；在量上不是简单的累加，也不是乘法，甚至不是指数运算，而是无法计算，高于一切想象的。

（施银燕，北京第二实验小学中学高级教师，博士）

"运用之妙，存乎一心"

"运用之妙，存乎一心。"华应龙老师在"我会用计算器吗"一课的结尾由学生的感受引发出这句话——我们需要"用心"去使用计算器。而这句话也道出了我们对这节课的最大感想：每一位教师都希望在课堂上将自己的"才华"运用自如，而这需要"用心"——用心设计每节课，用心思考每个问题，用心做好教育。

其实，华老师带给我们的绝不仅仅是一堂好课，而是他对数学教学的"用心"思考。

一、数学教学是基于学生的

一些老师可能会想，不就是让学生学会使用计算器吗？这还不容易？开机、关机，认识数字键、运算符号键、显示屏，会根据程序框图按键，学生一教就会。其实，这些都不是教师教给学生的，学生本来就会，于是他们在教学伊始就胸有成竹地齐声说"会"，意思是告诉老师这些都不需要教。如果我们还是一厢情愿地从零开始，恐怕自己都觉得有点"没劲"。

但是，真的就不需要教了吗？华老师的回答是"在经济相对发达的地区，需要教的是储存数据和提取数据的方法，并指导学生解决在使用计算器的过程中出现的问题"。其实不止如此，学生在这堂课中逐步学习了如何运用计算器探索规律，如何合理地使用计算器，如何将计算器与心算、估算、推理相结合，这些已脱离了计算器的具体操作，构成了数学学习的"大智慧"。

"教是因为需要教。"是啊，我们一直在说，教学设计要"备学生"，但要真正基于学生设计课堂教学，又谈何容易！这需要心里存着"教学要真正促进学生的发展"的理念，需要拥有较为丰富的心理学知识和经验的积累，需要对所教内容的深刻把握，这样才可以将学生的原有基础和可能发展有机地联系起来。也只有这样，课堂教学才会既有意义，又富有效率。

二、数学教学是创造的

教学过程是师生共历生命价值的过程，而这必将是一个师生共同创造的过程。在这节课中我们不时可以看到学生的精彩表现，从开始对"聪明型"计算器和"傻瓜型"计算器的对比，到最后"我们应该在有用的时候去运用它"，孩子们用最自然的语言真实表达了自己的理解和感受。

学生的创造基于教师的独具匠心。每一个活动的设计，甚至每一个活动的反馈语言，都体现出华老师的"良苦用心"。就说开始呈现的三道题目吧，蕴涵着多重价值：第一，鼓励学生自己尝试使用计算器，暴露学生的认知起点。第二，使学生产生学习新的操作的愿望，教师在需要教的时候提供"强有力"的帮助。第三，将计算器与估算、心算等相结合：简单的计算不必使用计算器，估算能够帮助我们发现计算器使用中的错误。确实，人不能被"机器"所限制，而应该比"机器"更聪明。一个活动，多种目标和谐统一，既体现了教师的创造，也展示了教师深厚的教学功底，还有教师对所教内容数学内涵的深刻思考。

三、数学教学是深刻的

小学阶段是否应该使用计算器一直是个有争论的话题。很多老师担心学生使用计算器会产生依赖心理，从而降低了他们的运算技能。那么，计算器的作用是什么呢？如何合理地使用计算器呢？华老师用这节课的教学设计给出了自己的回答。

首先，这节课体现出计算器的作用不仅在于它能够进行复杂的运算，更重要的是借助它学生可以解决更为实际的问题，探索更加富有挑战性的规律。课堂中那些有趣的规律深深地吸引着学生，而学生们精彩的想法和发言更深深地打动了老师。在这些探索活动中，使用计算器的目的不是计算，而是帮助学生进行探索，通过对结果的猜想、尝试、观察、归纳、验证，发展学生的思考能力，培养他们对数学探索的兴趣。

这节课还渗透了华老师对"计算器价值"的另一个深刻思考——使用计算器，并不意味着淘汰传统的笔算。我们的教学要培养学生能够决定什么时候需要计算器，能够选择使用估算、心算、笔算、计算器等多种方法进行计算，并且判断答案的正确性和有效性的能力。虽然机器代替了大量计算，但对机器的使用者来说，聪明地设计合理的算法和解释结果将变得很重要。华老师的教学帮助学生树立了"我们需要根据问题情境选择适当的运算方法"的意识。如果一个近似答案就足够了，那么就应该进行估算。如果需要精确答案，就必须选择合适的程序。许多问题通过心算就可以解决；有些计算不太复杂，就应该利用笔算解决；对于比较复杂的计算，应该使用计算器。

在这节课上，我们享受着学生的火热创造和华老师的冷静思考。在整节课上，华老师改变了以往计算器教学中"照说明书宣科"的现象，既教了计算器的使用，又发展了学生的思维能力，提升了学生的数学素养。

华老师及其课堂真实地传递给我们一个理念：数学教学是基于学生的，是富有创造性的，是蕴涵深刻内涵的。而这一理念需要我们不懈地加以追求。

（张丹，北京教育学院数学系副教授；刘兼，北京师范大学教授，教育部基础教育课程教材发展中心主任助理）

4. 数学是符号的乐园

——以"中括号"教学为例

【课前慎思】

需要创设解决实际生活问题的情境吗

我以为，"中括号"这节课的教学要让学生了解中括号产生的必要性，掌握含有中括号算式的运算顺序，准确、规范计算有关算式题，感受数学符号的奇妙。

如果简单地传授，十分钟就可以解决"中括号"相关知识的传递，但那样就不可能达到上述教学目标。考虑到学生已有"小括号"的学习经验，于是我借鉴苏格拉底的"产婆术"，在施银燕老师的帮助下，演绎出 21 世纪版的"对话录"。

含有中括号的算式至少是四个数、三种运算。创设需要列出带有中括号的综合算式来解答的问题情境并不难。但就解决实际问题而言，"〔〕"并非是必不可少的。完全可以分步列式，因为分步与综合也只是表达形式上的区别，没有高下之分。

大家都知道，数学的发展是由两股力量推动的：一是解决生活中的问题，一是纯数学的研究。数学家庞加莱说过，纯数学是人类精神的产物。数学，从某个角度来说是数学爱好者的自娱自乐。那我们的数学教学呢？如果它也是一种自娱自乐，那应该是一种境界，达到了把教学内容当作礼品或者说是玩具来与学生分享的境界。正如泰戈尔的诗句所言："如果鸟翅装上了黄金，它将再也不会在空中翱翔。"是不是所有的数学学习内容都要"生活化"呢？我们数学教学的情境是不是也应该由两部分组成？

翻开数学史，我们就会发现：数学作为一项人类活动，自古以来一直是一个享有特权的人类智力活动领域，被看成是人类智力的象征。它能使参与者产生情感方面的体验，给他们带来乐趣。因此，许多人不但是因为数学有用而研究数学，他们更多的是把数学作为一种自娱自乐的游戏，一种高级的心理追求和精神享受。数学在其成长和发展中一直伴随着游戏的精神，无论是数学知识本身，还是数学活动的过程。游戏激发了许多重要数学思想的产生，促进了数学知识的传播，是发现数学人才的有效途径。

根据有关数学史料，包括中括号在内的一个个数学符号都有一个从初创到被一部分人频繁使用，而被另一部分人排斥，直到最后被普遍认可的曲折、艰难而漫长的历史。单调枯燥的数学符号背后其实都拥有鲜活的生命故事！

因此，我们可以换个角度思考——数学是一种游戏。

阿拉伯数字，尽人皆知，但出乎意料的是它并不是阿拉伯人发明的。传奇的色彩，让学生饶有兴致。"简单的符号背后都有一个不简单的故事"，亮出整节课的底色。

"添上适当的数学符号，使等式成立"，这是数学游戏，也是相机复习带有和不带小括号四则混合运算顺序的平台，更是学生创生"中括号"的问题情境。

"比较一下，这三道题有什么相同的地方，又有什么不同的地方。你有什么想法？"这是引领学生做"聪明的解题者"。"括号不同，实质上就是什么不同？"这是凸显，也是概括。

脱式的书写，老师不讲，而是放手给学生尝试。尝试之后，老师充分地尊重学生的表达，看到学生思维成果的合情成分、正确成分，而没有生硬地"强加于人"。"这位同学知道'＝'可以表示得出的结果，但忽视了'＝'最根本的含义是表示相等。""这个看上去不太舒服的'[ ]'，能够传达更多的信息：看到这个'[ ]'，我们就知道，它的上一步刚刚完成了'（ ）'的运算，我们还知道，下一步就要算'[ ]'里的了。而且，这么写，不需要作任何改变，所以也就不容易出错，与我们以前学习的脱式计算的规则是一致的。"这并不是"对"与"不对"的判断，而是游戏规则的统一、一种更合理的约定。

课首，添加括号；课尾，去掉不必要的括号。中括号的功能在一加一减的对比练习中得到了很好的突出。

最后，教师再提出："为什么要有'[ ]'？有了'[ ]'以后，是不是所有的问题都解决了？一般的数学问题解决用到'{ }'就够了，而计算机要作的运算往往非常复杂，可是用计算机编写程序计算的时候，只用小括号，一层一层地往上套，是不是很有意思？有兴趣的同学课后可以去查找相关的资料。"由中括号自然地拓展到大括号，再意外地回到小括号，力求课已终而意无穷。

课前我们做过调查，近 30% 的学生知道"中括号"，他们自豪地认为自己知之甚多。这节课下来，我想他们感受到的是学无止境，是不会再"自以为知之甚多"了。让学生对自己的无知有所认识，就是教学的成功，我们的教学就该追求"无知"。

这样，整节课去掉枯燥，尽情去玩，倡导创造，体验规范，给学生的感受是数学好玩，数学就是符号的乐园。

【课堂实录】

"中括号"教学纪实

序幕

两天前，我在楼道里走得急，由于工人刚刚拖完地，一不小心仰面摔倒，后脑勺磕在门框上，破了！到北大人民医院缝了六针，戴上了像郝海东在足球场上受伤后戴的那种头罩。

"同学们，此时此刻，看到站在讲台前的我，你最好奇的是什么？做真人，说真话。"

第一个学生说"您的腰杆特别直"，第二个学生说"您戴着帽子"。

"我为什么要在头上加个帽子呢？猜一猜。"

有学生说我没有头发，有学生说"发型不好"，有学生说"戴帽子显得年轻"，有学生说"戴着帽子特别有风度"，有个男孩说"推广 2008 奥运"……

在学生五花八门的猜测后，我说："帽子有各种各样的功能，可以是宣传，如美女头上的广告帽，也可以是提醒，如小学生头上的小黄帽，还可以是装饰，如大明星头上的帽子。可以是保暖，也可以是遮阳，还可以是遮羞……那我到底是为什么呢？想知道吗？不告诉你。"我把总结落在功能上。

第一幕　在游戏中创造

师：（神秘地）孩子们，请看过来——

（板书：1　2　3）

师：（微笑地）我写的什么？

生：（个个好奇地读起来）1　2　3。

师：（笑着说）谁不认识！是吧？我写了 3 个数，也可以说我写了 3 个数字。这些数字叫什么数字呀？

生：这些数叫自然数。

师：（肯定地）对！如果看作 3 个数的话，这些数是自然数。但是它们也是数字，叫什么数字知道吗？

生：阿拉伯数字。

师：（赞同地）对吧?！有同学知道阿拉伯数字是哪国人发明的吗？

生：是印度人发明的。

师：（询问地）有没有不同意见？

（生个个摇头，都很赞同）

师：（欣赏地）大家真了不起！一般人都会认为阿拉伯数字是阿拉伯人发明的，其实呢——

生：（争抢着说出）是印度人发明的！

师：（点头，带着疑惑）为什么会这样呢？

（大部分学生脸上露出疑惑，少部分学生急切地要举手发言）

生：（十分自信地介绍起来）阿拉伯数字是印度人发明的，这没错！但是印度人发明之后传到了阿拉伯国家，阿拉伯人又把它传到了欧洲，欧洲人就以为是阿拉伯人发明的，所以后来人们就叫这些数字为阿拉伯数字啦！

（同学们被他精彩的讲解折服，热烈地鼓起掌来）

师：（与学生一起为他鼓掌）说得真好，看来传播知识真得走出去！每一个简单的符号背后都有一个不简单的故事！

师：（再次神秘地走近黑板）现在请看——

（教师将板书补充成：18　2　3　6 = 18）

（学生开始小声询问：什么意思啊？）

师：（对着这些学生）对呀，什么意思呢？

（教师出示要求：添上适当的数学符号使等式成立）

（学生恍然大悟，继而有的打开本子，有的眉头紧皱，有的盯着题目冥思苦想……教室里一片寂静。过了一会儿，有两位同学突然兴奋地举起手来，看看周围，又放下去，继续低头思考。）

师：（适时点评）非常好，有两位同学举起手来，又放下去，让其他同学也想一想，自己也深入思考其他解法，了不起！

（又过了一会儿，举起的小手越来越多，教师微笑着点头。）

师：好，哪位同学来说说看？

生：（激动地）$18 \div 2 + 3 + 6 = 18$。

师：行吗？快速算一算。

（学生个个小声地计算：$18 \div 2 = 9$，$9 + 3 = 12$，$12 + 6 = 18$。然后高兴地

喊出来：对！对！没错!）

师：（也为该生骄傲）真是一炮打响！

生：（按捺不住，起立发言）还有——$18 + 2 \times 3 - 6 = 18$。

生：（很多学生点头称是）和我的一样！我也这么想的！

生：（自豪而兴奋地站起来）还有呢——$18 \times 2 \div 3 + 6 = 18$，$18 \times 2 = 36$，$36 \div 3 = 12$，$12 + 6 = 18$。

（学生的热情越来越高，高举着小手不肯放下）

师：（遗憾地）还有很多，那我们就先算到这儿！后面还有更有趣的题目等着大家呢。

（学生们都处于期待中，瞪大眼睛看教师板书）

（教师板书：18　2　3　6＝81）

（很多学生迅速动笔计算，部分学生盯着题目思考，教室里又是一片寂静。）

师：虽然这时没有声音，但就像"空山不见人，但闻人语响"，（手指着题目）要等于81，九九八十一啊——

（举手的学生慢慢多起来，教师指名汇报）

生：（高兴地讲解起来）$18 \div 2 = 9$，后面再凑一个9，用 $3 + 6 = 9$，然后两个9相乘，也就是 $18 \div 2 \times (3 + 6) = 81$。

师：刚刚这位同学用到了一个小括号，这小括号有什么用？

（学生争抢着举手发言）

生：因为有小括号，就要先算小括号里的运算。

生：（七嘴八舌地）小括号是改变顺序的。

师：对！小括号的作用在于改变运算顺序。看来我们同学对于已学的数学知识掌握得非常棒！（又轻轻地走到黑板前，神秘地再次改写板书：18　2　1　6＝1）

（学生们思考了一会儿）

生：（得意洋洋地）很简单嘛——刚刚的算式前面等于9，后面也是9，中间乘号改除号就可以啦！就是 $18 \div 2 \div (3+6) = 1$。

（很多学生也赞同地使劲点头）

师：（稍顿，思考着）那么再想一想，除了把刚才的乘号改成除号外，还有没有其他办法。

（学生们又开始安静地思考，教师静静地等待着。过了一会儿，有学生兴奋地举起手来，教师请一个学生到前面写一写。）

生： $18 \div (2 \times (3+6)) = 1$。

师：（环顾学生，轻轻地询问）咦，你加这个符号，什么意思？

生： 先算 $3+6$，接下来不算 $18 \div 2$，而是算 $2 \times 9 = 18$，最后算 $18 \div 18 = 1$。

师： 了不起的创造！这个符号真有用！（学生热烈鼓掌）还有其他意见吗？

｛一名学生板演：$18 \div 2 \times (3+6)$；另一名学生举手后板演：$18 \div [2 \times (3+6)] = 1$｝

师： 同意他写的吗？

（学生有的点头，有的满脸疑惑地摇头）

师：（手指中括号）这是什么？

生：（一部分学生异口同声地）中括号！

师：（惊讶地）你们都知道？学过了？

（知道的学生开心地摇头表示没学过）

师：（佩服地）没学过都知道？！知识面真广！

（板书课题：中括号）

师：（疑惑地）中括号有什么用？为什么算式中要加个中括号？

生： 中括号也能改变运算顺序，但是应该先用小括号，不够用时才用中括号。

生：（刚才写板书的那位同学）我是这样想的，我想先算后面的 2×9 的乘积，然后再用 $18 \div 18$ 得到1，小括号用完了，所以才加个中括号，否则没法算了。所以我想中括号的作用与小括号的作用一样，是改变运算顺序的。

师： 看来你不但会用，还能把道理说清楚，真棒！第一位、第二位同学是不是也是这个意思啊？符号不同，意思一样。现在人们都用中括号。

师： 中括号与小括号的作用是一样的，不一样的是什么？

生：（纷纷）中括号里面有个小括号。

师： 是啊，里面的小括号就好像我们里面穿的衬衣，中括号就相当于我们笔挺的西装。你看到过有人穿件衬衣，外面再套件衬衣的吗？

（学生被教师精彩的比喻逗笑了）

师： 是不是所有同学都会算这个算式呢？小组内说一说。

（学生积极地开始组内发言）

生： 先算小括号里的，再算中括号里的。

师： 中括号里面算完了呢？

生：（齐）再算中括号外面的。

师： 好的，会不会写呢？刚才这位同学已经写过一个中括号了，大家来评一评。

（学生纷纷发表意见、建议）

生： 写对了！

生： 还可以！

生： 左半边很好看，右半边还可以再写得好看些。要不你（手指刚才板书的同学）再上去改一改吧？

（板书的学生快乐地上台认真修改，改过后大家给予他热烈的掌声）

师：（边鼓掌边欣赏地）改得比刚才漂亮了！大家能不能也写一个更漂亮的中括号呢？

生：（自信而大声地齐答）能。

师： 好，打开练习本，写一写。

（学生动笔写中括号，教师也板书一个中括号）

师： 同桌相互欣赏一下，看他写得怎么样。再欣赏一下老师写的，看看怎么样。

第二幕　在讨论中理解

师： 刚才我们一起玩了个游戏——"添上符号"。在游戏中，我们明白了要改变运算顺序，有时候不但要用到小括号，甚至还可能用到中括号。老师这儿有几道题，看一看，能不能说出运算顺序，再把得数算出来。

（教师出示三道题目）

①$90 \div 10 + 5 \times 2$

②$90 \div (10 + 5) \times 2$

③$90 \div [(10 + 5) \times 2]$

生： 第一题，先算 $90 \div 10$ 得 9，再算 $5 \times 2 = 10$，最后把两个得数相加，等于 19。

生： 第二题，先算小括号里的 $10 + 5$，再算 $90 \div 15$，得到 6，最后算乘法得 12。

师：（巧妙地评价）这个同学特别认真，刚才回答问题时，她停顿了一下，我想是在思考两个容易混淆的计算——一个是 $90 \div 15 = 6$，一个是 $80 \div 16 = 5$，今后我们把它们计算得更熟练些就好了。

生： 第三题，$10 + 5$ 得 15，再算 15×2 得 30，最后计算 $90 \div 30 = 3$。

师： 刚才同学在发言时都把"÷"（手指除号）读成"除"，正确读法是——

生：（齐）除以！

师： 对，"除"和"除以"可是大不一样的，大家要记住正确的读法呀！

师： 刚才我们都能正确计算这些题了，现在算完以后有没有什么想法？

生： 我发现数和运算符号没有变，第一题没有括号，第二题有了小括号，而第三题却有了中括号。

生： 我发现得数也不一样。

（一个孩子受到启发，兴奋地站起来）

生：我发现因为有了小括号和中括号，所以运算顺序不一样了，这样计算结果也就不一样。

（其他学生听后频频点头）

第三幕　在尝试中规范

师：刚才练过三道题，有同学就说："呦，这有中括号的题可真好算！"这三个题虽然步骤比较多，不过都可以口算，但是我们在计算中有时会遇到比较大的数，有的计算比较复杂，那就需要我们有步骤、有层次地把它算出来，怎么办？

生：（纷纷争抢着回答）用脱式计算！

师：是这样的！下面这道题——$42 \times [169 - (78 + 35)]$，脱式计算怎么做？自己动手试一试！

（学生积极打开本子开始计算；教师巡视观看学生的计算并小声询问，然后选择几位学生的做法投影出来）

（出示做法 1）

$42 \times [169 - (78 + 35)]$

$= 78 + 35$

$= 169 - 113$

$= 56 \times 42$

$= 2352$

师：怎么样？谁来评价？

生：脱式计算等号要写在算式外面。

师：嗯，是这样的！格式的要求。

生：结果是对的，但是过程不好。

师：（对着刚刚回答问题的学生）哪里不好？

（该生想了想，觉得说不清楚。教师又叫起一位学生。）

生：既然是用等于号把两个算式连接起来，那第一个算式和第二个算式应该是相等关系，可是他的算式中两个等式不相等。

生：但是这样算也有优点，先做哪一步很清楚，别人能够看得明白。

师：在那么多的同学发现算式有不足的时候，他从中看到了优点。我们的评价要先发现同学的优点，然后再指出不足。是的，这样的过程是能够让别人看得很明白，但是能用等于号把它连接起来吗？

生：（在下面纷纷开口）不能！不可以！不行了！

师：（肯定地）看来这样一个式子是能够很好地表达先算什么，运算顺序也完全对，结果也正确。他注意到了等于号表示算出来的结果，但是忘了等于号还表示上下两个式子完全相等。有一位数学家说过："用两条相等并且平行的线来表示相等关系是再准确不过的了。"是不是应该感谢这位同学？从她的解答中，我们有了不少长进。

师：再看看第二种做法。

（出示做法 2）

$42 \times [169 - (78 + 35)]$

$= 42 \times (169 - 113)$

$= 42 \times 56$

$= 2352$

师：这个做法哪位来评价？

生：这个做法列的算式比刚才的算式步骤要简单一些。

生：他算对了！

生：其中第二步 169 - 113 可以跳过去，直接算出 42 × 56 这一步。

（其他学生纷纷表示不同意见：不行！不好！容易出错！）

师：（笑着）大多数同学不同意。看来你的计算能力特别强，所以你想跳过去。但是我们要有层次、有步骤地把它表示出来，这一步一般是不能省的。

师：再看看这一种呢？

（出示做法 3）

$42 \times [169 - (78 + 35)]$

$$= 42 \times [169 - 113]$$

$$= 42 \times 56$$

$$= 2352$$

（学生看到之后很快出现不同意见，下面开始小声讨论起来，教师静静地等待着。）

生：我认为算式第二步括住"169－113"的应该是小括号，而不应该是中括号。

师：他看到了和其他学生作品不一样的地方。

生：我认为就写中括号。

生：（很多学生反对）小括号！

师：为什么？

生：因为没有小括号就没有中括号了。

（其他学生纷纷点头赞同）

师：（不露声色）同意写小括号的举手！

（大多数学生举起手来）

师：不同意的举手！

（少数几个学生举手，教师请其中一位同学说一说自己的想法）

生：我觉得在计算过程中，无论中括号还是小括号都不应该被改变，在算的过程中小括号里算完了，那小括号就应该被去掉，中括号应该照抄下来。

生：（激动地站起来表示不同意见）可是只有有小括号时才有中括号呢！你不能一上来就出现个中括号啊。

师：（微笑着）看来同学们说的都挺有道理的，没有小括号就没有中括号。有没有看到哪个人不穿衬衣只穿外套啊？

（学生开心地笑了）

师：但是刚才那位同学说一般都是不能改变运算符号的，也对！看来都有道理，究竟怎么写呢？习惯上人们一般就是写中括号。

（学生很好奇地看着教师，等待继续讲解）

师：这个中括号虽然看起来不怎么舒服，但它表达了更多的信息！表达了什么信息呢？第一层含义，表示到这一步已经把上面一步的小括号算完了，还表示上面的中括号直接落下来，不容易错。所以呀，虽然两种写法都对，但是一般都写中括号。

第四幕 在质疑中发展

师：算过三道题之后，小淘气觉得中括号很好用，写出了这样一些算式，大家看——

$[（36＋24）÷15]＋18$

$320÷[5×（26－18）]$

$24×[19－（2×6）]$

师：同学们看一看，这些算式在保证运算顺序不变的情况下，哪些中括号可以去掉？

（学生个个跃跃欲试，争先恐后地举手要回答）

生：第一个可以去掉中括号。

生：第二个不能去掉。

生：第三个可以去掉小括号，然后把中括号改成小括号。

师：看来我们的数学表达也像歌里唱的一样"该出手时就出手"！简洁是数学永远的追求！今天我们学习了什么知识？

生：（齐）中括号！

师：为什么要用中括号？

生：（齐）改变运算顺序。

师：是不是有了中括号就行了呢？

生：（七嘴八舌）不是！还有大括号。

师：如果用了大括号还要再改变运算顺序呢？

（学生不知道怎么回答，有学生说"大大括号"，有学生说"超大括号"。）

师：（微笑着）在数学上一般用到大括号就可以了。但是在计算机的程序里面并没有中括号、大括号，都是一个一个的小括号，一个小括号不够用的话，外面再套一个小括号，不够再套一个小括号。

（很多学生感到很神奇，不禁发出惊叹声）

师：很有趣，是吗？感兴趣的同学课下可以去查找资料。

尾声

下课时，我摘掉帽子，深深地一鞠躬，让更多的学生看到我后脑勺上的白纱布。孩子们轻轻地笑了，听课老师中响起了掌声。是啊，不少听课的老师一定也是一脑子的狐疑："怎么能戴帽子上课呢？耍什么酷？"

"哈哈，脑袋上加个帽子和算式中加个括号是一样的，都是因为有着某种需要，帽子和括号都有着特别的功能！"

【课后反思】

师生相依为命的课堂

学生太棒了！让我享受了一节课，让我享受到现在……

课始，添数学符号使等式成立的题，"= 18"进展得非常顺利，学生方法很多，小手如林，三四个学生说完不同的解法后，还有不少学生举手要说，我打住了。这一步不是为了发散思维，而是为了预热。

再做"= 81"时，学生被难住了，三十多秒钟都没人应答。当时我想：要不要教给孩子想的方法呢？犹豫了两秒钟：不要，这个环节的主要目的是引出中括号，不是教给学生解决这类题的策略，要服务于本课目标！要，不教思路的话，学生在此难住了，后面的好戏就没法唱了。我果断地"进"了："（手指着题目）要等于81，九九八十一啊——""腾、腾、腾"，一个个小手像雨后春笋似的往上冒："我知道了，我知道了……"

多美妙啊！是本来就蓄势待发，还是我妙手回春？导而弗牵，开而弗达。

真是享受！如果不是那样立刻蹦出来，而是要再等上十几秒钟，抑或就是启而不发，要你教师自说自话，那多尴尬啊！

课堂是学生和教师生命的历程，师生本是相依为命的。心心相印，相得益彰当是理想境界。如果教师能促成这种理想境界的达成，那么教师当然是成功的、能干的、快乐的。

孩子们说真话，说实话，也让我感动！在课堂上，统计正确率时，全班只有一个男生没有举手，我好奇地想知道他究竟是因为什么而出的错。"我看不见。"陶行知先生说"千学万学学做真人"。我从心底感受到这个戴眼镜的男孩子的可爱：不盲从，不媚师，不悦众！

后来，我将写有题目的卡片贴在计划中的黑板左端。当回头看到右边的"小眼镜"正在吃力地看题时，我立即不顾板书的布局和美观，将卡片移到右端，贴到本不该贴的位置上。那一刻，我感受到了美和不美是相对的！

下课后，东城教委蔡主任夸奖了我，他进一步指出，如果当时我搬起"小眼镜"的椅子，让他坐到黑板前，那就更好了。哎呀，那才是真正的赏心悦目的景致！我的脑海中浮现出著名诗人卞之琳描绘的画面——"你站在桥上看风景，看风景的人在楼上看你。明月装饰了你的窗子，你装饰了别人的梦。"

课堂上，老师和学生就是在共同创造和欣赏着风景，观课的老师只是在欣赏吗？

我们的人生不就是为了创造和欣赏美丽的风景吗？

【专家评析】

学习数学的过程就是"再创造"的过程

学习数学应该经历怎样的"过程"？是教师讲解清楚后学生去记忆，还是不用教师讲而让学生去自学？抑或是创造机会与问题情境，让学生在一连串的问题中自主地建构对知识的理解？确实，什么是最好的数学教学方法很难有一个定论，但对于学生要经历一个什么样的学习过程则有定论，那就是荷兰著名数学家和数学教育家弗雷登塔尔所说的"数学学习的过程就是'再创造'的过程"。小学生知识、经验、方法等方面的储备都是有限的，他们学习数学时能实现"再创造"吗？华老师的"中括号"这节课就完美地实现了数学的"再创造"过程。他是如何实现"再创造"过程的呢？

一、对数学本质的把握是实现"再创造"的核心

"中括号"这节课的数学本质是什么呢？就是任何一个数学符号的产生都不是凭空的，都有其缘由、必然性和合理性。正是为了约束运算的顺序才产生了新的符号——中括号。因此，教师在设计本节课时，就创设要改变运算顺序的问题，让学生经历约束运算顺序的"符号"产生的过程：符号化。也正是教师对数学本质把握到位才使得本节课的教学目标明确、具体、易于操作：了解中括号产生的必要性，掌握含有中括号算式的运算顺序，准确、规范计算有关算式题，感受数学符号的奇妙。

符号化至少包含两层含义：

其一，让学生经历或了解"数学符号"产生的过程，甚至自己"创造"符号。例如，在华老师的课上，在学生深切地感受到要"约束"运算顺序，但不知道该用什么符号时，有一学生"发明"了一种方法：把小括号的左半部分"（"拉长来用。这样在需要两次约束运算顺序时，最内层的是"小括号"，外层的是"拉长"了的小括号。在当时的课堂情境中，该生"发明"的是外层左端的"（"要"拉长"，而右端的两个"）"只写一个就可以，是"公用"的。这时教师适时地引出：在数学发展史上还用"括线"（在要进行运算的式子上面画一横线）来约束运算顺序，但是如果你用"拉长"的小括号，我用"括线"或者其他"符号"来约束运算顺序，我们的"符号"都不相同，怎么交流啊？所以现在我们都统一用"[]"来表示第二次约束运算的顺序。（如果有的学生已经知道用"[]"来表示，就不会经历上述"创造"

的过程）自然地，学生就会创造在同一运算中要第三次约束运算顺序时该用的符号。在引入课伊始师生所讨论的"阿拉伯数字是谁发明的"也是让学生感受"数学符号"产生的不同寻常的经历，正如华老师课上所说："每一个简单的符号背后都有一个不简单的故事！"通过这样的教学，学生既感受到了数学符号产生的必然性，又感受到了数学符号的统一性，还感受到了数学符号的产生既是"创造"，但又不能"胡编乱造"。我想，这样的教学才是"有过程"的教学，才是让听课者感到"舒服"的教学。

其二，符号化是代数思想的核心内容。例如，在代数学中，对于"数"，我们不考虑它的具体含义，而是把"数"作为一个运算的符号，这时用具体的数字还是用字母来表示"数"都是无关紧要的（当然通常都用字母表示），它只是一个运算符号，不考虑其现实意义，而只考虑它要满足的运算定律。

在小学阶段，符号化的第一层含义是学生可以接受并能自己"再创造"的。

二、激发学生的认知需求是实现"再创造"的保障

在教师把握了数学的本质后，如何设计"活动"让学生也能自主地把握数学本质就是教学法的核心问题了。

在华老师的"中括号"教学中，教师并没有按照很多老师所理解的新课程去"创设一个'现实'问题情境"，也没有创设一个"动手操作"的活动让学生来"动手操作和交流"，而是从常见的数学游戏入手：添上适当的数学符号使等式成立。但是问题越来越"难"，越来越有"挑战性"，而这个"挑战性"是有目的的：改变运算的顺序。

"跳一跳，够得到"的境界是数学教学的最优境界，学生的求知欲望一次又一次地被调动起来，认知需求一次又一次地被激发出来，同时又得到了满足。从"18　2　3　6＝18"到"18　2　3　6＝81"，再到"18　2　3　6＝1"，简单的数字与算式，其中蕴涵的是不简单的数学道理：变与不变。学生在游戏中就被吸引了，逐步陷入教师事先挖好的"陷阱"中，并能自己从

"陷阱"中爬出来：感受约束运算顺序的必要性，掌握含有中括号的运算顺序，并会计算相关的试题。

在这里还想提及的一个问题就是数学教学为什么要"创设情境"，创设什么样的情境。数学确实与现实生活有紧密的联系，尤其是算术，但是我们不要忘了："数学迅速地，而且大幅度地超过了实际的需要，那些计算师、测绘员何以如此迷恋于他们所熟悉的数字与图形，如此热衷于拿它们做游戏，揭发它们的秘密，探测它们的奥秘，这确实令人费解。"（弗雷登塔尔《作为教育任务的数学》）揭示纯粹数学的奥秘不也是学生数学学习的重要原动力吗？为什么一定要去编造一个所谓的"现实问题"呢？能够实现教学目标的情境就是最好的情境。

三、教师适时、恰当的口头评价是实现"再创造"的催化剂

教师适时、恰当的口头评价催生了学生"再创造"的灵感。在华老师的课上，妙语连珠的评价语言比比皆是：

说得真好，看来传播知识真得走出去！每一个简单的符号背后都有一个不简单的故事！

非常好，有两位同学举起手来，又放下去，让其他同学也想一想，自己也深入思考其他解法，了不起！

还有很多，那我们就先算到这儿！后面还有更有趣的题目等着大家呢。

是啊，里面的小括号就好像我们里面穿的衬衣，中括号就相当于我们笔挺的西装。你看到过有人穿件衬衣，外面再套件衬衣的吗？

这个同学特别认真，刚才回答问题时，她停顿了一下，我想是在思考两个容易混淆的计算——一个是 $90 \div 15 = 6$，一个是 $80 \div 16 = 5$，今后我们把它们计算得更熟练些就好了。

看来我们的数学表达也像歌里唱的一样"该出手时就出手"！简洁是

数学永远的追求！

……

教师的评价语言空泛、干瘪是当前困惑教师的一大难题。为什么华老师的评价语言能这么精彩（适时与恰当）与精辟（适时、恰当与深刻）？华老师是从哪些方面进行评价的？

我认为华老师主要做到了以下两点：一是对本节课的教学目标把握得非常准确、到位，在教学中时刻不忘要实现的教学目标，评价语言为教学目标服务。二是对数学本质特征的把握。数学的核心或者发展的原则就是求真、求简、求美！这一点也就是人们常说的学科底蕴，作为一名学科教师，如果不能从全貌上、从本质上来看本学科，就难免会成为井底之蛙。时常问问自己这样几个问题有助于提升自己的数学底蕴：数学是什么？它有什么用？它是怎么发展起来的？数学美吗？美在哪里？小学生为什么要学数学？

原来我们一直重视的是评价的激励功能和导向功能，但对这些功能缺少深入细致的研究，例如，将激励功能等同于"你真聪明"、"你真棒"、"你真好"等空泛的定论式的语言。那么可以从哪些方面来"激励"学生呢？可以从他新学会的知识、他的学习方法、他的学习态度，以及他遵守课堂规则（纪律）的情况等方面去激励。在这几个维度下还要仔细地分析，例如，如果不仔细地分析"态度"的维度，"态度"的培养就成了一句空话。

华老师的评价语言精辟流畅，流畅得有如荷马的诗句，值得我们深入细致地分析下去。

（刘加霞）

科学预设，促成生成

中括号是数学中的一种符号，在过去的教材中是通过应用题引出来的。

在表示数量关系时，单用小括号如果解决不了问题，就要用到中括号。现在数学教材中不讲应用题了，但中括号作为一个符号，在基础教育中仍然是要学习的。这部分知识应该说不是很难。那么，教师应该如何预设，才能促使学生在简单的中括号学习中得到有效的发展呢？教师在课堂上又如何和学生进行平等的生成性的对话呢？华应龙老师做了一个很好的尝试，简单中包含着不简单，在朴实的课堂氛围中彰显生命的精彩。具体地说，可以从以下三个方面来思考这堂课。

一、立足基础，关注创新

本节课的预设是引入新课、在游戏中创造、在讨论中理解、在尝试中规范、在质疑中发展这样五个环节。这种预设不仅思维层次清晰，而且每一个环节都紧紧扣住了本堂课的教学目标。从道理到书写的规范要求都很严格，应该说可以让学生把基本知识学得很扎实。事实上也做到了，下课时同学们说："今天学得特明白。"这堂课的更可贵之处在于，华老师立足于基础，将归宿点落在培养学生的自主创新学习上。对课堂预设中的每一个环节，教师不仅创设了情境，给了学生充裕的空间，让学生在尝试中、在探索中体验到中括号存在的必要性，并且在思考、写算式等个人劳动和师生、生生之间的交流中规范了这部分知识。这节课的个人劳动量应该说是足够的，这使每个学生在 40 分钟的学与教的对话中，知识、思想、情感等方面在原有水平上都得到了提高。

这节课如果能增加一个在应用中巩固的环节，则更理想。比如，教师可以创设一个具体情境，要求学生列综合算式计算，让学生更深刻地体验到，要想得出正确的计算结果，一定要用中括号。

二、科学预设，动态生成

教师的预设是有效课堂教学的基础，生成应该是预设的升华或归宿。教师的预设如何能形成生态化的动态生成，进而促进师生的发展？在这节课中，华老师对此做了初步的尝试。"生成"是一个复合词，词本身就显示了动态的性质。从课堂教学来说，动态生成是在师生和生生之间平等对话、交流的过程中产生的。这节课的中括号的知识学习，自始至终都贯穿着师生的共同探索。具体来说，有以下几点：

1. 教师十分重视给每个学生足够的探索时间和空间。

2. 教师十分重视从学生的作业中选取资源作为课堂中师生、生生交流的资源。对学生资源，华老师一是做到了耐心倾听；二是做到了精心选择，选择典型的；三是做到了对学生资源的概括和提升；四是做到了对学生作业的尊重和欣赏。因此，师生在课堂上多边交往中的生成就很有效。

3. 教师十分重视生成的双重性，即知识、技能目标上的生成和情感、态度、价值观目标上的生成。这具体表现为：在课的引入中自然地渗透了数学文化；对学生的作业总是立足于激励，也就是说，总是先看到学生的闪光点，再提出进一步的要求。

4. 教师十分重视生成的两种类型，即预设中的生成和非预设中的生成。这节课大部分应该是预设中的生成成分。我认为，不能绝对地认为课堂中只有教师非预见的才叫生成。当然，在当今开放的课堂上会比过去更多地出现教师非预设中的生成。但在课堂中，对非预设中的生成，教师应使之从无序走向有序。这节课师生交流中的生成，教师基本上能把它归结到这节课的基础知识点及学生的品德教育上。课堂教学是一种特殊的人际交往，在学与教的过程中，教师和学生都会受到启发，也可以说在促成生成。因此，这种生成具有明显的互动性。

三、关注细节，重视育人

课堂教学是一种有计划、有目的的师生、生生的多边活动。例如，一位同学回答问题比较慢，教师说："这个同学特别认真，刚才回答问题时，她停顿了一下，我想是在思考两个容易混淆的计算……今后我们把它们计算得更熟练些就好了。"又如，同学们对别的同学的作业进行评价时，总是指出不足之处，这时教师马上说："我们的评价要先发现同学的优点，然后再指出不足。"当学生解决了"18 2 3 6＝18"这个问题后，教师又板书"18 2 3 6＝81"，此刻教室内鸦雀无声，大家都在思考。这时，教师边等待边说："虽然这时没有声音，但就像'空山不见人，但闻人语响'。"再如，教师很风趣地把小括号、中括号比喻为人们穿的衬衣和外套。总之，课堂中的生成反映了教师的教学观、学生观等理念，并表现出教师的文化底蕴和其特有的风格。

（张梅玲，中科院心理所研究员，博士生导师）

5. 一切皆有可能

——以"游戏公平"教学为例

【课前慎思】

怎样帮助学生形成统计意识

在小学阶段设置简单的"概率"内容，主要是为了培养学生的随机思维，让学生学会用概率的眼光去观察大千世界，而不仅仅是以确定的一成不变的思维方式去理解事物。那么，如果在教学前做学生调研的话，究竟有多少学生根据生活经验和直觉已经知道这些游戏规则都是公平的？假如已经有很多学生知道了，那么本内容的教学究竟让学生在哪些方面获得发展？

我思考教学价值——什么是"教学"？可能性的教学价值究竟是什么？这节课的教学是否能让学生体验到"一切皆有可能"的积极意义呢？

我思考课上的玩——随机现象是指这样一种现象：在相同的条件下重复同样的实验，其实验结果不确定，以至于在实验之前无法预料哪一个结果会出现；但大量的重复实验，其结果会出现一定的规律。概率学习的一个首要目标是使学生不断体会随机现象的特点。而这需要学生亲自实验，通过对实验结果的分析不断体会、感悟，小学阶段学习"等可能性"肯定是让学生在玩中学。那么让学生玩些什么？怎样才能玩得更好？学生玩后真有收获吗？

我思考理想的实验——所谓著名的"大数定律"，简单地说，就是当实验次数很多时，事件出现的频率与概率有较大偏差的可能性很小。关于这一点，如何让学生体验并认可？有比较才有鉴别。怎样的实验才能很好地让学生比较出"等可能性"？不做实验学生还清楚，一做实验学生反而迷糊了，老师也很尴尬。那么怎样的实验是理想的实验？不理想的实验出现后，教师应如何应对？萨特说"存在的都是合理的"，那么那样的"存在"合什么理？有老师说："这样的内容用实验来证明，那是徒劳。真要证明了，那是运气好。"我想，老师说的"真要证明了"的实验是怎样的实验呢？难道正反各半的实验才是理想的实验？那岂不是确定的事件？如果抛最后一次是确定的，那么倒数第二次不也就是确定的了吗？……这岂不与随机的本质相悖？反过来，我们是不是该思考：极端的、所谓"不理想"的小概率事件是怎样促成的？

我思考好的方法——怎样保证游戏公平？要考虑哪些因素？除了考虑到规则公平外，是不是还要注意在同等条件下进行？怎样保证"在同等条件下进行"？我们能尽量保持掷硬币的姿势、力量、高度等条件不变吗？在教室里抛硬币，不好组织，时间也有限，是否可以让学生课前做，在家里做？史宁中教授指出："在统计研究中首先遇到的问题是如何获取'好'的数据。所谓'好'的数据是指那些能够更加客观地反映实际背景的数据，而要获取到'好'的数据则要依赖于'好'的方法。"那么，抛硬币的好方法是什么？小学生注意力集中的时间有限，他们没有兴趣在较长的时间里重复相同的实验，真的如此吗？重复相同的实验，真的很枯燥，没有吸引力吗？怎样做就会吸引学生的注意？

我思考——如果没有老师的暗示，那么学生有可能想到概率是0.5吗？"等可能性"这个词要不要教给学生？"等可能性"在生活中有什么作用、价值？能让学生体验吗？课标修改稿所重视的统计推断，怎样体现？

我思考——如果有学生问"既然事件发生的可能性是相等的，那么为什么最终有的学生能得到电影票而有的得不到"，教师应如何应对？

教学是让不明白的人明白，那对于已经明白了的人，是否要让他们有一些不明白呢？《学记》说："记问之学，不足以为人师，必也其听语乎。力不能问，然后语之。语之而不知，虽舍之可也。"是否应当记取？

因此，我制定的教学目标是：

1. 通过不等可能性的实验，初步感受事件发生的等可能性，会分析、判断游戏的公平性。

2. 渗透用数据说话的科学精神，积累数学活动经验，懂得看问题不要绝对化。

【课堂实录】

"游戏公平"教学纪实

一、创设情境

（教师出示鸟巢图片）

师： 请看大屏幕，这是哪儿？

生：（齐）鸟巢。

师： 地球人都知道。举世瞩目的北京奥运会圆满地、无与伦比地结束了。去过现场看奥运会的请举手。没有人。的确，就是北京当地的人也买不到奥运会的门票。我有一位朋友，知道我当年是学校篮球队的队长，就专门帮我找了一张男子篮球决赛的门票。（出示篮球票）只有一张。我儿子也是个篮球迷。孔子说："己所不欲，勿施于人。"怎么办呢？饭桌上，我和儿子商量。我儿子看到桌子上有一个啤酒瓶盖，就说："爸爸，我们抛啤酒瓶盖吧。如果正面朝上就我去，如果反面朝上就您去。"我说："儿子，什么是正面朝上？什么是反面朝上？"（出示瓶盖正、反面图片，并标注"正——儿子""反——爸爸"）你们想一想，（板书：问题）这个办法好不好？认为好的举手。

（学生纷纷举手表示认可）

师：为什么好？谁能说一下，你是怎么想的？

生：我觉得是靠命运决定的，所以公平。

生：我认为是公平的，因为儿子的机遇是二分之一，爸爸的机遇也是二分之一。

师：二分之一，就是这个瓶盖抛起来的时候，可能是正面朝上，也可能是反面朝上，只有两种可能，（板书：可能性）并且抛一次的话，一定会有一面朝上。所以说这是公平的。有没有不同的想法？

生：我认为在现实生活中会有争议，因为啤酒瓶盖打开时会有一定的折痕，会影响最终的公平性。

师：你想得很好，不过我们选的啤酒瓶盖如果就是平的，好像就没问题了。用抛啤酒瓶盖的办法，刚才大家都说好。现在在他的启发下，有没有人认为不好？

生：我认为瓶盖的反面那一圈是折起来的，这一面的重量会比正面的重量大，所以爸爸胜的可能性比较大。

师：能用"可能性"这个词，很好。同意这个观点的人请举手。

（部分同学举手）

师：看来现在有两种意见了。

生：（一直举着手，最终获得发言机会）我认为，瓶盖上的锯齿也会影响比赛的结果。

师：经过刚才的讨论，我们发现了问题（指板书"问题"），用抛啤酒瓶盖的办法来决定谁去看比赛，究竟公平不公平呢？答案不一致。怎么办呢？

生：做个实验呗，看一下到底有没有问题。

师：非常好！做个实验来看一看到底公平不公平。（板书：实验）有这样的想法非常好。实践是检验真理的唯一标准，实验一下。

孩子们，我还真给大家准备了啤酒瓶盖，在组长那儿，请大组长将装有瓶盖的水杯分给每个小组。（学生按要求分水杯）。想一想，就实验一次行吗？（生答"不行"）要实验很多次。假设我们实验 10 次的话，你觉得我们实验以后得到怎样的数据才能支持我们刚才的判断？（板书：数据）不要说，只要想。然后根据数据，可以得出一个结论，推断用啤酒瓶盖来做究竟公平不公平。（板书：推断）

我建议，做的时候（拿起装有瓶盖的水杯），将水杯上下使劲晃动三次（教师边说，边动手演示），然后看一下是正面朝上还是反面朝上。怎么记呢？在表 1 里，"正面"记"1"，"反面"记"0"，并数出合计数填在括号里。

表 1

1	2	3	4	5	6	7	8	9	10	合计	
										正面	反面
										（　）次	（　）次

二、组织研讨

（学生分工合作，动手操作，小组汇总后汇报）

生：我实验之后发现，正面有 3 次，反面有 7 次。我推断反面的次数比较多。

师：反面次数比较多是你们小组统计出的结果，能作出什么推断呢？

生：可以说爸爸赢的几率比较大。

师：你们同意吗？（生答"同意"）对，我们做实验的目的是要解决问题。刚才的问题是用抛啤酒瓶盖的办法到底公平还是不公平。现在我们能得出一个推断——不公平，爸爸赢的可能性要大一些。有不同的结果吗？

生：我们组实验的数据是正面 5 次，反面 5 次，我们觉得这个办法是公平的。

师：根据她的实验结果，你同意她的推断吗？（同学们纷纷点头）

生：我们实验的结果是，正面没有一次朝上，全是反面朝上。

师：你只说了实验的现象，没有说你的推断。

生：所以我推断爸爸赢定了。

师：（小结）现在我们有三种意见了，第一种是反面朝上的可能性大，第二种是反面、正面朝上的可能性相等，第三种是反面一定朝上。还有不同的吗？

生：我们实验的结果是反面朝上 8 次，正面朝上 2 次，所以我们得出的推断是爸爸赢的次数多，所以这个游戏不太公平。

师：有正面朝上的次数多，进而推断出正面赢的可能性大的吗？

生：我们的实验数据是，正面抛了 7 次，反面只抛了 3 次。所以我们推断儿子赢的可能性比较大。

师：我们的结论太丰富多彩了。现在回过头来看，我们碰到一个问题，通过实验可以得到一些数据，根据不同的实验数据可以得出不同的推断。（板书：问题——实验——数据——推断）因此，准确地说，我们小组的推断只能说是"可能这样"。（同学们点头同意，教师在"推断"后板书"？"）通过各小组实验 10 次，全班没有形成统一意见，我们又该怎么做呢？

生：可以用举手表决的方法，就是根据实验，同意一个观点的举手，哪一个可能性大，哪一个举手的人就多，

（有几个同学附和，举手表示同意）

师：请大家想一想，这个问题能用举手表决的办法吗？是你认为怎样就怎样的吗？

生：（纷纷摇头）不是。

生：全班合计，反面的次数合计一共多少，正面的次数合计一共多少，合计起来看哪个总数比较多，就能做出推断。

师：试试看，六个大组分别先合计四个小组的，填在表2里。

表 2

	正面	反面
1 号		
2 号		
3 号		
4 号		
合 计		

［各组合计后，按组汇报，教师输入汇总表（表3）］

表 3

	正面	反面
1	10	30
2	13	27
3	12	28
4	6	34
5	7	33
6	12	28
合 计		

师：我们看看各大组得出的数据，能看出什么？

生：反面赢的可能性一定大于正面。

生：（众）同意。

师：当实验的次数比较少的时候，偶然性就比较大。实验的次数较多的时候，本来的面目就表现出来了，隐藏的秘密我们就能看到了，我们就看到一个规律（板书：规律）：啤酒瓶盖反面朝上的可能性大。

为什么反面朝上的可能性比较大呢？请同学们观察思考。

（生沉默……）

（教师出示踢毽子图）

生：毽子的羽毛下面有皮圈，会增加重量，和瓶盖的道理是一样的。

生：正面重，所以反面朝上的可能性就大。

师：（频频点头）我在备课的时候问过一位博士，他觉得反面朝上的可能性大，但是大得不会太多。但是我们实验的结果——

生：大很多。

师：（满意地微笑着）通过实验我们知道，用抛啤酒瓶盖作出这样一个决定是不公平的，因为啤酒瓶盖不均匀。（板书：均匀）那我们抛什么才公平？（板书：游戏公平）

生：抛硬币。

师：孩子，请说明一下，为什么抛硬币就公平？

生：硬币是均匀的，两面都有花纹。

生：抛骰子。

师：骰子有六个面，抛一次的话，怎么决定谁赢？

生：谁大，就决定谁赢。

师：怎么决定谁大呢？

生：点数大。

师：抛两次当然能决定谁大。就抛一次，怎么订规则？

生：抛到双数就是儿子赢，抛到单数就是爸爸赢。

师：行吗？

生：有二分之一的可能。

师：抛到单数的情况有？

生：1、3、5。

师：双数有？

生：2、4、6。

师：所以说，各有二分之一的可能。

生：骰子是由红色和蓝色组成的。可以根据颜色的不同，是红色就是儿子赢，是蓝色就是爸爸赢。

（大部分学生附和："行，行！"）

生：红色只占骰子的六分之二，蓝色占骰子的六分之四。

（教师不作声，出示大骰子，让学生观察，提出根据颜色来确定的学生发觉自己的想法不好。）

师：如果这样确定——大于3，儿子去，小于3，爸爸去，行不行？

生：3算不算？

师：3不算。

生：不行！

师：怎么不行呢？

生：因为大于3的只有两个——

生：大于3的有3个，4、5、6，小于3的有2个，所以不公平。

师：就抛一次的话，还可以制定出很多公平的规则。但必须有个前提条件，那就是骰子必须是均匀的。如果让你来判断一个骰子是不是均匀的，你有什么办法？

生：抛一下。

师：我还真给大家准备了两种骰子，一种骰子是均匀的，另一种是不均匀的，但不知道哪种是均匀的，哪种是不均匀的。1、2、3组是一种骰子，4、5、6组是另外一种骰子。每个小组抛15次，记录下来分别是几点，然后我们简单统计一下，只统计"1"点几次，"6"点几次，因为这两个点正好在相对的两个面上，记在表 4 里。

表 4

1		2		3		4		5		合计（次）	
6		7		8		9		10		"1"	"6"
11		12		13		14		15			

师：刚才我们已经有经验了，次数少了不能说明问题，所以小组做完后，大组要将四个小组的数据合计起来，记入表 5。

表 5

	"1"	"6"
1 号		
2 号		
3 号		
4 号		
合 计		

师：请组长将骰子分给四个小组，把瓶盖换成骰子。注意：要上下使劲晃动 3 次。

（学生操作，并汇报；教师根据学生的汇报填表）

表 6

点数	"1"	"6"
1 组	8	10
2 组	6	14

点数	"1"	"6"
3 组	14	9
合计	28	33
4 组	13	7
5 组	15	11
6 组	12	9
合计	40	27

师：请看着我们实验的数据，你能不能得出什么推断？

生：我们组每次抛的都是"6"。

师：就像开始抛啤酒瓶盖一样，有的小组 10 次都是反面朝上，但是我们能不能得出那个结论？

生：不能。

生：1、2、3 组的骰子是均匀的，4、5、6 组的骰子是不均匀的。

师：他的结论你们同意吗？28 和 33 也不一样啊？

生：差距比较小。

师：第二组呢？

生：差距大。

师：我们就做出推断，4、5、6 组的骰子可能是不均匀的。想知道谜底吗？

生：（迫切地、兴奋地）想！

师：1、2、3 组的骰子和 4、5、6 组的骰子是一样的，都是我从商场买回来的同一种规格的骰子。（大部分学生脸上表现出困惑的神情）不过，4、5、6 组的骰子，我在"6"点上加重了，哪一面朝上的可能性大？

生："1"点朝上的可能性大。

师：这说明我们的实验成功了！掌声祝贺自己！

（学生们热烈鼓掌，有的还自豪地点着头）

三、回顾总结

师：刚才有同学问我，最后究竟是谁去看的篮球比赛呢？你想知道吗？

生：（齐）想！

师：（出示课始"正——儿子""反——爸爸"的图片）我儿子已经是复旦大学二年级的学生了，他是知道啤酒瓶盖反面朝上的可能性大的。想到这一点，我心里特别幸福：有这样的儿子真好！我把啤酒瓶盖给我爱人，请她抛了一次……

（学生们好奇地等待着）

师：正面朝上！

（学生的表情，有的惊讶，有的兴奋，有的不解。）

师：不是反面朝上的可能性大吗？为什么呢？

生：因为您儿子想到爸爸老了，想让爸爸去，很孝顺，感动了上帝，所以出现了正面。

师：你是一个善解人意的姑娘，不过可能不是感动上帝的原因。

生：妈妈爱儿子——

生：儿子的妈妈做手脚了，把反面加重了。

生：因为虽然反面朝上的可能性大，但是正面朝上的可能性也不是没有。所以说这只是一次偶然。

生：随机性。

（教师不作评价，无声地出示"李宁"的广告语——"一切皆有可能"，学生们会意地笑了。）

师：正因为"一切皆有可能"，一个啤酒瓶盖才让我们玩得那么起劲，充满了兴趣；正因为"一切皆有可能"，我们的生活才丰富多彩，充满了希望，充满了情趣。抛啤酒瓶盖来决定是不公平的，抛硬币是公平的。不过你想想，就是用硬币来抛，结果一定是一个赢，一个输，结果是不公平的。那抛硬币，公平的是什么呢？

生：因为硬币的两面是均匀的，所以我觉得抛硬币是公平的。

生：公平的是获胜的几率。

师：佩服！可能性相等就是公平的，（在"可能性"后接着板书：相等）也就是说，机会均等就公平。正因为这样，在盛大的奥运会上，很多比赛项目都是通过抛硬币来作出一些决定的，请看画面——

（播放北京奥运会上乒乓球、羽毛球、足球、网球等比赛开始时裁判抛硬币的录像，背景音乐是北京奥运主题歌《我和你》。课件上"下课啦"三个字飘进又飘出，黑屏。孩子们依依不舍，不愿意离开教室。）

（易玫 整理）

【课后反思】

感谢学生的合作

设计完这节课，我就很兴奋，特别想尽快地和学生合作与分享。

在这节课的 40 分钟里，我和学生默契合作，心心相印。看到 44 名学生起劲地摇着水杯，听着 44 个骰子在水杯里欢快地唱歌，我想到了辛弃疾的两句词——"稻花香里说丰年，听取蛙声一片"，心里美滋滋的。

已故中科院院士、中国统计学会副会长陈希孺先生说："统计规律的教育意义是看问题不可绝对化。习惯于从统计规律看问题的人在思想上不会偏执一端，他既认识到一种事物从总的方面看有其一定的规律，也承认存在例外的个案，二者看似矛盾，其实并行不悖，反映了世界的多样性和复杂性。如果世界上的一切都被铁板钉钉的规律所支配，那么我们的生活将变得何等的单调乏味。"我对陈先生的这段话心领神会。在备这节课的那段时间里，我参加姚健老师的婚宴，闲聊中，谭晓培主任的一句话点醒了我——"反面可能性大，但正面也有可能"。因此，我设计的课尾问题是"最后究竟是谁去看的篮球比赛"，以照应开头，进一步完善学生对可能性的认识。

无巧不成书。课中，真有学生问了这个问题，并且旁边同学都听到了。于是，我朝花夕拾，问道："刚才有同学问我，最后究竟是谁去看的篮球比赛呢？你想知道吗？"

哪知道我让学生思考"为什么结果是正面朝上"时，一个女生说："因为您儿子想到爸爸老了，想让爸爸去，很孝顺，感动了上帝，所以出现了正面。"我压根没想到学生会这么说，仓促间，我说："你是一个善解人意的姑娘，不过可能不是感动上帝的原因。"我应该怎么评价呢？现在想到了，这个说法可能会更好："心诚则灵！还有不同的想法吗？"

第二个学生说："妈妈爱儿子。"第三个学生说……我当时追求的是无声胜有声的效果，都不加评价了，让其他同学接着表达。现在我想，这样的教学资源很难得，我应该接过学生抛出的球，再抛给全班同学："这样的儿子谁不爱？不过，他妈妈能够想要哪面就是哪面吗？"只要思考，不用回答。

哈哈，学生很主动，但我没接招。最后，我还可以告诉学生，那张篮球票就是我儿子去五棵松篮球馆看的，并且，8月中旬他已经去上海参加军训了，23日晚坐火车往北京赶，24日上午到北京，看完美国和西班牙的男篮决赛，下午又坐火车回了上海。火车票紧张，来回都是软卧。

哈哈哈！

课件上"下课啦"三个字飘进又飘出，老师们自发地、热烈地鼓掌。学生们不动，似乎有话要说。我让贺俊人发言，他说："结尾挺好玩的，也挺凄凉的。"温润泽积极地要说话，我同意了，他说："最后'下课啦'三个字出来，就像一个人死了。"我和听课的老师们都很惊讶，真没想到学生会说出这样的话，是该表扬，还是该批评？我尴尬地笑了。

刚才我想，那该表扬，只是下课了，我心散了，没组织好语言。其实，学生表达的是真情实感，正是因为对课的留恋所以才说出那样的话。情动而辞发。只是词的色彩不好。但童言无忌，其实也没什么。如果课上得没有味道，那"下课啦"三个字一出来，学生的感觉可能就很阳光了。如果我当时接着学生的话说："是啊，不下课该多好啊！不过，课没死。哈哈哈！"这可能就是很好的师生合作了。

现在又想，如果最后不是黑屏，那学生的感觉就会好些。明天改成蓝天白云，带给学生一个快乐的 10 分钟。

感谢学生的真实表达！感谢学生的主动合作，感谢学生的真诚帮助！

哈哈哈——现在的课真不好上，我们老师往往不能很好地和学生合作。有的是不敢，有的是不愿，我则是不会。

【专家评析】

一个数学故事引出一个经典案例

听完华应龙老师的课，很为他的创新精神所折服。他是一位善于驾驭课堂，对孩子具有亲和力的优秀教师。

概率进入小学数学课程，是一件新事物，没有多少教学前例可循。这节概率课，却很有创意。华老师编制的这个数学故事，既有温馨亲情，又有时代特色，符合儿童的情趣。引出的丢啤酒瓶盖决定"输赢"的案例，则是一个用频率近似地表达概率的"非等可能性"的随机事件，适合小学数学的课堂教学。

这个故事是说奥运会在北京召开，一张篮球赛的球票，成为爸爸（华老师自己）和他的大学二年级儿子争夺的目标。儿子建议丢啤酒瓶盖决定输赢，并自选正面向上（锯齿面向下）。故事的数学本质在于："瓶盖正面向上的概率"究竟是多少？凭直觉，其概率要小于 1/2。儿子这样挑选，是存心"让"爸爸赢。可是，丢的结果却是"正面朝上"，爸爸输了。爸爸高兴地把票放到儿子的手里。于是，用"李宁"的一句广告语——"一切皆有可能"作为这堂课的结束。尽管概率有大小，却一切皆有可能。这就是数学故事的核心。

作为小学数学活动的一个经典案例——让同学们用实验方法估计"丢啤酒瓶盖正面朝上"的概率，这一随机事件有两个特点：一是简便易行，啤酒瓶盖到处都有，丢起来不困难，实验成本很低。二是它明显地不能用"等可能性"方法进行判断，只能通过实验，用频率近似地表达概率。这次课堂实验表明，"瓶盖正面朝上"的频率恰好是 60/180 = 1/3，因此，根据实验得到的结论是，"啤酒瓶盖正面朝上"的概率大约是 1/3，即可以近似地表示为 1/3。当然，不同的实验，同样的啤酒瓶盖，得到的频率不必相同。

晚近以来，许多概率教学设计，都在课堂上让学生"丢硬币"、"摸球"，用实验方法估计那些"等可能发生的事件"的概率，这是败笔。等可能性事件的发生概率，是通过理性思考得出的，并不依赖于实验。我们需要的是，展示像"丢啤酒瓶盖"这样的"非等可能性"的随机事件，引导学生用频率近似地表达概率。

数学课，要重视数学本质的揭示，其他活动都应该围绕着数学本质进行。我认为，华老师"丢啤酒瓶盖"的教学，通俗易懂，简便可行，承载了数学价值，可以说是一个经典的教学案例，有长远的存在价值。

由此想到，如果我们不断地积累这样的数学故事和经典案例，将之编辑成书，将会是一笔重要的教育财富。

（张奠宙，华东师范大学数学系教授、博士生导师，国际欧亚科学院成员，《高中数学课程标准》研制组组长）

数据带来的"火热思考"

"游戏公平"是新课程增加的统计与概率领域的一个内容，在刚刚实施新课程时，许多公开课或研究课都喜欢上这节课，因为可以让学生在课堂上做实验，并且往往以小组合作的形式，似乎容易体现新课程的理念。但随着新课程的逐步深入，大家越来越认识到，实验不能仅仅停留在动手上，背后需要学生"火热的思考"。于是，一个两难的问题摆在了老师们的面前：一方面，如果不做实验，仅仅依靠理性分析，学生也能体会等可能性，但这样却少了"随机"的味道，似乎上成了"分数"的再学习；另一方面，教材教学中往往使用"硬币"等做实验，学生在没有做之前凭借经验就能够得出正面朝上和反面朝上的概率相等，但做了实验后往往很难得到"一半"，有时候偏差还较大。这就产生了一个问题，实验是老师让做的，数据似乎并不能引起思考，反而引起了困惑。

于是，该不该做实验一时成为争论的焦点，在很长一段时间内对这个问题没有较好的解决方案，上这种课的老师越来越少，教学进入了"瓶颈"。换一个角度看问题，往往会取得突破，课程标准修订后，提出了利用数据体会随机性的想法，在《"数据分析观念"的内涵及教学建议》一文中，课程标准修订组组长史宁中教授作出了以下回答：

> 需要指出的是，我们赞成做实验，赞成运用统计的思想来做实验。统计是通过数据来获取一些信息，来帮助人们做出一些判断。同样是掷硬币的问题，在统计上就会这样设计实验：先让学生多次掷硬币，计算出现正面的比例（频率），然后用频率来估计一下出现正面的可能性是多大。如果这个可能性接近 $\frac{1}{2}$ 的话，就推断这个硬币大概是均匀的。这是统计的思想。

新的角度出现了，但在实践中如何实施，到目前为止几乎看不到现成的课例，这种想法在小学有可能实现吗？不少人一直有这样的疑问。正在这时，华应龙老师执教了"游戏公平"这节课，使我们看到了解决问题的可行方案。纵观这节课，学生在较长的时间里都在进行实验，但与以往的课堂不同的是，在这些实验中，学生不是被动操作，而是主动地思考着："瓶盖正面朝上的可能性大还是反面朝上的可能性大?""为什么反面朝上的可能性大呢?""哪组的骰子是不均匀的?"于是,孩子们精彩的想法逐渐显现:"做个实验呗,看一下到底有没有问题。""毽子的羽毛下面有皮圈,会增加重量,和瓶盖的道理是一样的。""因为虽然反面朝上的可能性大,但是正面朝上的可能性也不是没有。所以说这只是一次偶然。"……

学生的精彩折射出教师的精彩,下面我们就一起来分析在这节课上华老师所设计的几次实验的目的。

一、通过频率估计概率

教学伊始,教师创设了一个生活中的情境:父亲和儿子决定谁去看奥运会男篮决赛。但是,与过去的教学不同的是,用来决定谁去的工具不是硬币,而是啤酒瓶盖。那么,二者有什么不同呢?我们知道,用硬币,由于硬币落下时有两种结果——正面朝上和反面朝上,并且它们是等可能的,所以这是一个古典概率的问题。我们有现成的公式可以计算出某种结果发生的概率,虽然小学不正式学习这个公式,但通过经验并加以分析,学生容易得到"正面朝上和反面朝上的可能性是相等的"这一结论。此时再让学生做实验,学生不仅产生不了愿望,而且数据(频率)与概率的不一致往往会给他们带来困惑。华老师的课堂中使用的瓶盖,虽然落下时也有两种可能,但二者不是等可能的,不符合古典概率的要求。这时我们可以通过做实验,运用频率去估计概率的大小,从而对正面朝上和反面朝上的可能性进行比较,这不仅使实验变得很有必要,而且能够帮助学生澄清一些误解。

实际上,学生有一些生活经验,这些经验是学生学习的基础,但其中有一些往往是错误的。逐步消除学生错误的经验,建立正确直觉是教学的一个重要目标。在这节课中,面对儿子提出的决定方法是否公平的问题,开始大多数学生都表示认可。

生:我觉得是靠命运决定的,所以公平。(这个学生似乎不承认随机

性，但也许认为由随机决定的都是等可能的）

生：我认为是公平的，因为儿子的机遇是二分之一，爸爸的机遇也是二分之一。

即使有的同学意识到两个结果的可能性不一样，但却得到了相反的结果：

生：我认为瓶盖的反面那一圈是折起来的，这一面的重量会比正面的重量大，所以爸爸胜的可能性比较大。

要消除学生错误的经验，就需要实验帮忙，于是做实验成了水到渠成之事。

师：经过刚才的讨论，我们发现了问题（指板书"问题"），用抛啤酒瓶盖的办法来决定谁去看比赛，究竟公平不公平呢？答案不一致。怎么办呢？

生：做个实验呗，看一下到底有没有问题。

接着，学生亲自经历了实验的过程，收集实验数据，分析实验结果，并将所得结果与自己的猜测进行比较。

师：我们看看各大组得出的数据，能看出什么？

生：反面赢的可能性一定大于正面。

生：（众）同意。

师：当实验的次数比较少的时候，偶然性就比较大。实验的次数较多的时候，本来的面目就表现出来了，隐藏的秘密我们就能看到了，我们就看到一个规律（板书：规律）：啤酒瓶盖反面朝上的可能性大。

到此，学生得到了正确的结果。但华老师并没有停留于此，而是让学生进一步思考：为什么反面朝上的可能性比较大呢？并且设计了一个形象的比喻——踢毽子。于是，学生们纷纷恍然大悟：

> 生：毽子的羽毛下面有皮圈，会增加重量，和瓶盖的道理是一样的。
>
> 生：正面重，所以反面朝上的可能性就大。

不到 20 分钟，华老师引导学生们经历了以下过程：首先猜测结果发生的可能性大小；然后亲自动手做实验，收集实验数据，分析实验结果，并将所得结果与自己的猜测进行比较；最后进行理性分析，并与实验结果联系起来。学生在此过程中不断将自己的最初猜测、实验结果和通过分析得到的结果进行比较，这将促进他们修正自己的错误经验，建立正确的直觉。

二、通过数据进行推断

在学生体会到儿子制定的规则不公平后，华老师鼓励他们讨论如何设计规则使游戏公平，学生的想法可谓丰富多彩，华老师引导大家对这些规则逐一进行讨论，进一步帮助学生体会游戏公平的含义。

到此，似乎一切都顺利完成了，但华老师话锋一转："就抛一次的话，还可以制定出很多公平的规则。但必须有个前提条件，那就是骰子必须是均匀的。如果让你来判断一个骰子是不是均匀的，你有什么办法？"许多老师不理解这样做的意图：为什么要"多此一举"呢？这实际上是华老师进行的一次富有价值的尝试：运用数据进行推断，即史宁中校长提出的"运用统计的思想做实验"。

> 师：我还真给大家准备了两种骰子，一种骰子是均匀的，另一种是不均匀的，但不知道哪种是均匀的，哪种是不均匀的。1、2、3 组是一种骰子，4、5、6 组是另外一种骰子。每个小组抛 15 次，记录下来分别

是几点，然后我们简单统计一下。

......

生：1、2、3 组的骰子是均匀的，4、5、6 组的骰子是不均匀的。

师：他的结论你们同意吗？28 和 33 也不一样啊？

生：差距比较小。

师：第二组呢？

生：差距大。

师：我们就做出推断，4、5、6 组的骰子可能是不均匀的。想知道谜底吗？

生：（迫切地、兴奋地）想！

师：1、2、3 组的骰子和 4、5、6 组的骰子是一样的，都是我从商场买回来的同一种规格的骰子。（大部分学生脸上表现出困惑的神情）不过，4、5、6 组的骰子，我在"6"点上加重了，哪一面朝上的可能性大？

生："1"点朝上的可能性大。

师：这说明我们的实验成功了！掌声祝贺自己！

看到学生们在课堂上表现出来的渴望和兴奋，我们也再次体会到数据所带来的火热思考，当我们对所研究的问题所知不多时，可以收集数据来帮助我们推断，这不正是数据分析观念吗？这样的活动多经历几次，学生就会逐渐认识到数据的价值，就会越来越"亲近"数据了。

实际上，运用数据帮助人们进行推断，在现代社会中有着广泛的应用。让学生从小就通过实验体会到数据的作用，对于他们树立数据分析观念是非常有益处的。

三、通过数据体会随机性

课到结尾，再次讨论开始时父子设计规则决定谁去看比赛的情境，就当所有的人都认为这不过是运用所学的知识简单进行回顾时，思考的波澜又起：

师：（出示课始"正——儿子""反——爸爸"的图片）我儿子已经是复旦大学二年级的学生了，他是知道啤酒瓶盖反面朝上的可能性大的。想到这一点，我心里特别幸福：有这样的儿子真好！我把啤酒瓶盖给我爱人，请她抛了一次……

（学生们好奇地等待着）

师：正面朝上！

（学生的表情，有的惊讶，有的兴奋，有的不解）

师：不是反面朝上的可能性大吗？为什么呢？

……

生：儿子的妈妈做手脚了，把反面加重了。

生：因为虽然反面朝上的可能性大，但是正面朝上的可能性也不是没有。所以说这只是一次偶然。

生：随机性。

啊，这不正是帮助学生再次体会随机性吗？一方面，对于同样的事情每次收集到的数据可能是不同的：

（教师不做评价，无声地出示"李宁"的广告语——"一切皆有可能"，学生们会意地笑了。）

师：正因为"一切皆有可能"，一个啤酒瓶盖才让我们玩得那么起劲，充满了兴趣；正因为"一切皆有可能"，我们的生活才丰富多彩，充满了希望，充满了情趣。

另一方面，只要有足够的数据，就有可能从中发现规律：

师：佩服！可能性相等就是公平的，（在"可能性"后接着板书：相等）也就是说，机会均等就公平。正因为这样，在盛大的奥运会上，很多比赛项目都是通过抛硬币来作出一些决定的，请看画面——

（播放北京奥运会上乒乓球、羽毛球、足球、网球等比赛开始时裁判抛硬币的录像，背景音乐是北京奥运主题歌《我和你》）

一切都是那么自然，无需过多的语言，真有点"此时无声胜有声"的感觉。课堂中的一些细节反映出教师的深刻理解、教师所期望的学生的全方位发展，以及教师的文化底蕴和特有的风格。

这是一节用一连串的"问题——实验——数据——分析"串起来的课，每个结论的得出都伴随着学生自己的思考。学生不仅体会到游戏公平的含义，设计出不少公平的规则，还感受到数据的价值、学习这节课的内容的价值。这节课的载体是实验，学生在实验的过程中，积淀下不少对于随机和数据的活动经验。

在音乐声中，孩子们依依不舍地离开了课堂，一个带给他们火热思考的课堂，一个使他们体会到数据的力量的课堂。就在孩子们退场的时候，我的思绪已离开了这节课，开始回味华老师一贯的教学风格。华老师所做的处理，源于经验，更源于见识。华老师的课我听过若干节，每次都有"出乎意料"之感，但细想却又"在情理之中"。这不禁让我想起了他的一次讲座的名称——"我怎么没想到"。

是啊，为什么华老师能想到呢？回想他在备课时与我交流的点滴，似乎有了一些答案。

为什么能想到？——因为他把思考作为生活方式。

在和华老师交流的过程中，他说得最多的话就是"我想想"。无论是面对一种新的思想，还是针对课堂上的一些细节（比如学生做实验到底需要多长时间），他都在认真地思考。我曾经看到过他自己做实验时记录的几大篇数据，面对这些数据，我不禁感动，不禁敬佩，他确实已经把思考当作了生活的方式。

为什么能想到？——因为他掌握了思考的方法。

记得一个名人说过：把时间用在思考上是最能节省时间的事情。当然，要节省时间就离不开掌握一定的思考方法。思考需要有问题，问题来自对课堂焦点问题的敏感；思考需要有交流，不同的观点在交流中相互碰撞；思考需要有实践，思行结合，坚持不懈。

为什么能想到？——因为思考给他带来了快乐。

如果你和华老师讨论这节课，你一定会发现他像课堂上那样兴奋，会跟你说这节课的来龙去脉，会把他付出很大辛苦得来的"加重"的骰子给你看，会不断地询问你的看法，从他的眼神里你能看到快乐，一种由深思所带来的快乐。是啊，静下心来思考一个问题，将自己的思考实践出来，与大家分享思考的成果，这难道不是"人类最大的乐趣"吗？

"游戏公平"的课结束了，可由数据所带来的"火热思考"还在进行中。

（张丹）

6. 好玩的数学

——以"神奇的莫比乌斯带"教学为例

【课前慎思】

"数学广角"的教学怎么定位

"神奇的带子"是人教版、新世纪版义务教育课程标准实验教科书上都有的教学内容。教材上的"神奇的带子",就是很多趣味数学读物上提到的莫比乌斯带。莫比乌斯带也叫作莫比乌斯圈。

莫比乌斯带是德国数学家莫比乌斯在 1858 年研究"四色定理"时偶然发现的一个副产品。它已被作为"了解并欣赏的有趣的图形"之一写进了新数学课程标准。

经过自己的思考和专家们的修正,我认为,本节课旨在在老师的带领下,让学生自己动脑想象,动手操作,学会将长方形纸条制成一个神奇的莫比乌斯带;进而经历其出乎意料的变化过程,在其"魔术般的变化"中感到数学好玩,感受数学的无穷魅力,拓宽数学视野;再经历创造性的设计发明环节,积淀下"数学不仅好玩,还好用"的积极情感,激发起进一步学好数学的志趣。

以管窥豹,"数学广角"的教学是否当如此定位:不在于传授什么知识,而在于发展思维，激发情趣？

【课堂实录】

"神奇的莫比乌斯带"教学纪实

一、变魔术

师：（出示一张白纸条）请拿出这样的白纸条。这张纸条有几条边？几个面？

生：（齐）四条边，两个面。

师：一个正面，一个反面。（边比画边说，学生也随着说）现在我会变魔术，我能把它变得只有两条边、两个面。你会吗？（停顿。学生摆弄着纸条，无人应答。）

（教师微笑着把纸条变成纸圈）

师：是不是两条边、两个面？（边问边比画）

生：是！（同学们都笑了）

师：你会吗？

生：会！（学生都做成了纸圈）

师：我看那位同学的笑很特别，什么意思？

生：（笑）这没什么神奇的！

师：是啊，地球人都知道。奇妙的是我还能把它变成一条边、一个面。（停顿，环视学生。学生们瞪大眼睛，兴趣一下子被激发出来了。有同学在想，有同学在试。）

师：非常好，有同学在大胆尝试！（全班同学都动起手来）有五六个学生已经做出来了。太棒了！是不是这样的？

（教师把纸条放在背后操作，做成莫比乌斯圈。同学们笑了。）

师：不想让你看到！（出示莫比乌斯圈）想想吧，是怎么做的？（同学们微笑着，尝试着。成功的，快乐着；没成功的，纳闷着。）

二、做纸圈

师：（看到大多数同学都做成了）同学们可以互相帮助。（没有做成的在同学和老师的帮助下也很快完成了）看到同学们快乐的笑脸，我真高兴！我们可以这样做。（演示）先做成一个普通的纸圈，然后将一端翻转 180 度，再用胶水粘牢。（同学们动手粘）

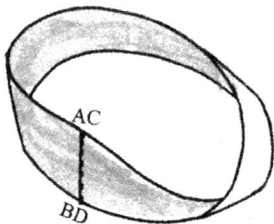

是不是一条边、一个面呢？怎样检验呢？

（一名女生用手指沿着纸条的边和面各走了一圈）

生：是一条边、一个面！

师：我们一起动手，都来检验一下吧。拿出一支水彩笔，在纸圈的中间画一条线，看看它是不是一个面。

生：又回来了。

生：哎，真是！（学生有的笑了，有的很惊讶）

生：真是一个面啊，怎么回事？（学生很惊讶）

师：像这样没有里面和外面之分，只有一个面的，数学上叫它单侧曲面。（板书：单侧曲面）那么普通的纸圈有里外之分就叫——

生：双侧曲面。

（教师板书：双侧曲面）

师：这样一个怪怪的纸圈叫什么呢？有人知道吗？

（环顾全班，有三个学生举手）

生：莫比乌斯圈。（另两生附和："是叫莫比乌斯圈。"）

师：真不简单！（板书：莫比乌斯圈）你是怎么知道的？

生：看的《十万个为什么》上的。

师：是啊，我小时候也特别喜欢看《十万个为什么》。为什么叫莫比乌斯圈呢？（无人应答）我来告诉同学们，德国有一位数学家叫莫比乌斯，1858年，一次偶然的机会，他发现了这样一个奇妙的纸圈。所以，人们就把这样的纸圈叫莫比乌斯圈。

（学生们点头表示领会）

三、沿 1/2 线剪

师：我们的魔术还可以往下做，怎么做呢？刚才你们不是在这个纸圈中间画了一条线吗？如果我们沿着中间这条线把这个纸圈剪开。（示范剪一小段，个别学生就要动手剪）注意，别忙着动剪子。想一想，我们沿着中间这条线把这个纸圈剪开的话，会怎样呢？

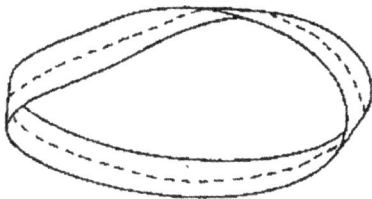

（学生面面相觑，不言声儿）

师：我们应该大胆猜想。（板书：大胆猜想）

生：我觉得这个圈会变成两个圈。

生：我觉得会变成两个莫比乌斯圈。

生：会不会变成 3 个圈？

师：（看到有学生想剪了）要知道究竟，怎样办呢？

生：剪剪看。

师：是啊，实践出真知！

（学生积极地动起手来）

生：在我剪完之后，不像同学们刚才说的那样是两个圈，它是连在一起的。

生：我这个也是连在一起的。

师：那是一个圈还是两个圈？

生：（齐）一个圈。

师：不过，这个圈中间有点扭起来了。我们都认为从中间剪开应该是两个圈啊，怎么会变成一个圈呢？奇怪！

（学生小声议论起来）

师：哪位同学能说说你的猜想？

生：因为莫比乌斯圈有一条边、一个面，所以我觉得剪开以后是整的，是一个大圈。

生：因为是黏着的，我觉得剪完是一个整体。

师：刚才两位同学发表了很好的意见，其实每位同学都可以猜想。究竟为什么呢？你可以继续研究。

（一男生在玩弄他剪出的长纸条……）

师：咦，有新发现了。这位同学说说你的发现。

生：我也不知道我怎么剪出了一张纸条。

生：他没认真看老师的示范，先从边上剪进去的。

（那男生点头）

师：对，我们是说沿中线剪开。真得"小心求证"，（板书：小心求证）不然还以为有新发现了。不过，这也确实是个新发现啊。（出示剪成的大圈）它还像刚才那样，只有一个面吗？

生：（齐）一个面。

师：这是我们以为的，要准确地回答，怎么办？

生：用笔画线。

师： 请拿起笔来，在纸带中间画一画，看一看，究竟是一个面，还是两个面。

（学生动手检验后，纷纷说"一个面"）

师： 我们看到的两个面是不是都被画上了线？

生： （恍然大悟）不是，只画了一面，没有画到另一面。

师： 那这个纸圈是不是单侧曲面的呢？

生： 不是。

师： 是个双侧曲面。所以有的时候不能只在脑子里想象，还是要亲自去做一做的。做完以后，还得"小心"看准了。现在纸带中间又画了一条线了。如果再沿着这条线剪开，想一想，又会是什么结果呢？

生： 还是一个圈。

生： 我觉得是两个圈。

生： 我也觉得是两个圈，是两个圆圈。

师： 大家做做看。

（学生动手操作，教师也动手操作）

生： 是两个套着的圈，真奇怪！（学生开始小声议论起来）

师： 这次我们同学猜两个圈，还真是两个圈，不过这两个圈是——

生： 是套着的。

师： 对，是套在一起的。真奇妙！现在，你有什么想法吗？

生： 老师，还能剪。

（同学们都笑了）

师： （边笑边说）还想再剪，是吗？对，如果再剪会怎么样呢？我还真没试过。还有其他想法吗？

生： 我觉得这太神奇了，我想知道这是怎么回事。

师： （赞许地点了点头）还有其他想法吗？

生： 我觉得这个圈本来应该是分开的，可为什么变着变着又缠在一起了？

师： 这样的纸圈确实有很多奥秘，值得我们去研究。

四、沿 1/3 线剪

师：我们继续来感受这个纸圈的神奇，好吗？请同学们拿出那张黄纸条。在这张黄纸条上画了三等分线，请把中间的一份涂上你喜欢的颜色。两面都涂。

（学生动手操作）

师：涂好了吗？

生：没有。

师：好，我们再等一等。涂完之后把它再圈成一个莫比乌斯圈。

生：做完了。

（很多同学都把做好的莫比乌斯圈举了起来，教师对个别同学进行辅导）

师：好，现在你有什么想法？

生：能沿着线把这个莫比乌斯圈剪开吗？

师：可以的。如果我们沿着三等分线把这个莫比乌斯圈剪开的话，需要剪几次呢？

生：（齐）两次。

师：剪完以后会是什么样子的呢？

（学生小声猜测）

生：我觉得剪完后可能会是三个圈套在一起。

生：我觉得是三个小圈套成一个大圈。

师：三个小圈套成一个大圈？真佩服你的想象。那究竟是怎么样的？还是动手去做一做。

（学生开始操作）

生：剪一次就可以了。

师：明明是两条线，怎么剪一次就可以了？

（学生中不时发出惊奇的声音："咦！邪门儿了！"……）

师：剪成了几个圈？

生：两个。

生：一个大圈套着一个小圈。

生：小圈是单侧曲面，大圈是双侧曲面。

五、自主玩

师：刚才我们将一根普通的纸条拧、粘、剪，（板书：拧、粘、剪）我们感受到了莫比乌斯圈的变幻莫测、神奇无比。

我想接下来的时间就完全交给同学们了。现在就发挥你的聪明才智，你自己想象、设计、制作。请拿出另一张白色纸条。刚才我们拧了180度，你想还可以怎么拧？刚才我是沿 1/2、1/3 线剪的，现在你想呢？特别好的创意，老师将奖给红色纸条继续设计。

（屏幕上出示经典的莫比乌斯圈图案，并播放古典乐曲《渔舟唱晚》。学生创作，教师巡视，询问夸奖，发放"奖品"。）

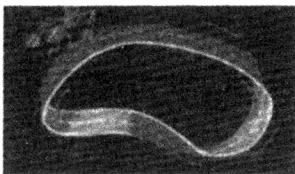

师：刚才我们各自在创造，现在小组内的同学相互交流、欣赏。说说你是怎么做的，怎么旋转、怎么剪开的。

（学生开始小组交流，教师往返于几个小组之间。之后，请几位同学在全班交流。）

生：我是把纸条一端旋转360度做成一个莫比乌斯圈，并沿 1/2 线剪开，得到的是两个套在一起的圈。

生：我帮他纠正一下，把纸条一端旋转360度做成的纸圈不是莫比乌斯圈。

师：那它是什么？

生：它是一个双侧曲面的圈。

生：这两个圈的大小一样。

生：它们都是双侧曲面的圈。

生：我得到一个结论：把纸条一端旋转180度的奇数倍做的圈是单侧曲面的，而旋转180度的偶数倍做成的圈是双侧曲面的。

师：真棒！他不但动手做，还动脑想了。那么这个规律到底对不对呢？除了多次实验，还要从理论上去证明。现在，我还是提议我们为这位同学的大胆猜想鼓掌致意！

生：我把纸条做成一个莫比乌斯圈，再沿1/4线剪开，结果不能一次剪开，一共剪了两次，但结果也是两个套在一起的大小一样的双侧纸圈。

师：刚才我们已经创造和分享了莫比乌斯圈的神奇。我想肯定还有很多同学想继续去探究，但咱们暂时打住。

六、发明用处

师：在咱们西城区有一个莫比乌斯爬梯，有人玩过吗？（出示莫比乌斯爬梯图片）

生：（十多名学生）玩过。

生：我玩的时候上上下下有十圈，累得我满头大汗，最后还是回到了原地。

师：哈哈哈！原来我们只是觉得好玩，现在我们知道是怎么回事了吗？

生：知道了！

师：莫比乌斯圈不但好玩，还好用呢。你想想看，莫比乌斯圈可以用在哪些地方呢？

生：家里有胖儿子的，妈妈就可以设计一个莫比乌斯跑道，让她的儿子减肥。

（同学们都笑了）

生：有的过山车就是这样的。（很多学生附和）

师：就像游乐园里的那个，是吧？（出示几张过山车的图片，好多学生说"是，真是这样的"）那过山车的轨道到底是不是莫比乌斯圈呢？我们下次玩的时候注意观察一下，它是一个面呢，还是两个面。好不好？

生：我觉得可以把楼梯制成莫比乌斯圈。

（众人哗然）

师：很大胆的一个猜想，说不定有朝一日，我们的楼梯就像他讲的那样，我上去一会儿又下来了。

（全班哄堂大笑）

生：我觉得环线地铁也可以是莫比乌斯圈。

（学生又一片哗然）

师：多好的想法！问题是当地铁列车沿着莫比乌斯轨道转着转着的时候，会转到哪儿去呢？

（全班善意地大笑）

（教师播放一位同学听完磁带一面录音，换听另一面的 8 秒录像）

生：（一男生抢着说）可以循环的那种，用莫比乌斯圈弄一个那种磁带。（有三位同学附和）

师：多有价值的创意，那样的磁带，就自动从这一面唱到那一面了。应该申请专利。唉，只可惜这个创意我们稍微迟了一点，已经被一个日本人申请了专利。

（好多同学发出了"唉"声）

（一个女同学举起了手）

师：非常高兴，女同学有代表了！

生：放水没关来回流，可以用莫比乌斯圈让它循环。

师：哈……把水重新利用一下？好，我没太明白。谢谢这位女同学！她的想法让我想到针式打印机的色带，它就是让墨水流到以莫比乌斯圈为原理做成的色带上，充分利用了色带的两面。

（同学们报以热烈的掌声）

七、说收获与遗憾

师：很可惜我们的时间到了，上了今天这节课，你有什么收获或遗憾？

生：通过上这节课我知道了莫比乌斯圈，还知道了莫比乌斯圈怎样叠。

生：我的遗憾是我没有想出那么多日常生活中可以用上莫比乌斯圈的用品。

师：那没事，今天刚接触嘛，接下来继续想就是了。

生：我知道了莫比乌斯圈只有一条边、一个面。

生：我知道了莫比乌斯圈，我遗憾我不能多剪几次。

（大家都笑了）

师：那是怪华老师没有给大家更多的时间，这样，课下再试试好不好？

生：我知道了莫比乌斯圈在生活中有很多用处。

生：（那个首先想到莫比乌斯磁带的男孩）我妈妈早生我几年就好了。

（全班同学都笑了）

师：好了，同学们，大家通过今天这节课的学习是不是对莫比乌斯圈还有很多疑问呢？还有很多为什么没能解答？有的问题华老师也不怎么清楚。我告诉大家，数学中有一门专门研究莫比乌斯圈的学问，叫作拓扑学。（板书：拓扑学）课下，有兴趣的同学可以继续去研究，好不好？中国科技馆，去过吧？

生：（齐）去过。

师：（播放三叶纽结录像）中国科技馆的大厅里就耸立着一个巨型的三叶纽结，这个三叶纽结就是根据莫比乌斯圈的原理设计的。

它每天不停地旋转着，美妙的曲线带给我们美的享受，让我们享受着数学的神奇，（在课题位置板书：神奇的）带给我们无限的遐想……

【课后反思】

教学是一门遗憾的艺术

从整节课来看，较好地完成了教学目标，学生们在"动手做"中深切地感受到了莫比乌斯带的无穷魅力，激发起了强烈的好奇心和创造欲望。陈省身教授的"数学好玩"几个大字写在他们脸上，写在他们眼中，写在他们心里。

我为新课标加入这样的学习内容鼓与呼，我为自己成功的教学创造乐悠悠！

用一张纸片变魔术导入，比直接出示莫比乌斯带或者提出一个传统的在一般情况下无法解决的问题引出莫比乌斯带，更能让学生真切地感受到莫比乌斯带像魔术般神奇的变化，并为学生琢磨其中的奥秘做了铺垫。在这个变化过程中，我并不是将莫比乌斯带和盘托出，而是给学生创造和想象的时间和空间。教学实践证明：不止莫比乌斯能发现这个带子，我们的学生也能够创造出来。只不过莫比乌斯是无意间的发现，而我们的学生是有目的的诉求。

在动手探寻莫比乌斯带的奇妙特点时，我坚持让学生先想一想、猜一猜，剪完以后再想一想："我为什么没有猜中？为什么会是这样的？"这样，就不只是让学生动手做，还要学生动脑想，有效地培养了学生的空间想象能力、"大胆猜测，小心求证"的意识以及勤于反思的习惯。

在一般的课堂上，学生动手操作多是遵师命而为，学生只是操作工，不是探究者；我则适时地放手，给了学生充分的自主创造的时间和空间，学生开动脑筋提出猜想，动手验证，愉快体验，这十分有效地激发了学生的创造热情和发现欲望。

最后的教学环节不是定位于"介绍应用"，而是立意在"创造和欣赏"。当学生说出"我妈妈早生我几年就好了"时，我窃喜不已，我要的就是这个效果："人皆可以为尧舜"，我们一样能创造！

在此，我要特别感谢在本课的研究过程中，刘兼、张梅玲、张丹、张思明、刘可钦、吕建生、孙晓天等老师给予的热忱指导！

教学，同样是一门遗憾的艺术。满足之余，我在品味那几处遗憾——

在学生按 1/2 线剪完后，我问："现在，你有什么想法吗？"我的预设正是后两位学生回答的——"我觉得这太神奇了，我想知道这是怎么回事。""我觉得这个圈本来应该是分开的，为什么变着变着又缠在一起了？"而当第一位学生说"老师，还能剪"时，我该不该让学生再剪？我没试过，可以让学生去试吗？整节课，对学生来说是处处出乎意料，但对我——教者来说，都是在意料之中的。没让学生继续剪，潜意识里是怕出乎我的意料，不可收拾？还是要完成我的教案，否则没有时间按 1/3 线来剪了？不是怕出乎我的意料（说句老实话，我现在上课时心底是渴望出现"节外生枝"的场面的，觉得那样的课堂够刺激，有挑战，充满着张力，能够展现功力），而是为了完成教案，为了展示那按 1/3 线剪后的神奇，同时也是为学生后面的创造积蓄能量。

那么，按 1/3 线来剪是非剪不可吗？是应该根据学生的反应来组织教学，还是应该根据老师的主观预设来控制课堂？老师的设计肯定是较为理想的，但脚下走出来的才是路。自然的才是最美的！

虽然为了上这节课，我看了 20 多本相关的专业书籍，知道了莫比乌斯带有很多有趣的、神奇的性质，虽然发给学生的画好 1/3 线的纸条，都是忙碌的我亲手一张一张做成的，但是想起鲁迅先生《作文秘诀》中的"有真意，去粉饰，少做作，勿卖弄"，想起普罗泰戈拉的"人是万物的尺度"，我该以"生"为本，还是以"圈"为本呢？再想到教学目标，我知道该怎么做了。

爱因斯坦说过，旧学校给了学生太多的"好胜心"，很少培养学生的"好奇心"。这节课最根本的不就是培养学生的"好奇心"吗？这么看来，那个"单侧曲面""双侧曲面"也是可以不出示的，就用"一个面还是两个面"来区分就行了。

接下来，我再和学生一起研究"神奇的莫比乌斯带"时，就更大胆地放手，让学生先提出自己想研究的问题，然后有选择地逐一研究，给学生更多自主的时间和空间，没有了"单侧曲面""双侧曲面"的阻隔，没有了老师的及时掣肘，学生的创造性想象发挥得更为酣畅。

有的用上了老师提供的画好 1/3 线的纸条（那纸条变成了一种暗示）；有的把莫比乌斯带压扁了，变成了一个六边形；有的为了看清缠在一起的"真面目"，就再做一个，剪断这个看那个，剪断那个看这个。

最后我也参与了进去："做了这么多莫比乌斯带，现在给你一张纸条你就能做成莫比乌斯带吗？"学生自信地答道："能！"我拿起纸条，剪去一大段："请你用这一小段做一个莫比乌斯带。"学生为难了。"纸条太短了，不行。"有学生说道。"对啊，纸条的长和宽要是怎样的关系呢？"学生在思考。我突然想起哥伦布竖鸡蛋的故事。"就用这张纸条，我能做成一个莫比乌斯带！"学生们的眼睛都闪闪发光。我用剪刀把纸条剪窄了……

那真是师生共享、共进，张扬个性，生成智慧的世界，那怦然心动、悠然心会的场景是多么的生动和诱人啊！

【专家评析】

让每个学生在原有水平上得到发展

观看华应龙执教的"神奇的莫比乌斯带"，我产生了一种强烈的感觉，即新课标的理念已外化为他的教学行为，而学生们则正是在这种新型的师生多边交往的教学环境中从多方面得到了发展。

一、从猜想到验证

教师以变魔术引入，一开始就把学生的注意力引入到一个神奇的数学世界：在做纸圈时先做一个普通的纸圈，然后将一端翻转 180 度，再用胶水粘牢，是不是变成一条边、一个面呢？教师再带领学生一起动手检验。再沿1/2线剪，沿 1/3 线剪，教师每引入一个新的情境，总是让学生先大胆地猜想，再小心地验证。学生在这种人际互动中自然而然地受到了猜想和验证这个科学方法的启蒙教育。

二、从模仿到创造

模仿学习是小学生的学习方法之一，但模仿仅仅是手段，模仿的目的是创造。从模仿到创造，要有一个过程，这个过程也就是学生的发展过程。在这节课中，从变魔术引入到第五个环节，让每个学生自主地玩，这就把"从模仿到创造"落到了实处，而且在这个过程中，每个学生在教师的启发下，不断地产生"为什么"。我想这也应该是当今课堂所追求的境界，因为发现问题比解决问题更重要。

三、从符号到想象

数学是一门符号性的学科。从某种意义上来说，数学正是因为其符号的简练和抽象才显示出数学之美、数学应用之广泛。在这节课中，华老师不仅让学生懂得了"单侧曲面"、"双侧曲面"、"莫比乌斯圈"等数学术语，更可贵的是，在每个环节中，老师不仅创设了让每个学生拧一拧、画一画、剪一剪的活动情境，还让他们在动手之前想一想。而正是在想一想的过程中培养了学生的空间想象能力。

四、从数学到现实

这节课的第六和第七环节的设计，我认为既朴实又有新意。教师让前几个环节学生探索学习到的知识返回到了现实中，又一次激起了学生情绪兴奋的浪花，使学生在兴奋之时真切地体验到数学就在自己身边，数学是有用的。教师还让学生大胆想象现实生活中哪些地方还可以应用莫比乌斯圈的原理。教师运用图声并茂的动态课件，让学生体验数学之美，又让学生在丰富的想象中产生不断探索未知的欲望。难怪在课结束时有一位学生说："我知道了莫比乌斯圈，我遗憾我不能多剪几次。"

总之，这节课从猜想到验证、从模仿到创造、从符号到想象、从数学到现实的过程就是每个学生在原有水平上得到发展的过程。

另外，我还很欣赏华应龙老师的个人教学风格。他以男教师的刚毅、果断、幽默、亲切体现出他对学生的关注和爱。这节课有不少很精彩的共鸣性的语言，如："看到同学们快乐的笑脸，我真高兴！""是啊，我小时候也特别喜欢看《十万个为什么》。""咦，有新发现了。这位同学说说你的发现。""我们的楼梯就像他讲的那样，我上去一会儿又下来了。""那是怪华老师没有给大家更多的时间。""有的问题华老师也不怎么清楚。"……我十分欣赏他这些真诚又富有情意和风趣的语言。因为这些用语能大大缩短教师和学生之间的心理距离，进而促进学生的有效学习。

这节课如果对猜想和验证这个科学方法进一步加以关注和强调，对学生的创造给予更多的展示，将学生操作中的差异也作为课堂资源而加以利用，那么会更精彩。

华应龙是用他的心、他的智慧来上这堂课的。同样地，我也是用我的诚意来学习和思考的。我想，我作为一名心理学工作者和教师作这种平等的对话，一定有片面之处。因此，我的学习与思考仅供华应龙老师参考。

（张梅玲）

7. 从"冰冷的美丽"到"火热的思考"

—— 以"孙子定理"教学为例

【课前慎思】

教师怎样才能成为新课程的建设者

我国古代数学文化灿烂辉煌，而我们现有的教材只是补白性的简介，现实的课堂教学更是少有涉足。在学生已经学习了"最小公倍数"等概念之后，可以引导学生领略"孙子定理"这一奇葩，享受祖先的智慧。

新数学课程标准在第二学段中指出："教材中要注重体现数学的文化价值，在对数学内容的学习过程中，教材可以在适当的地方插入介绍一些有关数学发现与数学史的知识，丰富学生对数学发展的整体认识，对后续学习起到一定的激励作用。"我们作为新课程的开发者和实践者，应当积极尝试，勇敢体验。

现在，从操作层面来说，研究数学史如何与数学教育相结合的非常之少。传统的数学史与数学教育的结合比较单薄，数学史知识仅作为"阅读材料"放在一边，是一种"冰冷的美丽"，没有和实际的数学教育融为一体，激发出学生"火热的思考"。实际上，数学的学术形态通常表现为"冰冷的美丽"，而数学知识的教育形态应该是一种"火热的思考"。所以我想选择这道数学名题，把它演绎成一节课。

本课由成语故事引入，引导学生拾级而上，在峰回路转中，体会转化思想方法的奇妙。最后，在山重水复之际，隆重推出"孙子定理"，体验柳暗花明的快慰。

有人可能要说"孙子定理"对小学生来说难度太大了。是的，"孙子定理"属于"一次同余式组问题"，小学生研究起来是有难度。但这种与数学史结合起来的数学活动课与一般的数学课不同，它不着意于学生掌握某个知识，形成某个技能，而是重在活动，重在过程，重在参与，重在体验。当代"爱因斯坦"——著名的科学家霍金说："懂与不懂都是收获。"是的，上完这样的课，每个学生的体验各不相同。"酸甜苦辣皆有营养，成功失败都是收获。"

【课堂实录】

"孙子定理"教学纪实

一、说成语听故事

（师生问好）

师：同学们，请看——（出示身着古装的两个人的画面）画面上这两个人你认识吗？你猜一下他们可能是谁呢？

生：我觉得他们应该是两个将军。

师：眼睛真厉害！两个将军。是！一个将军是——

生：一个带着头盔……我也不知道怎么说……

生：我比较爱看三国的故事。我觉得右边那个长得帅一点的应该是赵云吧？左边的那个应该是刘备，因为英雄惜英雄！

（全场一片笑声）

师：说得真有趣！（师生一起鼓掌）好了，孩子们，这两个人呢，是古代的两个英雄。一个是刘邦，汉代的刘邦。另一位是谁呀？对，韩信！在他们两人身上有一个大家可能熟悉的成语，你知道吗？

生：我知道一个成语，叫韩信点兵，多多益善！

师：了不起！（课件出示：韩信点兵，多多益善）谁能说说这个成语的意思？

生：越多越好。

师：这个成语还有一个奇妙的故事呢。有人知道吗？

（学生面面相觑，显然对这个故事不太熟悉）

师：哦！可能不太熟悉，是吧？大家一起来听一下——

（多媒体播放故事：我国汉代有一位大将，名叫韩信。汉高祖刘邦问大将韩信："你看我能带多少兵？"韩信看了刘邦一眼说："你顶多能带十万兵吧！"汉高祖心中不高兴，心想：你竟敢小看我！"那你呢？"韩信傲气十足地说："我呀，当然是多多益善哆！"）

师：这个成语里面还藏着一个很有意思的数学方法呢，想知道吗？

（继续播放故事：韩信每次集合部队，都要求士兵隔墙站队，站三次，第一次每排站 3 人，第二次每排站 5 人，第三次每排站 7 人，每次站完后都要求最后一排报告有几人，这样韩信就知道一共到了多少人。挺神奇的吧！）

二、学韩信试本领

师：看来，韩信不但能带兵打仗，他还特别有数学头脑。咱们一起来试一试，好不好？

生：好！

师：请看——（出示课件：每 3 人站成一排，最后一排只有 1 人；每 5 人站成一排，最后一排也只有 1 人；每 7 人站成一排，最后一排还是 1 人。你能推算出最少有多少人吗？）如果你是韩信的话，你能算出最少有多少人吗？非常好！有同学已经想到了，不过，他又把手轻轻地放下了。想让其他同学也去思考一下，是吗？真好！大家可以拿出笔和纸来试试看。

（学生拿出纸、笔，动手运算）

师：（巡视）同学们的写字姿势真好！很多人都算出来了，不过也有人没算出来。好！请前后桌四个人一组交流一下你的想法。

（小组学生之间充分地交流着意见）

师：我觉得同学们很会学习！习惯好了，我们的学习效率就更高。刚一开始讨论，同学们的声音马上出来了；讨论完了声音马上低下来了，让老师知道我们已经讨论完了。行，哪个小组来汇报一下？

生：我代表我们小组来汇报。我们小组得到的答案是 106 人。因为它们都是质数，找出它们的最小公倍数，也就是把它们 3 个乘起来。最后一排只有一人，说明它们的余数是 1，再加上 1，就推算出了最少有多少人。我的回答完毕。

师：好！哪位同学来评价这个小组代表的发言？

生：我觉得刚才这位同学的回答并不完全对！他说 3、5、7 都是质数，应该说 3、5、7 不仅是质数，而且还互质。

师：是啊，互质的话，它们的最小公倍数就特别容易算了！怎么算？

生：直接乘就行了！

师：对！（看着评价的学生）你的数学语言真好！不过，三个数都是质数，是不是一定互质啊？你是直接地指出了他的语言有问题，间接地肯定了他的思路。以后肯定的方面，首先直接肯定就更好了。

（评价的学生心悦诚服地点着头坐下去了）

师：还有补充吗？

生：我是这样想的——这道题目我以前做过很多次了。其实这种题有一种固定的做法，就是先算出那 3 个数的最小公倍数，然后再加上余数，就得出了最后的得数 106。

师：是吧？都会吧？

生：每次这种题得出的余数都是一样的！

师：哦！来来，你来补充。

生：我是说我刚才左思右想，终于想清楚它为什么要用最小公倍数来加

1了。因为士兵总数是一样的，所以说每3个人站一排，就是3乘以他的排数再加1，这样的话，我们只需要用人数来除以3、5、7，最后必定是等于它的排数余1的，所以说用最小公倍数来加1。

师：真佩服！真佩服！真佩服！不但知其然，还在想其所以然。他去琢磨了中间的为什么，这非常不简单！（师生由衷地鼓掌）我觉得同学在发言的时候，最好眼睛看着他，那样子我觉得你得到的东西会更多。其实，我们上课时，不一定非要恭恭敬敬地看着老师，在同学发言的时候，我们的眼睛就看着发言的同学。

刚才那位男同学的发言给我最大的感受是什么？他能把我们今天碰到的问题转化成什么呢？

生：以前学过的。

师：对！对！以前做过的。他说我们已经做过了。这个问题会了吗？

生：会了！

师：106对吗？

生：对！是最小的了！

师：最小了？是不是？还有其他答案吗？

生：没有！（摇头）

师：没有了？我们可以来检验一下，对吧？怎么检验呢？用106除以3看看结果是不是余1，再去除以……刚才我看有少数同学算出了其他的答案，其实可以检验一下的，是不是？

生：是！

师：很好！可以分工一下。你算除以3的，我算除以5的，他算除以7的，这样更快一些！

（学生马上动笔检验自己的答案）

师：六（4）班的同学真棒！好了，孩子们，停笔！106对不对？

生：对！

师：完全符合条件！那是不是最小的呢？

生：是！

师：还能再小吗？

生：不能了。

师：如果 1 个人，行不行？

（全班学生都在沉思）

师：1 个人，每 3 个人站一排，最后一排是 1 个人吗？站了几排？

生：0 排。（有些同学的回答不太肯定）

师：对！大家表示怀疑，是吧？确实，在一般的情况下，在生活中，没有这么说的，是吧？

生：是！

师：不过，严格说来，站 0 排余 1 人，是不是也可以呀？

生：也可以！

师：好了，孩子们，这道题是不是大家都会了？

生：是！

师：那行！再试试看——（出示课件：每 3 人站成一排，最后一排只有 2 人；每 5 人站成一排，最后一排站了 4 人；每 7 人站成一排，最后一排是 6 人。你能推算出最少有多少人吗？）

（学生动笔计算，小组交流，师生对话略。）

师：为什么觉得难了？你能把这道题换一个说法，让不会的人一听就明白吗？

生：每 3 人站成一排，最后一排少 1 人；每 5 人站成一排，最后一排少 1 人；每 7 人站成一排，最后一排少 1 人。你能推算出最少有多少人吗？

（同学们都点点头，轻轻地笑了）

师：第一道题，我们一看就知道，容易得很，因为余数都一样；当余数不一样的时候，我们可以把它转化为余数一样的。这让我想到了一个数学故事——一位数学家和物理学家之间的故事。数学家说："现在有水龙头、水壶、煤气灶，想烧开一壶水，请问您怎么办？"

生：拿水壶到水龙头上放满一壶水，放到煤气灶上，再点上火就行了。

师：物理学家说的和你一样。数学家说："对，人们都会这么做。现在条件都一样，任务也一样，不同的是水壶里已经装满水了，请问您怎么做？"

生：把盛满水的水壶放到煤气灶上，直接点上火就行了。

师：（微笑着）物理学家说的还是和你一样。（同学们都笑了）数学家说话了："这是你们物理学家的做法，我们数学家可不这么做。"你知道数学家是怎么做的吗？

（学生们一筹莫展）

师：把壶里的水倒掉。

（学生们流露出困惑的神情）

师：这数学家是不是有点傻？

（同学们哈哈大笑）

师：其实，数学家是想通过这个比方告诉人们，数学方法中有一个非常重要的方法——转化。

（学生们明白了，微笑着点点头）

三、遇困惑知神奇

师：现在，再来试一试，好不好？

生：好！

（学生在一次一次尝试之后，兴趣越来越浓，研究的积极性越来越高。课件出示：每3人站成一排，最后一排只有2人；每5人站成一排，最后一排站了3人；每7人站成一排，最后一排是4人。你能推算出最少有多少人吗？）

师：（学生独立思考2分钟后）非常好，大家都在用脑子想。有什么感受呢？是不是在想办法转化？能把它转化成最后一排的情况都一样吗？

生：不能！

生：我根据题意列了一个方程，但不知道能不能走得通。设站的行数是x，于是 $3x + 2 = 5x + 3 = 7x + 4$。

（教师流露出欣赏的神色，示意同学们来评价）

生：我对他的想法有一点意见，因为总人数除以 3、5、7，他们的排数不可能是一样的。

师：我们平时解不出题目的时候就列方程。他能想到这个方法，非常棒！你设站的行数都是 x，行不行？得有的是 x，有的是 y，有的是 z。那样的话，那个方程你会解吗？

（同学们面露难色）

师：大家都没有办法了，我可有个祖传秘方。看，是这么算的——（板书：$70 \times 2 + 21 \times 3 + 15 \times 4 = 263，263 - 105 - 105 = 53$）我算出答案是 53。

（学生将信将疑）

师：你们可以检验一下啊。

生：（学生很快检验完）对的。

师：你现在有什么想法？

生：我想对这个算式提一个问题，我不知道那个 70 是怎么来的。因为我知道那个 21 是 3 乘 7，15 是 3 乘 5，但是我不知道 70 是怎么来的。

师：漂亮，漂亮，我特别敬佩你们的数学老师，我觉得你们特别会动脑筋，会想问题。对，我们应该思考 70 是怎么来的，21 是怎么来的，15 是怎么来的。对，21 是 3 乘 7，15 是 3 乘 5。5 乘 7？

生：35。

师：再乘 2 呢？

生：70。

师：为什么要乘 2 呢？你能猜想一下吗？

（学生思考了 30 多秒，没有人应答）

师：这就是非常奇妙的了。开始，我没有想到，也不明白，只是知道祖宗留下的一个歌诀。（课件出示：三人同行七十稀，五树梅花廿一枝。七子团圆月正半，除百零五便得知。）

（学生们自言自语地读了起来，有的学生在做笔记）

师：这个歌诀告诉了我们算法：3 人一排的余数乘 70，5 人一排的余数乘 21，7 人一排的余数乘 15。"除百零五"的"除"不是除以的意思，而是减去，也就是减去 105 就知道了。

生：为什么要减去 105 呢？

师：好问题！（环顾全班，没有人回答）要回答 70 是怎么来的，首先来看 21 是怎么来的。21 不但是 3 和 7 的最小公倍数，而且除以 5 余几？

生：余 1。

师：15 呢，不但是 3 和 5 的最小公倍数，而且除以 7 余 1。5 和 7 的最小公倍数是 35，但是 35 除以 3 余 2，怎么才能余 1 呢？对，乘 2，70 除以 3 也就余 1 了。这样看来，这个巧妙的方法还是用上了转化的方法。

（同学们脸上露出了会意的微笑）

师：再想想 105 是怎么来的。

生：3、5、7 的最小公倍数。

师：如果加起来的数大于 105 的话就要减去 105。因为要求是最小数。回过头来，我们再用这个歌诀来试试刚才已经解决了的难题。

（学生做完后，兴奋地说"会了，会了"。）

师：其实这道题是我国经典数学专著《孙子算经》上的。（课件出示：今有物不知其数，三三数之剩二，五五数之剩三，七七数之剩二，问物几何？）看谁最先算出答案。

（学生们争先恐后地做了起来，一会儿就有学生报出了答案）

生：我还有一种方法：$3 \times 7 = 21$，$21 + 2 = 23$。因为三三数和七七数的余数相同。再一试，23 正好是五五数余 3。

（有部分同学点头，还有同学流露出后悔的神色："我怎么没有发现呢！"）

师：了不起，华罗庚和你用的方法一样。（同学们自发地热烈鼓掌）大数学家华罗庚专门写了一本书叫"从孙子的神奇妙算谈起"。（课件展示：《从孙子的神奇妙算谈起》）

四、识孙子望未来

师：我们再来听一段关于孙子"神奇妙算"的介绍。

（多媒体播放：在我国，大约是公元四五世纪的《孙子算经》就提出了后来在世界上十分著名的"物不知数"问题，并给出了解法。1592年，明朝数学家程大位在《算法统宗》中总结出"三人同行七十稀，五树梅花廿一枝。七子团圆月正半，除百零五便得知"的口诀。在西方，与《孙子算经》同类的算法，最早见于1202年意大利数学家斐波那契的《算经》。1801年，德国数学家高斯在《算术探究》中，才明确写出了这一问题的求法。

"物不知数"问题从提出到形成理论虽然历时一千多年，但在世界上一直处于领先地位。这个问题和其解决的方法，世界各国都公认是中国人最早发现的，所以就叫孙子定理，又叫中国剩余定理。

"孙子定理"充分展现了中国古代数学的独特魅力，充分证明了中国人在数学上的智慧。）

（听完介绍，学生们的自豪之情溢于言表）

师：这堂课我们一起感受了我国古代数学文化中一个小小的花朵，学完以后有什么感受？

生：学了这一课我知道了如何运用孙子定理。

生：学了这一课我知道了我国发现孙子定理比外国早了几百年。

生：以后我再遇到这类题我会用更好的方法来解决，而不用一个一个去推算了。

生：通过这节课的学习，我懂得了解决问题就是要学会"倒水"。

生：我感觉我国古代的文化是很深厚的，我们应该好好学习我国古代的文化。

生：我有点迷惑，我国古代那么强盛，怎么现代中国这么落后呢？

师：这是我们应该思考的，我国古代的数学非常发达，你看早西方国家一千多年，而现在和西方国家比起来，我们是有很多落后的地方，但是我国有伟大的数学家，华罗庚大家都知道，是吧？还有一个叫陈省身。他刚刚去世。他有一个猜想：21 世纪是我们中国的！中国的数学在 21 世纪会发展强大，其实就要靠我们大家一起努力！前不久，我国学者朱熹平等攻克了"庞加莱猜想"，令世人瞩目，让华人骄傲。让我们带着这份骄傲，走出教室，走进新的学习！

（宋征　整理）

【专家评析】

教师应该做什么

数学教育中存在这样的悖论：每个人都承认数学的作用非常大，但人们很难直观地体验、感受到数学的思想与思维价值，正如荷兰著名数学家弗雷登塔尔所说：任何一个其他的教育领域都不像数学教育那样，在无用处的目的与无目的的用处之间有着如此之大的距离。

如何缩小这一距离，让学生真正体验到数学之美？这就是教师的工作，华应龙老师所上的"孙子定理"一课在这方面进行了大胆的尝试。

一、"选题"敢于接受挑战：从数学名题到小学数学课堂

"孙子定理"是中国的数学"国粹"，是中国人在数学方面的重要贡献，是唯一以"中国"命名而毫无争议的定理。孙子定理虽然很早就出现了，俗称为"韩信点兵"（西汉时期），但详细记载该问题的是南北朝时期的《孙子算经》，称为"物不知数"问题。在《孙子算经》中，它虽然开创了一次同余式组研究的先河，但由于题目比较简单，甚至用试猜的方法也能求得，所以还没有一套完整的计算程序，也没有上升到理论的高度。真正从完整的计算程序和理论上解决这个问题的，是南宋时期的数学家秦九韶（1202—1261），

秦九韶在他的《数书九章》中提出了一个数学方法——"大衍求一术"方法，系统地论述了一次同余式组解法的基本原理和一般程序。由于秦九韶的工作，"孙子定理"才真正得到世界数学家的认可，并将之命名为"中国剩余定理"。

这是"孙子定理"的主要发展过程。如何让学生真切地感受到数学的上述发展历程，并体会到中国人的聪明与智慧，体会到数学发展的历史曲折性与数学的真正价值之所在？

"孙子定理"是初等数论的重要内容，小学生能学习这么高深的数学吗？"孙子定理"的高深体现在同余方程的"解法"以及此"解法"背后的数学知识上。这些是小学数学的教学目标吗？显然不是，正如华老师所说："这种与数学史结合起来的数学活动课与一般的数学课不同，它不着意于学生掌握某个知识，形成某个技能，而是重在活动，重在过程，重在参与，重在体验。"在小学数学课堂上讲"孙子定理"，着眼点不是具体的解同余方程的方法，而是让学生了解、体会、重新经历"孙子定理"的上述解决过程，在"过程"中感受古代中国人在数学方面的成就，激发学生强烈的民族自豪感和自信心。

因此，华老师的选题以及目标定位在较高的角度上："重现"数学命题的发展历程，感受中国人的聪明与智慧，体验数学的文化价值。数学这种外在的"冰冷的美丽"如何转化为学生内在的"火热的思考"？如果不能实现转化，"冰冷的美丽"就仍然是高高在上、远离学生心灵的，长此以往，就会有越来越多的学生惧怕数学，数学就会逐渐成为对学生进行分类的"筛子"。在小学阶段进行这种"转化"的尝试非常难得，在操作上亦有难度——需要教师对内容本身从数学角度有深刻理解，并能将自己的理解转化为学生的认识。这需要教师进行巧妙的教学设计。

二、基于人之天性的教学设计：高水平好奇心的激发

华老师教学设计的突出特点是教学目标定位清晰、明确，适合学生已有的知识、经验，并能够进一步激发学生探究的愿望。

好奇心有不同的层次、水平，是仅仅满足于学生感官、直觉上的愉悦，

还是引导学生心灵深处探究的愿望？显然后者才是小学生学习数学的本质动力所在。华老师的"孙子定理"的教学设计正是从这一点出发的。

为了实现教学目标，华老师在"教学活动"或者说"教学问题"上进行了精心的设计，设计的问题在难度上层层递进，给人"跳一跳，够得到"的感觉，既满足了学生好奇、探究的天性，又落在学生的"最近发展区"内，这样的教学设计才是优秀的教学设计。

教学设计从"韩信点兵"的成语故事入手，这个问题相对比较容易，只要将该问题转化为"一个数被3、5、7整除都余1"即可。

接下来出示第二个问题，这个问题起到一个桥梁或纽带的作用，既不同于第一个问题，但又与第一个问题密切相关（解题思路和方法类似）。在教师的引导下学生将该问题转化为与第一个问题相似的问题：每3人站成一排，最后一排少1人；每5人站成一排，最后一排少1人；每7人站成一排，最后一排少1人。你能推算出最少有多少人吗？

学生解决该问题有一定的思路和方法，目标是将之"转化"为第一个问题。因此，学生在独立解决该问题的过程中体验到了成功与成长的快乐。

在学生跃跃欲试的状态下，教师出示了第三个问题：每3人站成一排，最后一排只有2人；每5人站成一排，最后一排站了3人；每7人站成一排，最后一排是4人。你能推算出最少有多少人吗？

该问题的难度要远远大于前面两个问题，在让学生经历"转化"失败后（用方程来解亦失败），教师给出了"祖传秘方"（其核心仍然是先将之转化为余数是1的问题再来解决，但学生对这次"转化"很难理解。这需要一定的数学背景知识，所以教师以"祖传秘方"将之呈现出来，既避开了学生知识上的不足，又激发了学生的好奇心，而且让学生更深刻地体会到中国古人的聪明与智慧），告诉学生中国古人是怎样解决的。

在经历上述的"好奇"、"质疑"、"释疑"之后，学生再遇到类似的问题就该迎刃而解，并且有新的创造了。实际的课堂教学证明了这一点。因此，这时教师出示我国古代数学名著《孙子算经》中的名题"物不知数"，让学生独立来解决该问题，在解决的过程中学生提出了新的创想："我还有一种方法：$3 \times 7 = 21$，$21 + 2 = 23$。因为三三数和七七数的余数相同。再一试，23正好是五五数余 3。"

在学生经历了上述层层挑战后，教师再来讲述"孙子定理"的发展历程，虽然学生不知道也可能听不懂这一发展过程中的数学历史人物与数学事件，但他们能够感受到中国古人的伟大、中华民族的伟大，感受到数学的神奇魅力，进而激发学习数学的最原始的动力——对问题的不断探究。

三、从"冰冷的美丽"到"火热的思考"：课堂的组织与控制

一份好的教学设计应如何落实到教学实践中？通过分析华老师的这节课，我们深切地感受到教师的课堂组织与控制能力是将教学设计转化为教学实践的关键。

在新课程改革背景下，我们倡导学生主动积极参与到学习中，发挥学生的主体地位。落实这一目标的有效方法就是给学生思考、交流、展示的机会，其外在表现就是允许学生独立思考，小组交流研讨，汇报自己的想法、结论。因此，教师的课堂组织与控制具有重要的意义，否则不可能实现有效的教学。华老师的课堂组织与控制的语言达到了至纯、至真、至善、至美的境地。教师的课堂组织与控制作用主要体现在以下几个方面。

一是养成正确的行为、思维习惯。小学教育很重要的一点是良好行为习惯与思维习惯的养成。养成教育很难通过专门的课程或者"说教"来实现，它主要是渗透在各学科的教学中。在华老师的课上，实现这一目标的行为比比皆是：

非常好！有同学已经想到了，不过，他又把手轻轻地放下了。想让其他同学也去思考一下，是吗？真好！大家可以拿出笔和纸来试试看。

我觉得同学在发言的时候，最好眼睛看着他，那样子我觉得你得到的东西会更多。其实，我们上课时，不一定非要恭恭敬敬地看着老师，

在同学发言的时候，我们的眼睛就看着发言的同学。

短短的几句话，却反映、透露出教师的民主、平等的师生观和教育价值观，教师的教育信念往往就体现在这样的"细节"中。

二是确认、强化、统一正确的认识。在课堂教学中，虽然允许学生发表各自的想法与观点，但不可抹杀教师的"权威"作用。同样的方法与观点，经过教师的确认、强化与统一后，学生的认识会更深刻，教学效果会更佳。在这节课上，当有学生给出第一个问题的计算方法和答案时，教师还给学生机会思考"为什么这样计算"。如果仅仅局限于让学生会解这一问题，并记忆计算的方法，教学目的就会打折扣。例如：

生：每次这种题得出的余数都是一样的！

师：哦！来来，你来补充。（如果老师不让学生进一步补充，该生的观点就没有意义了）

生：我是说我刚才左思右想，终于想清楚……

师：……刚才那位男同学的发言给我最大的感受是什么？他能把我们今天碰到的问题转化成什么呢？

……

（出示第三个问题，学生独立思考 2 分钟后）

师：非常好，大家都在用脑子想。有什么感受呢？是不是在想办法转化？能把它转化成最后一排的情况都一样吗？

生：不能！

学生学习解决问题的目的不在于是否能够解决问题，而在于掌握问题解决的方法，在尝试问题解决的过程中逐步掌握问题解决的一般思想——转化。因此，教师在控制课堂教学的过程中就有意识地不断强化这一思想。在教师的确认与强化下，学生对所学的内容会有更深刻清晰的认识，不至于热热闹闹的一节课后学生什么也没留下。

三是引导学生深层次质疑，澄清误区，提高思维水平。新课改背景下的课堂教学，倡导学生交流探讨，主动参与，但由于学生的知识、经验以及认知水平有限（受学生生理因素的限制），学生交流探讨的内容可能流于表面与局部，这时就需要教师及时干预与引导（其突出表现就是教师的"反问"），引发学生认知上的冲突，从而促使学生对基本的、重要的内容进行探讨，提升学生的思维水平。例如：

师：106 对吗？

生：对！是最小的了！

师：最小了？是不是？还有其他答案吗？

生：没有！（摇头）

师：没有了？我们可以来检验一下，对吧？怎么检验呢？用 106 除以 3 看看结果是不是余 1，再去除以……刚才我看有少数同学算出了其他的答案，其实可以检验一下的，是不是？

经过检验后，教师继续追问：

师：完全符合条件！那是不是最小的呢？

生：是！

师：还能再小吗？

生：不能了。

师：如果 1 个人，行不行？（全班学生都在沉思）

……

将"冰冷的美丽"转化为"火热的思考"，离不开教师精心的教学设计和充满智慧的课堂组织与控制。

（刘加霞）

8. 想象力比知识更重要
——以"长方体的认识"教学为例

【课前慎思】

学生怎样学，空间观念才能建立得更好

尽管本人已多次讲授"长方体的认识"，然而，当我再次讲授"长方体的认识"时，我认真地思考：学生究竟应该怎样学，才能使空间观念建立得更好？

爱因斯坦说过："想象力比知识更重要。"长方体的认识，是学生的空间观念由二维向三维发展的转折阶段。如何引导学生由原有的面的认识过渡到体的认识，发展空间观念，培养空间想象能力是这节课教学的关键。因此，我力求使三维形体的教学从初始阶段起就让学生学得扎实，认知深刻，掌握牢固。同时，力求引导学生主动积极地获得知识，使学生"活学"而不是"死记"长方体的特征，循序渐进地培养学生的空间想象力。

一、叠纸成书，动态地引入由面到体的过程

几经比较后，我设计了这样一个过程：先复习长方形的特征，再由长方形纸片叠加、累积，过渡到长方体书本的演示，并相机提问："一张纸片可以

看作一个长方形吗?""50 张、100 张、1000 张同样大小的纸片叠加起来呢?"这样，从对已学知识的回顾复习中，引入一个实际问题的讨论，完成由面到体的过渡，使学生在动态演示的观察比较中，认识面与体的联系、区别，进而切入课题。这就使教学增强了直观性和活动性，使新课引入成为一个认识过程，同时激发学生学习本课的兴趣，增强首次感知的效果。

二、切果成形，渐次展示长方体的三要素

引入课题后，我安排了教者当堂切苹果的演示实践活动并启发讨论。首先，切一刀得面——切两刀得棱——切三刀得顶点——再切三刀得长方体，这样以演示动作的"慢镜头"清晰地展示面、棱、顶点，也为下面长方体特征的教学展示了讲授提纲。然后，让学生自己触摸长方体积木，认识长方体直观图的面、棱、顶点。这样学，熔观察、数数、说话、操作、触摸于一炉，教学内容逐次铺展，感官活动不断丰富，认知材料渐次抽象，有利于学生在较短的时间内较准确地把握这一组概念的内涵和外延。

三、观察讨论，深入地探究长方体的本质特征

为了培养学生有目的、有顺序观察的能力，我设计了以下表格：

面	棱	顶点
有（　　）个面。 每个面都是（　　）形。 相对的面的面积（　　）。	有（　　）条棱。 每组相对的四条棱的长度（　　）。	有（　　）个顶点。

引导学生有序地从面、棱、顶点三个方面观察学具，看一看，数一数，量一量，比一比，设计了无声的演示——移面重叠来验证学生感知的相对的面的面积相等。教师设问"每种颜色的棱有几条"，暗示棱的科学教法，突出"相对"关系。并设计富有思考价值的讨论题："从长方体一个顶点出发有 3

条棱，长方体有 8 个顶点，'三八二十四'。每个面有 4 条棱，长方体有 6 个面，'四六二十四'，可实际上一个长方体只有 12 条棱。谁能解释一下，这是为什么？"这就使学生更进一步地认识长方体的面数、棱数、顶点数三者之间的关系。这种关系是本节教学内容所固有的，只是教者做了有心人，不失时机地挖掘教材启发思维的价值，把握了这一培养学生思维能力的契机。在概括出长方体的特征后，我要求学生用特征来检验同学所举的"长方体实物"的正确性。教者再适时地出示一块厚 3 毫米的长方体玻璃，以强化对长方体的认识，弄清面与体的区别。

这样，根据小学生的认知规律组织教学过程，从直观入手，思考探究，归纳概括，逐步抽象。最后又回复验证，举例演绎，均在学生主动积极的活动中进行，达到对课本上结论的真正理解和信服，完成学生认识路线的回环完整。

四、演示投影，真切地了解长方体的直观图像

从具体实物抽象出图形，摆脱认识对象的无关细节，突出本质属性，加深认识。为了讲清长方体直观图的成因，我首先设问："长方体有 6 个面，每个面都是长方形，而画出的长方体直观图为何只有 3 个面，并且有些面像平行四边形？"首先激起学生探求的兴趣。然后组织学生观察长方体模型，让处于不同方位的学生说说自己最多能看到几个面，以及面的形状。接着将长方体的"骨架子"置于投影仪成像镜与银幕之间，真实地投影，使学生信服由于透视现象，有些面看上去像平行四边形。再用虚线画出看不见的面。最后以色纸覆盖透视图的某一面，让学生辨认透视图中六个面的方位，反馈教与学的情况。

这样教，不但能教会学生识图，而且能有效地发展学生的空间想象力。

五、变式呈现，辩证地理解长方体的长、宽、高

认识长、宽、高是本节课的一个知识重点，是学生进一步学习的重要基

础。如何用较短的时间较好地完成这一教学任务？我通过设问"如果要知道一个长方体 12 条棱的长度，只要量出哪几条棱就可以呢"来组织学生讨论，激活学生思维，进而揭示长、宽、高的意义。再让学生动手测量火柴盒的长、宽、高。同样的火柴盒，竟得到三组不同的结果，这是为什么？——又是一疑。这种变与不变，渗透了辩证的思想，学生通过议论思考，认识到长、宽、高随着长方体的放置方位不同而不同，从而较准确、全面地认识到长、宽、高的内涵，避免认识的僵化和片面。

六、循序渐进，巩固新知，发展能力

我设计图形判断、文字判断、选择填空、动手操作、闭眼想象等多种练习形式，反馈教与学的效果。设计时，形式上力求多样化，刻意追求新颖，不拘泥于课本，力求具有很强的针对性，有利于引导学生完成从面到体的转化，进一步巩固和加深学生对长方体的认识，并为学习表面积计算作铺垫，发展学生的空间观念。例如，有这样一道操作题：请同学们用桌上的积木（截面是正方形的长方体积木）摆一摆，使这个长方体的长和宽都是 a 分米，高是 b 分米；再摆一摆，使它的宽和高都是 a 分米，长是 b 分米。

课堂教学的成功必须以教者对学生的深入了解，把握学生原有的基础知识、学习能力、课堂学习习惯等多方面的学情为前提。课前我经过接触了解到学生原有的知识基础——长、正方形的特征、异同、关系、面积的计算，角的形成，测量长度的方法——掌握的程度、比较的能力、讨论的习惯等情况。还了解到五年级学生在语文课上已学到"棱角"一词，在美术课上已懂得了"透视现象"。这些都为上好本课打下了基础。

【课堂实录】

"长方体的认识"教学纪实

一、叠纸成书,导入新课

师:(出示一张 32 开白纸)一张白纸可以看作一个长方形吗?

生:(齐)可以!

师:那么,50 张、100 张、200 张……同样大小的白纸重叠起来,就成了这样的书本,(出示一本较厚的书)还可以看作长方形吗?

生:不可以了!

师:将一张白纸看作一个长方形,可以不去考虑它的厚度,50 张、100 张、200 张……同样大小的白纸重叠在一起,就不能忽视它的厚度,不能将它看作长方形,而要看作长方体了。(板书:长方体)

师:同学们!桌子上的火柴盒、积木,这里的磁带盒、牙膏盒,(在讲台上出示)造房子用的砖,医生用的保健箱等等,这些物体的形状都是长方体。这节课我们就一起来认识长方体。(补充板书:的认识)

师:(出示一些长方体形的、非长方体形的物体和模型,其中有一块玻璃)现在请两位同学来分一分,把是长方体形的物体放在左边,不是长方体形的物体放在右边,拿不定主意的放在中间。

(生上台前分,把玻璃及一组对面是正方形的长方体模型放在中间)

师:他们分得对不对?等我们研究了长方体的特征后就知道了。

二、切果成形,观察讨论,探究特征

师:(取一个苹果)这里有一个苹果,把它切一刀,(切)就切出一个平面,(摸,板书:面)再切一刀,(垂直于上切面切)又是一个面,两个面相交的边（指示）叫作"棱"，（板书：棱）再切一刀，（垂直于棱切）现在有几个平面？

生：三个。

师：有几条棱？

生：三条。

师：三条棱相交的点，叫作顶点。（板书：顶点）如果再相对着切三刀就得到一个长方体。（出示长方体模型）我们先来研究长方体的面的情况。请拿起火柴盒，摸一摸它的面，数一数，长方体有几个面？

生：（摸、数）长方体有六个面。

师：你是怎样数的？

生：我是这样数的——按上下、前后、左右的顺序数。

师：根据长方体的面的位置，分别把它们称作前后两个面、上下两个面、左右两个面。（指着）位置上相对着的叫作一组相对的面，长方体有几组相对的面？

生：（齐）三组。

师：这六个面都是什么形状？

生：都是长方形。

生：可能有两个相对的面是正方形。

师：你身边有这样的长方体吗？

（生举起一块积木）

师：对！也可能有两个相对的面是正方形。再看一看，长方体相对的面的面积怎样？

生：（观察思考）相等。

师：是不是相等呢？请看——（将长方体模型右面拆下，移到左面重叠）相等吗？

生：（齐）相等。

师：现在来研究棱的情况，大家摸一摸长方体的棱，数一数，有几条？

生：（摸、数）长方体有 12 条棱。

师：（把模型的"皮"剥下来，露出"骨架子"）请看，这 12 条棱中，同一种颜色的四条棱是一组相对的棱。长方体有几组相对的棱？

生：（齐）3 组。

师：看一看，相对的棱的长度怎样？

生：相等。

师：你是怎么知道的？

生：我用尺量的，发现它们都一样长。

师：不用尺量，你能知道吗？

生：在同一个面上的两条相对的棱是一个长方形的一组对边，长方形的对边相等。所以这两条棱的长度相等。（这里超越了直观，抓住契机，让学生在已有的判断基础上推理，不仅让学生掌握了"相对的棱的长度相等"的特征，而且发展了学生的逻辑思维能力。）

师：这一组四条相对的棱的长度相等，同样的道理，其他两组相对的棱的长度也分别——

生：（齐）相等。

师：再看顶点的情况，请指出长方体的顶点给同桌看一看。数一数，长方体有几个顶点？

生：（指、数）长方体有八个顶点。

师：长方体的特征可以从面、棱、顶点这三个方面进行概括。谁能说说，长方体有怎样的特征？

（生根据板书内容叙述）

师：现在，不看黑板上的内容，拿起火柴盒或积木，同桌的同学互相说一说长方体的特征，好吗？

生：好！

（同桌互说）

师：（指讲台上的模型）这里都是长方体吗？为什么？为什么说这些物体

不是长方体？哪些是？哪些不是？可先讨论一组对面是正方形的长方体模型，后讨论玻璃块。

生：它符合长方体的特征，有六个面，都是长方形……

三、演示投影，真切地了解直观图

师：刚才我们认识了长方体形的物体，书上画的、黑板上出现的是它的立体图形，怎么看长方体的立体图形呢？

（出示一个长方体）

有的同学可能要问了，长方体有六个面，每个面都是长方形，而这图上只有三个面，并且有两个面是平行四边形，这是怎么一回事？

师：（将一长方体模型放在讲台中央；把同学分成三部分，从不同的角度观察）能看到几个面？看上去都是长方形吗？

生：我只看到了一个面，是长方形的。

生：我看到了两个面，一个面是长方形，另一个面看上去是平行四边形。

生：我看到了三个面，一个面是长方形，另两个面看上去是平行四边形。

师：这是为什么呢？看了下面的演示就知道了。（将长方体的"骨架子"置于投影仪成像镜与屏幕之间投影）看上去是平行四边形，画出来也就是平行四边形了，而实际上表示的是——

生：（齐）长方形。

师：还有三个面由于被遮住了我们看不见，在立体图上可用虚线画出被遮住的三条棱，形成这个立体图。（在原图上形成立体图）

四、变式呈现，辩证地理解长、宽、高

师：现在请思考，如果要知道长方体12条棱的长度，只要量哪几条棱就可以了？

生：（讨论后，指着相交于一点的三条棱）只要量这三条棱的长度就可

以了。

师：像这样相交于一个顶点的三条棱的长度分别叫作长方体的长、宽、高。（在立体图上指示后，在相应的地方标上"长""宽""高"）

师：请量一量火柴盒的长、宽、高各是多少厘米，然后告诉大家。

生：我量得它的长是4.5厘米，宽是3.6厘米，高是1.4厘米。

师：对！（将几个数据板书下来）可老师量得它的长是3.6厘米，宽是1.4厘米，高是4.5厘米，（对照板书）这是怎么一回事？

生：老师是把火柴盒竖起来量的。

师：这说明了什么？

生：这说明火柴盒摆放的位置和方向不同，它的长、宽、高是可以互换的。

师：真好！如果把火柴盒侧着放，不用量，谁能说出它的长、宽、高各是多少厘米？

生：长4.5厘米，宽1.4厘米，高3.6厘米。

师：（对照板书）在长方体中不是某一条棱的长度固定地称作长、宽、高的。一般来说，底面中较长的棱的长度称作长，较短的称作宽，垂直于底面的棱的长度称作高。

五、循序渐进，巩固新知，发展能力

师：现在我们运用所学知识做几道习题。

1. 说出几种常见的长方体形物体。

生：音箱、录像带盒、烟盒……

师：2. 判断下面的立体图形中哪些是长方体。

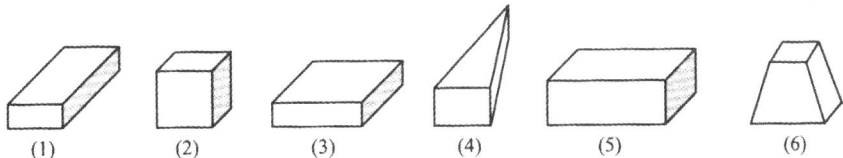
(1)　　(2)　　(3)　　(4)　　(5)　　(6)

生：（1）、（2）、（3）、（5）是长方体。

师：对！第 4 幅图为什么不是长方体呢？

生：它只有 5 个面。

师：那第 6 幅图为什么不是长方体呢？

生：它上下两个面的面积不相等。

生：它相对的棱的长度不相等。

师：3. 说出右图所表示的物体的形状，并且说明：

（1）它的上面是什么形？长和宽各是多少？

（2）它的右侧面是什么形？长和宽各是多少？

（3）它的前面是什么形？长和宽各是多少？

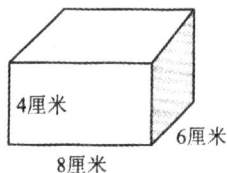

生：它的上面是长方形，长 8 厘米，宽 6 厘米。

生：它的右侧面是长方形，长 6 厘米，宽 4 厘米。

生：它的前面是长方形，长 8 厘米，宽 4 厘米。

师：4. 选择题：（1）右图长方体后面的面的面积是（   ）平方厘米。

A. 15；B. 10；C. 6

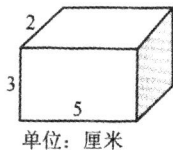

单位：厘米

生：（思考）选 A。

师：从图上看不见后面，为什么能求出它的面积呢？

生：因为长方体相对的面的面积相等。

师：（2）一个长方体的长是 8 厘米，宽是 7 厘米，高是 5 厘米，棱长总和是（   ）厘米。

A. 20；B. 40；C. 60；D. 80

生：（思考）选 D。

师：你是怎样想的？

生：长方体有 12 条棱，4 条棱 8 厘米，4 条棱 7 厘米，4 条棱 5 厘米，棱长总和为：（8＋7＋5）×4＝80（厘米）。

师：真会动脑子！

5. 用桌上的积木摆一摆，使这个长方体形积木的长和宽都是 a 分米，高是 b 分米。

生：（摆弄积木）竖着放。

师：为什么要竖着放？

生：题目中说长和宽都是 a 分米，说明长和宽相等。

师：通过这节课的学习，大家认识了长方体，知道了它的特征，那么，（出示魔方）像魔方这样的物体是不是长方体呢？它有没有特别的地方呢？请同学们课后去观察、思考，下节课再讨论。

【专家评析】

学得愉快扎实，教得酣畅得手

华应龙老师的这节课，以学生为认识的主体，从学生的实际出发，恰当的教学目标、明确的效率意识、多种教法的有机结合、符合学生认知规律的过程安排，都为学生积极思维创设了良好的教学情境，使数学知识和数学能力得到了同步增长。学生学得愉快扎实，教师教得酣畅得手。

一、新颖开课，艺术有趣

华应龙老师从一张长方形的白纸到几十、几百张纸叠加成书的动态演示，并有精当的语言配置，增强了感知效果。随着厚度的显现，学生的空间观念从平面扩展到立体。学生带着浓厚的兴趣初识了长方体。接着教师又举出讲桌上、学生课桌上以及学生熟识的长方体的实物，使学生积累了丰富的感性认识，初步形成长方体的整体表象。当学生对"玻璃"等变式一时拿不定主意时，教师只轻轻一句话就调动起学生深入探究知识的学习心向，自然过渡到对长方体特征的研究上去。

华老师采用"慢镜头"切苹果的演示使学生有层次地清晰地感知了长方体的面、棱、顶点。又通过引导学生对手中学具有序地看一看、摸一摸、数一数、比一比、量一量，动眼，动手，动脑，使长方体面、棱、顶点的特征很清晰地进入了学生的脑中，形成鲜明深刻的表象。

回到前面留下的讲台上的模型，问"都是长方体吗"，并追问"为什么"，诱发了学生从长方体的特征出发的演绎推理。对玻璃块这一变式物体的呈现和讨论，既培养了学生的逻辑思维能力，又把他们对长方体及其特征的认识提高到更高的概括化的程度。

二、巧妙设疑，形理交融

从具体实物抽象出立体图形，是学生认识的又一次飞跃。，它要求摆脱对象的非本质属性而去理解其本质特征。华老师就学生刚刚获得的长方体的特征故意设疑，以激起学生的认知冲突和探求兴趣，然后组织学生从不同的方位观察长方体模型，并且把观察结果投影在屏幕上，使学生信服地认识了长方体立体图的成因。情趣、形、理融于一体，感知效果特别好。

认识长方体的长、宽、高是教学的一个重点。华老师凭借手中的火柴盒故意设问，迫使学生从 12 条棱的内部关系进行感知和思考，从而揭示长、宽、高的意义。又通过设疑，把学生的注意力引向长方体位置的不同摆放，加深了学生对长、宽、高的理解，发展了学生的空间想象能力。

三、有的放矢，拾级而上

由浅入深，由简单到复杂的练习，使学生获得的知识逐步转化为技能。从实物举例到图形判断，从标准图形到变式反例的呈现，加深了学生对长方体的认识；判断长方体各个面的长与宽的练习从面与体的空间关系上加深了学生对长、宽、高的理解；选择填空的练习，在对面积和棱长总和的计算中发展了学生的空间观念；动手操作的练习，要求学生综合所学的知识，把空间观念演绎到具体的操作中，并且通过追问把学生脑中的演绎推理用语言外化出来，有效地发展了学生的空间想象能力和逻辑思维能力。

课尾，华老师通过设疑，使学生在这节课上建立的认知结构（长方体）

延伸到其特殊的个例（正方体）中去，但又"拉弓不射箭"，留下思考的空间，让学生以良好的准备态势，自己走向未来的新知（正方体的认识）。

（张兴华，全国著名特级教师，江苏省海门市实验小学原校长）

9. 改造学习方式，享受课堂生活

—— 以"百分数的认识"教学为例

【课前慎思】

首先应当认识百分数的存在价值

"百分数"是传统的数学学习内容。传统的小学数学教材的呈现顺序一般是：分数——百分数——比和比例。但《辞海》1977 年版的《理科分册》和 2000 年修订后的新版本，都只收"百分比"和"百分率"，不收"百分数"。在实际教学中，小学生很难理解"表示一个数是另一个数的百分之几的数，叫作百分数"。《现代小学数学》把"百分数"叫作"百分比"，教材的呈现顺序改为：分数——比——百分比。这样，由于"比"的概念在观念的抽象、概括和统摄的水平上都高于"百分比"，"百分比"是"比"的下位概念，学生要容易掌握得多。

"百分数"是人们在生活中见得最多的数之一，学生有较多的感性知识，我们的教学就应在学生已有的知识基础和生活经验之上，走进学生的"最近发展区"，有效地促进学生的发展。

因此，我制定的教学目标是：

1. 感受生活中处处有"百分数"。

2. 初步理解百分数的意义，会写百分数。

【课堂实录】

"百分数的认识"教学纪实

一、讨论该由谁去主罚点球

师：同学们，喜欢踢足球或看足球吗？（展示韩日世界杯足球赛上中国队参赛的录像片段）

踢球的 11 个，赢球的 13 亿！世界杯上终于有了咱中国人的身影！虽然比赛成绩不尽如人意，但"足球是圆的"！我们相信中国队会有灿烂的那一天！假如在下届世界杯上，我们中国队获得了一个宝贵的罚点球的机会，你是主教练的话，将会安排哪位球员来主罚这粒点球？

生：郝海东！

生：祁宏！

生：范志毅！

师：你为什么安排郝海东来主罚？

生：郝海东在十强赛中进球最多。

师：那你为何让祁宏来主罚？

生：祁宏的脚法最好。

师：（看着说"范志毅"的学生）请说说你的理由。

生：范志毅是三朝元老，心理最稳定。

师：三位都言之有理。那究竟安排哪位主罚呢？我想，作为主教练，会比较一下球员中罚点球最好的那几位的成绩，然后再定夺。你认为呢？

（同学们点头称是，教师出示表格，见下页。）

师：看了这张表格，你认为几号球员去主罚最好？为什么？

生：（大多数）6 号。

生：我觉得应让 6 号来主罚，因为他罚球最稳、最准。

	罚点球总数	进球数
1 号	25	22
6 号	20	18
15 号	50	43

生：我觉得哪位失球最少，就该让哪位主罚，所以安排 6 号去罚。

师：有道理。1 号失球数是 $25 - 22 = 3$，6 号失球数是 $20 - 18 = 2$，15 号失球数是 $50 - 43 = 7$，这样看来是应让 6 号去罚。同意这一理由的，请举手。

（全班学生都举手了）

师：考虑好了吗？不改啦？

生：（齐）考虑好了！不改啦！

师：按这样的说法，如果我罚点球的成绩是罚 1 个球，可踢飞了。我的失球数是 $1 - 0 = 1$，最小，那个点球倒该我去罚了不成？

（学生都笑了，笑过之后是思考，少顷——）

生：我会安排 6 号来主罚。因为 1 号踢 25 个进了 22 个，照这样计算，1 号踢 100 个会进 88 个；6 号踢 20 个进了 18 个，那么，6 号踢 100 个会进 90 个；15 号踢 50 个进了 43 个，那么，15 号踢 100 个会进 86 个。这样一比较，我安排 6 号去踢这个点球。

师：是个好主意！乍看不明白，"照这样计算"之后，都踢满 100 个球，就一目了然了。

生：（抢着说）应算进球数与罚球总数的百分比。1 号是 88%，6 号是 90%，15 号是 86%，所以应让 6 号去踢。

（学生们眼睛一亮，颔首赞同）

师：好主意！为什么要算百分比呢？如果不求进球数是罚球总数的百分

比，而是求几分之几，行不行呢？这 88%、90%、86% 又是怎么算出来的？刚才两位学生的想法有联系吗？请前后桌四人小组讨论讨论。

（学生们热烈地讨论起来）

（在学生汇报"为什么要算百分比"时，教师板书"百分数"，并在"百"字下加着重号）

二、交流课前参与的收获

师：借助百分数，可以很好地解决由谁主罚点球的问题。看来百分数是个好助手！你课前收集到了哪些百分数？在小组内交流交流，说说这些百分数表示的意思，然后小组推荐代表在全班交流。

……

生：（投影展示"异乡人"商标）我找到的妈妈的衣服商标上有"成分：100%棉"。我认为这个"100%"是说这件衣服是全棉的，不含涤纶等。

生：（投影"小柴胡冲剂使用说明书"）这上面有"临床验证表明其对病毒性肝炎的有效率达 70%"，这个"70%"是说 100 个有病毒性肝炎的人喝了这种冲剂，有 70 个人会产生效果。

生：（投影品王酒商标）品王酒商标上有"酒精度：42%（V/V）"，我认为这个"42%"是说酒精的重量是整瓶酒重量的 42%。

生：我基本同意他说的 42% 的意思，但酒精度不是指酒精的重量，而是指酒精的体积，是说酒精的体积是整瓶酒的体积的 42%。

师：其他同学的意见呢？

生：是体积比，而不是重量比，我问过我老爸。大家请看——［指着商标上的"酒精度：42%（V/V）"］小括号内"V/V"的"V"就是指体积。

师：你爸爸是——

生：我爸爸是我们品王酒厂的办公室主任。

师：噢，请教了权威人士！我原来也以为是重量比呢。谢谢你！

生：（投影"消疲灵"滴眼液药盒）这个药盒上有个"0.012%"，我不知道这个"0.012%"是什么意思，向同学们请教。

师：这是个很特别的百分数，究竟是什么意思呢？

生：可能是指某种药的成分占整个眼药水的 0.012%。

师：我们都说不准，怎么办呢？

生：放学后请教医生。

师：好主意！

生：（出示《半月谈》杂志 2001 年第 22 期上《"9·11"后的全球经济》一文）这篇文章中说，"墨西哥经济亮红灯：今年增长率为 0%"，这个"0%"是说今年墨西哥经济没有增长。

生：我们在电脑上装载一个软件时，显示屏上会不断地显示一串百分数，从 0% 变化到 100%。那些百分数是表示已完成的占整个任务的百分之几。

生：（出示"佳雪植物护肤"说明书）这个说明书上说："极高度保湿配方：相对保湿率＞180%，尤其适合干性或偏干性肌肤使用。"我想这个"180%"是说这个化妆品中的水分是化妆品总质量的 180%。

（有好多学生反对）

师：是啊，这个百分数非常特别。可是，女儿的年龄是不可能比妈妈大的！（出示"佳雪"说明书的是位女生）

生：这个"180%"是说：用了这种化妆品后，皮肤中的水分是原来的 180%。

师：其实我对这个"180%"也不理解，怎么会是"180%"呢？但听他这么一说，我觉得有道理。

（学生纷纷点头）

生：（快步上前，指着说明书下面的两行字）这个说法是对的。这儿有两行广告语可以证明："晶莹、水灵，只在佳雪芦荟。"

（学生们兴奋得鼓起掌来）

……

师：你课前通过查找资料，请教他人，已经知道了百分数的哪些知识呢？

生：百分数也叫百分率。（板书：百分率）

生：百分数相当于分数中的分率。

生：百分数通常不写成分数形式，只在数字后面加个百分号。

生：百分数后面不带单位。

师：有没有看到过百分数带单位？是根本没有，还是你看丢了？为什么不带单位呢？

（教师出示下面的题目，组织学生口答）

下面哪几个分数可以写成百分数？哪几个不能？说说为什么。

一堆苹果 $\frac{91}{100}$ 吨，运走了它的 $\frac{75}{100}$。

$\frac{23}{100}$ 米相当于 $\frac{46}{100}$ 米的 $\frac{50}{100}$。

……

师：你知道百分数为什么又叫百分率吗？

生：因为不能用百分数来表示一个具体的数量，只能用它来表示分率。

（教师微笑着点头称是，慢慢地在"百分率"的"率"字下加上着重号）

师：对于百分数，你还有什么不懂的问题？

生：有没有十分数、千分数、万分数？

生：分数是不是能百分之百地化成百分数？

生：我在电视上听到什么什么增长几个百分点，那是不是百分数？

生：百分数为什么不约分？

生：$\frac{1}{5}$% 是不是百分数？

……

（学生提出的问题，先让同学解答、讨论，然后教师再帮助解答。有的留着课后查询。在回答有没有"千分数、万分数"时，一学生出示一张有一则新闻标题为"有奖发票中奖率将由 3‰ 提高到 1‰"的报纸，并解释说："北京地税局将扩大发票中奖范围，将目前万分之三的中奖率提高到千分之一左右，有效地刺激消费者索要发票。"）

三、尝试百分数的写法

师：在交流过程中，我知道同学们已经会读百分数了。会写吗？会写的请到黑板上来写一个。

（学生一拥而上，在黑板上写下大大小小、上上下下、五颜六色、各不相同的百分数。）

师：同学们写了各种各样的百分数，这些百分数表示什么意思呢？你愿意说哪个就选哪一个，好吗？

生：我选 50%。如果你今天身体不好，一碗饭只吃了一半，那就是吃了这碗饭的 50%。

生：我选 16.7%，因为它有点特别，百分数的分子是个小数。拳王霍利菲尔德和刘易斯第四番较量，网上调查统计，刘易斯赢的可能性是 16.7%，也就是说刘易斯赢的可能性很小。

师：那就是说霍利菲尔德赢的可能性很大，他赢的可能性是多少呢？

（不少学生答：83.3%）.

生：（选 16.7% 的学生）（十分得意地）不对，还有两人打平的可能性是 4.3%，所以霍利菲尔德赢的可能性是 79%。

（学生们笑了，没想到确实存在这种情况）

师：（微笑着）你这是一则虚拟新闻，是吗？

（该生笑得非常开心）

生：我选 1010%。一辆汽车装货，严重超载，装的货物是限载重量的 1010%。这个司机要被扣驾照。

（全班同学都笑了）

……

师：再看这些百分数，哪些写得规范、好看呢？你认为写百分数时要注意些什么？

……

师：（出示 10 个百分数）请同学们练习写百分数，比比谁写得好看。写完了的话，可以自己出题再写几个。咱们男女团体比赛。

（学生看着板书或课本认真书写起来）

师：停。数一数你写了几个百分数。直接说出你写了几个百分数，这太简单了。你能用刚学的百分数说一句话，让大家猜一猜你完成的情况吗？

生：我完成了 80%。

生：你写了 8 个？

（生点头）

生：我只完成了任务的 65%。

生：你写了 6 个半。

生：我完成了 120%。

生：你写了 12 个？

生：是的，我自己出题加写了 2 个。

师：写完 10 个百分数的女同学，请举手。（点数之后，板书：17）写完 10 个百分数的男同学，请举手。（点数之后，板书：20）

（男同学欢呼起来："我们赢了！"女同学神情沮丧。）

师：真的吗？

（有女同学来劲了："是啊，你们男生本来就多！"这时，男女同学都冷静下来。全班男生共 29 人，女生共 25 人。当教师再板书出这两个数时，有女同学欢呼了："我们赢了！"）

师：到底谁赢了呢？谁先解答出这个问题，谁赢！

下课。

【课后反思】

让学生学习"自己的数学"

在传统教学中，学生缺少自主探索、合作学习、独立获取知识的机会，以查阅资料、集体讨论为主的学习活动很少，学生也很少有根据自己的理解发表看法与意见的机会，教师也很少布置如观察、制作、实验、读课外书、社会调查等实践性作业，课堂教学在一定程度上存在着"以课堂为中心、以教师为中心和以课本为中心"的倾向。因此，改造这种单一、被动的学习方式正成为扎实推进素质教育，深入贯彻《基础教育课程改革纲要》精神的重点研究课题。

"百分数的认识"一课是积极的尝试、勇敢的探索。

在这节课上，我们可以鲜明地认识到：小学生学习的数学应是生活中的数学，是学生"自己的数学"。数学来自生活，又必须回归生活。数学只有在生活中才能被赋予活力与灵性。数学学习内容远离生活无疑是导致学生对数学没有兴趣的根本原因，它使本该生动活泼的数学学习活动变得死气沉沉。有鉴于此，数学的教与学应该联系生活，注重现实体验，变传统的"从书本中学数学"为"在生活中做数学"，建立以解决问题为中心的师生教学相长的互动关系模式。

许多孩子都对足球感兴趣。他们差不多都有自己崇拜的球星，这个球星是多少号，有什么嗜好，他们简直如数家珍。教者将对孩子极具吸引力的足球与数学学习巧妙结合起来，引领孩子们进入数学的园地，是件十分有趣的事。

"你是主教练的话，将会安排哪位球员去主罚这粒点球？"学生们见仁见智，孩子化、个性化的见解，颇值得称道。在"山重水复疑无路"之时，两位学生的发言似一颗石子投进蓄势已久的平湖，激起了层层涟漪，"柳暗花明又一村"。因为学生在生活中早已接触到百分数，课前老师又布置学生：①找——寻找身边的百分数，想想它表示的意思；②查——查资料，可以上网搜索，也可以请教他人，了解有关百分数的知识；③问——对于百分数还有哪些疑问。所以学生对"百分数"是有准备的，只是没想到在熟悉的足球中可以用上。如果一开课就让学生交流所收集的百分数，然后学习百分数的有关知识，在回答为什么生活中要用百分数时安排"罚点球"一题，也是可以的。不过，那样的话，"罚点球"一题的解答将是例行公事，学生的思路将会闭锁，思维空间将变得狭小，课堂将了无生气。知识是知识，生活是生活。陶行知先生说过："生活与教育是一个东西，而不是两个东西。"前后次序的调整，有时会别有洞天，生发出意想不到的教育效果。"朝三暮四"的成语故事也是个很好的例证。"灵感总青睐有准备的头脑。""学了知识，原来是可以用上的。"我想学生会有如此体验，应该说这样的教学处理使学生学到的绝不只是"百分数"的知识，还有知识与技能，过程与方法，情感、态度与价值观的综合发展。

"为什么要算百分比呢？如果不求进球数是罚球总数的百分比，而是求几分之几，行不行呢？"教者不是在学生说出"百分数"后，迫不及待地以"裁判"自居，而是组织学生讨论。这样，既尊重了学生的主体地位，让学生自探明之，自求得之，又以完成"由谁来主罚点球"这一具体任务为驱动，巧妙地把教学内容隐含在其中，抓住了本节课的教学重点。

这样，"学生的数学学习内容应当是现实的、有趣的、富有挑战性的"。我们的学生在学习时就会感受到一种乐趣，体验到一种成就感，这将激励他们进行更深入的学习与研究。

学生交流收集到的百分数的意义一环，可以说是精彩纷呈，教者不断地赞赏学生独特而富有个性的理解和表达，师生之间弥漫、充盈着一种精神氛围，师生共识、共享、共进，形成了一个真正的"学习共同体"。虽然学生只是举了一两个例子，但怀特海说过："教育的问题就在于使学生通过树木而见到森林。"现在的学生生活是丰富多彩的，他们接触到的世界是五彩缤纷的，他们能够用不同的生活来感悟书本。这样，把生活和知识关联起来，建立意义的联系，使学生明白知识来自生活，帮助学生在生活中发现意义。知识，在交流中增值；思维，在交流中碰撞；情感，在交流中融通。学生学习的不只是"文本课程"，而更是"体验课程"。这正是《数学课程标准》提出的新的境界：数学教育应该"在学生的认知发展水平和已有的知识经验基础之上"，"帮助他们在自主探索和合作交流过程中真正理解和掌握基本的数学知识与技能、数学思想和方法"，"获得广泛的数学活动经验"。

在这节课上，我们可以强烈地感受到：学生学习方式的变革带来的是课堂教学的生机勃勃，彰显了课堂教学的生成性本质特征。学生能够用自己的眼睛去观察，用自己的头脑去判别，用自己的语言去表达，能够成为一个独特的自我。我们教师要珍惜学生那种想象的丰富性，让学生带着主观臆测（哪怕是错误的，就像那个相对保湿率"180%"），将感性知识暴露出来；我们教师要激发那种灵感的活跃性，让学生学习兴奋的选择性得到泛化，神经联系的突发性得到加强。《数学课程标准》的理念是"以人为本"，这就决定着数学教学的目标指向——适应并促进学生的发展。因此，我们教师必须以学习者的角色去读懂学生。因为只有知道什么样的学生是好学生，才能教好学生；只有知道什么知识是学生所需要的，才能为学生提供他们所需要的知识；只有了解学生学习的最佳方式，才能找到最佳的教学方式。

在这节课上，我们可以清楚地看到：教师是学习活动的组织者，是为学生提供环境、条件、刺激的创造者，同时，是一个积极的鼓动者和参与者。教师成为学生中的"一个"，参与学生的共同活动，而不是自视权威，高高在上，成为机械传递知识的简单工具。只有这样，教师才能把准学生的脉搏，进入学生的内心，和学生的情感产生共鸣、撞击，才能有"天光云影共徘徊"的教学效果。

在整节课上，教师没有提及"表示一个数是另一个数的百分之几的数叫百分数"这一经典的概念，也没有一步一步地概括，然后借助一位优秀学生的嘴巴，把这句严密、枯燥、抽象的话塞给学生。但是整节课从头到尾都紧扣"百分数的意义"这一教学重点和难点，苦心经营，匠心独具。"写数"一节的教学更让课堂闪耀着创新的光辉。黑板，不再是教师神圣的领地；板书，不再是教师独有的权利。黑板上，教者只写了"百分数""百分率"六个字，惜墨如金，但允许学生涂鸦，写满了百分数。在教师请学生说出所写百分数的意义的一刹那，我想每个百分数后面都藏着那句经典的概念。学生的交流无不是将已经获得的主观印象投射在所写的百分数中，学生饶有趣味的解说完全折射出了学生对百分数的认识。说哪个百分数的意义呢？不再是教师指派，而是自主选择。萝卜青菜各有所爱。求异的心态，又驱使学生选择了各具特色的百分数来解说意义：小于 100% 的，等于 100% 的，大于 100% 的；分子是整数的，分子是小数的。那是多么的丰富、生动啊！可以说，那经典的概念教者一字没写，但不着一字，尽得风流。反思我们以往的教学，如果说学生上课时还带着饱满的热情的话，那么随着课的进程生硬抽象、概括地展开，学生的热情慢慢地被消耗殆尽，原本生动的教学变得机械烦琐、索然无味。诚然，数学学习过程实质上是现实世界各种数量关系内化上升为形式化的过程。但是，我们对小学生的要求应"淡化形式，注重实质"，一切以学生的发展为本，不能过分地刻意地去体现数学教学的严谨性，而应以解决问题为中心，以引导学生发现问题、分析问题、解决问题的逻辑性来体现教学的严谨性，深刻地理解明确知识与默会知识的联系。

在这节课上，我们可以深刻地体会到：教学不能等同于发展。只有那些能够激发学生强烈的学习需要与兴趣的教学，只有那些能够带给学生理智的挑战的教学，只有那些在教学内容上能够切入并丰富学生经验系统的教学，只有那些能够使学生获得积极的、深层次的体验的教学，只有那些能够给学生足够自主的空间、足够活动的机会的教学，也就是说，只有那些倡导新的学习方式即自主学习、合作学习、探究学习的教学，才能有效地促进学生的发展，创建一种开放的、灵动的、积极互动的课堂文化。君不见，学生获得发展时，那茅塞顿开、豁然开朗、怦然心动、悠然心会的神情是多么的生动和迷人！

写数的男女团体比赛，乃教者的苦心经营。既调动了学生练习写数的兴趣，加深了学生对百分数意义的理解，又巧妙地激发起学生学习下节课"分数和百分数互化"的内在需求。学生们满面通红、跃跃欲试的样子，更使百分数的实际使用价值"刻骨铭心"。一石三鸟，岂不快哉！

整节课首尾呼应，从生活中来，到生活中去。以挑选球员为序曲，以生活化、个性化的表达为主旋律，以比赛输赢为尾声……如此充盈着生命活力的课堂，让我们美美地享受着教育的幸福！

【专家评析】

充盈灵气与活力的课堂

一、一堂充满了灵气、洋溢着活力的课

1."百分数的意义"教学

课由世界杯足球赛引入。中国足球冲出亚洲走向世界，是值得庆贺的事。如果我是老师，我就要对孩子们说："我们中华民族以前被帝国主义讥为'东亚病夫'，现在我们站起来了！"可是什么是"东亚病夫"？离现代的小学生太远了，如果要加以解释，就要花上三五分钟。只听华老师满怀激情地说："踢球的 11 个，赢球的 13 亿！"这是一句电视公益广告常见的用语，只要一听到这句话，孩子们的脑海里就会出现全国人民欢欣鼓舞的场面。多么简练而又内涵深刻的"为了中华民族的复兴"的教育啊！

看到这里，我想"百分数"与足球赛风马牛不相及，为什么教师说得这么起劲啊！不慌！老师提出了个让谁去踢"点球"的问题。我明白了，原来老师是借踢点球的"进球率"来引进百分率（百分数）。

"你是主教练的话，将会安排哪位球员来主罚这粒点球？"孩子们的兴致可高啦，七嘴八舌地提出了自己崇拜的球星——郝海东、祁宏、范志毅……

并且说出了各自的理由。

正在相持不下之时，教师启发：三位都言之有理。那究竟安排哪位主罚呢？我想，作为主教练，会比较一下球员中罚点球最好的那几位的成绩，然后再定夺。你认为呢？——这是很关键的一个提示。

同学们点头称是，教师出示一张表格。学生开始把眼光集中在"谁罚球最稳、最准"上。有学生反对。于是大家改变了思路，由"谁失球最少"来决定由谁去踢。全班同学都同意了这个办法。

——又到了关键时刻，学生的思路停留在单独一个数量的"绝对值"上，没有上升到"两个数量之间的比率"，即"概率"的观念上。这时教师很幽默地说："按这样的说法，如果我罚点球的成绩是罚 1 个球，可踢飞了。我的失球数是 1 - 0 = 1，最小，那个点球倒该我去罚了不成？"同学们都笑了。笑过之后，陷入了沉思。

学生沉思时想些什么？我推测有的学生可能会这样想，单单看失球数的多或少不行，那就应该联系踢点球的机会多少来决定谁去踢了；有的学生可能会这样想，要是大家踢的机会同样多，谁进球多就该由谁去踢——于是想到将异分母分数的大小比较化为同分母的。

这时有同学发言了："1 号踢 25 个进了 22 个，照这样计算，1 号踢 100 个会进 88 个；6 号踢 20 个进了 18 个，那么，6 号踢 100 个会进 90 个；15 号踢 50 个进了 43 个，那么，15 号踢 100 个会进 86 个。这样一比较，我安排 6 号去踢这个点球。"这个发言得到了"满堂彩"！

掌声过后，另一学生抢着说：应算进球数与罚球总数的百分比。1 号是 88%，6 号是 90%，15 号是 86%，所以应让 6 号去踢。

以上是第一个精彩的教学片段。套用"学生是学习的主人"来评价，已经不足以显示其"气魄"。在这里学生是"创造者"，是"主帅"，他们"创造"了数学（百分数），并让数学为我所用！而教师则"退居二线"，是"幕后策划者"了。

接着，教师从"幕后"出来，问：为什么要算百分比呢？如果不求进球数是罚球总数的百分比，而是求几分之几，行不行呢？这 88%、90%、86% 又是怎么算出来的？刚才两位学生的想法有联系吗？请前后桌四人小组讨论讨论。

通过课前调查和小组交流，得到了：

百分数是一个分母是 100 的特殊分数，通常用来表示一个数是另一个数的百分之几。百分数也叫百分率或百分比。这样，用定义的方式，使"百分数"这一概念的内涵更加明确。

在学生已经初步构建起百分数的认知框架的基础上，如何充实、丰富认知结构？教师让学生汇报他们课前调查得到的各式各样的百分数，并说明它们的含义。如：

一种衣服的商标上标明"100% 棉"，就是说这种衣服是全棉的。

某种药品的有效率是 70%，就是说这种药品的疗效不差，100 人服了有 70 人会有效。

有的学生在报刊上找，在网上找。如一篇文章中说"墨西哥经济亮红灯：今年（指 2001 年）增长率为 0%"，这就是说墨西哥今年经济没有增长。你看，在学习分数时没有要求学习"0 分数"，现在他们也懂得"0 百分数"了。

此外，同学们还学习了 180%、0.012% 等百分数，知识面大大地拓宽了。这时"恪守"《大纲》不敢越雷池半步的同志肯定要大呼"超纲"了。我看，学生自己教育自己，大家又都能领会，"超纲"有何不好？

这样，从概念的"外延"方面充实和丰富了学生原有的认知结构。

2. "百分数的写法"教学

教师说道：在交流过程中，我知道同学们已经会读百分数了。会写吗？会写的请到黑板上来写一个。

教师话音刚落，同学们一拥而上，谁都想"露一手"！

看到这里，我的耳际响起了两种不同的声音。一种是严肃而苍老的声音："这不乱了套了?！课堂纪律全没了！课还能上好吗？"另一个声音仿佛是从一位满头白发、满脸皱纹的老奶奶口中充满喜悦地吐出的："好得很哪，孩子们主动学习的热情，被激发出来了!"老奶奶眼角噙着喜悦的泪花。

黑板上写下了大大小小、上上下下、各不相同的百分数。不等教师说话，同学们就议论开了：某某写得最好。

教师肯定了大家写得都对，表扬了写得最好的那几位同学。

师：同学们写了各种各样的百分数，这些百分数表示什么意思呢？你愿意说哪个就选哪一个，好吗？

生：我选50%。如果你今天身体不好，一碗饭只吃了一半，那就是吃了这碗饭的50%。

生：我选16.7%，因为它有点特别，百分数的分子是个小数。拳王霍利菲尔德和刘易斯第四番较量时，网上调查统计，刘易斯赢的可能性是16.7%，也就是说刘易斯赢的可能性很小。

师：那就是说霍利菲尔德赢的可能性很大，他赢的可能性是多少呢？

（不少学生答：83.3%）

生：（十分得意地）不对，还有两人打平的可能性是4.3%，所以霍利菲尔德赢的可能性是79%。

（学生们笑了，没想到确实存在这种情况）

师：（微笑着）你这是一则虚拟新闻，是吗？

（该生"狡黠"地笑了，笑得非常开心）

你看，这样，学生在学习百分数的概念时已经会计算它的和、差了。他既会分析竞赛的结果可能有胜有负，还可能"和"，还会运用想象演绎一段精彩的"教学小品"！真是惹人喜爱的"小精灵"啊！

二、浅谈课堂教学的价值观

1. 科学主义影响下的课堂

新中国成立后，各方面都向苏联学习，教育也不例外，独尊苏联凯洛夫的《教育学》，小学数学还要学习普乔柯的《小学算术教学法》。凯洛夫是一位严肃的"科学主义"者，主张课上主要由教师讲授知识，学生则正襟危坐，双手放在背后，专心听课，然后做习题。学生发言必须先举手，得到老师的允许后才能站起来说，不许"窃窃私议"，不许大声"喧哗"，更不许"一拥而上"。教材内容讲究本学科的系统性、逻辑性和概念的严密性（如"乘数"与"被乘数"，即使已经学了"乘法交换律"，在写算式时仍要严格区分，据说是因为它们的意义不同）。从教师方面来说，一切都要依照全国统一的课本和教学大纲的规定进行，少讲了固然不行，多讲了就是"超纲"，"加重学生负担"，也不行。加上当时社会上盛行"平均主义""一刀切"，学校里对学生也要求"缩短差距"，教师、学生都被管得死死的。俗语云："城中好广袖，四方用匹帛。"有的教师对"上面"的规定更是做了不恰当的"发挥"。例如教材中规定"在混合运算中，同级运算按自左而右顺序依次演算"，学生在演算"$3579 \times 360 \div 360$"时，也必须先算出"3579×360"的积，然后再求商，否则就要被扣分数。这样的教学，当然也可以让学生学到不少数学知识、技能，但是学生、教师教学的主动性、积极性（不说"创造性"）却受到了很大的压制。

2. 人本化的教育思想

改革开放以来，在党的正确领导下，我们扩大了眼界，解放了思想，从实际出发，吸收一切好的思想和经验，教育改革深入发展，课堂教学呈现出一片勃勃生机，这一堂"百分数"的课正是在这样的背景下出现的。

20 世纪 60 年代至 70 年代，在美国盛行一种人本化教育思想。它以人本主义心理学为理论基础，主张教育是为了培养心理健康、自我实现和富于创造性的人，学校必须提供最好的条件，并创造促进人们学习和成长的良好的心理气氛，使每个学生充分发挥潜能，达到自己力所能及的最佳状态。

人本主义的代表人物有马斯洛、罗杰斯等。他们都注重研究"人"，认为人性本来是善良的，而且每个人都具有潜能（包括创造性），如果受到压抑或者受到不良的教育，人才会变坏，才会泯灭创造性的闪光。马斯洛还从心理学的角度研究了人的需要，他认为个人的需要按等级可分为：（1）生理需要，（2）安全需要，（3）爱和归属需要，（4）尊重需要，（5）自我实现的需要。培养"自我实现的人"是教育的目的。

"自我实现的人"是怎样的人？自我实现是一个过程。自我实现的人并不是十全十美的人，他们也有缺点，但自我实现的人不是自私的人，而是献身于自身之外的某项事业的人。

写到这里，忽然想起一位杂志的老记者、老编辑写的一首小诗。诗云：

> 我是一只小蜜蜂，穿花拂柳忙西东；
> 才吻牡丹于闹市，又亲苜蓿大田中。
> 翻山越岭觅甘露，含英咀华精加工；
> 只求酿得香甜蜜，不图名利不邀功。

这只"小蜜蜂"不正是虽有缺点，但不自私的人吗？不正是"献身于自身之外的"采蜜、酿蜜者吗？于是我有所悟："自我实现的人"是否就是把自己与某项事业紧密地捆绑在一起，并在其中努力实现自身价值的人？

人本主义教育思想也有缺点，例如离开了人的社会性而谈抽象的人性，但是他们所主张的尊重学生的人格、尊重学生的选择、发展学生的情感和理智、发掘每个学生的潜能和创造性等，正是当前我国教育、教学改革中值得关注的问题。

3. 当代我国的课堂教学价值观

我们正在进行的教育、教学改革，要从我国的实际情况出发，吸收古今中外一切好的东西，创造和提升新的理念，用以指导教学实践。华东师范大学基础教育改革与发展研究所所长叶澜教授认为：当前我国基础教育中课堂教学的价值观，需要从单一地传授课本中的书面知识，转变为培养能在当代社会中主动、健康发展的一代新人，也就是要加强和扩展学科的"育人"价值。我赞成这个观点。

其实只关注"现成知识的传递"，是在"育"以被动接受、适应、服从，以执行他人意志为主要生活方式的人，学生内在的主动精神、好奇心和探索欲望必然受到压抑，甚至被磨灭。当今社会知识更新快，各种关系复杂，人们面临着更多的机遇与选择，也存在更多的风险与危机。因此，培养青少年一代在复杂背景下的自我选择的意识与能力，让他们认识人生的意义与价值，就显得非常重要。

三、该课在教学知识的同时，充分体现了"育人"的价值

1. 首先是对学生的尊重，使学生真正成为学习的主人

"你认为几号球员去主罚最好？为什么？"这让每个学生都体会到自己有权利，也有责任参与决定踢点球的人选——"可得认真对待呵！"

尊重人的价值是人文精神的起点，人文精神强调每个人都有责任，也有权利充分实现自己的个性和人生价值。同样，每个人对他人也该如此。人受到尊重，得到了属于自己的"尊严的权利"，就会伴随着产生"责任"感，因而激发出学习的积极性、主动性。

这就要求教师从高高的讲台上走下来，和学生一起学习，平等相处，而不以"裁判员"、"教导员"自居。执教老师正是这样做的。

由自尊（保持自己的人格）而产生责任心，并推己及人，尊重他人的人格，这是"怎样做人"的核心问题！

2. 老师的教学策略是开放

课前有一个"找身边的百分数"活动，把这班"小悟空"放到社会生活之林中去，让他们先找些"野食"吃。生活是丰富多彩的，他们采来的"果子"就绚丽多姿。然后回到课堂交流，扩大"果子"的效益，起到"以一当十"的作用。

这个"开放"策略，体现了现代科学"系统论"的理论。系统论认为：系统只有开放，不断吸收外界的信息，才能使自身更"有序"，一个封闭的系统，要使之"有序"，是不可能的。（系统由较低级的结构转变为较高级的结

构，称为有序；反之，是无序。）这堂课的"开放"表现为：一是走出教室，二是同学之间的交流与讨论，三是大脑各部分之间的开放，即思考。这些都会使信息量大大增加，使学习向更"有序"的方向发展。

从"育人"的角度来说，学生做社会调查，密切了学科与社会生活的联系，不但使数学知识变得容易理解，还学习了怎样和别人相处，尤其是受到了数学知识源于生活，又服务于生活的辩证唯物主义启蒙教育。

3. 这堂课的主要教学方法是依托原型，创造数学

选取能体现数学知识本质属性的、学生熟悉并喜闻乐见的事件，作为数学知识的"原型"，凸现事理，师生"合作学习"，得出了"百分数"的概念。然后让学生用各人手中的"小原型"，用自己的话说说百分数的意义。这个教学过程，上半段充分发挥了学生的创造才能，并让他们尝到了解决问题和成功的喜悦，激励了他们进一步探究的信心。下半段说自己对百分数的理解，是对上半段教学的"即时反馈"。系统科学中的"反馈原理"认为：任何系统只有通过反馈信息，才能实现控制；没有反馈信息的系统，要实现控制是不可能的。心理学的研究还说明反馈愈及时愈好。让学生用自己的话说"百分数的意义"，还有培养学生说话能力，并通过说话训练其思维能力的作用。

4. 初步学习了概率统计的数学思想

整个教学内容实质上是初步的概率统计。在社会发展比较缓慢的年代，原因 A 只产生一个结果 a，反过来说，知道造成结果 a 的原因，一般就可以逆推得 A。到了现代，社会急剧发展，信息"爆炸"，事件发展的原因和结果的联系不像以前那么简单。因此，考虑问题既要看到事件之间的必然联系，又要看到潜在的偶然性。于是产生了数学的新分支——概率与统计。这是从已知的数据中找出事件发生、发展的规律以指导今后行动的数学。这节课让娃娃们接触了这一数学思想，尤其值得称道。

四、人啊，人！

教育的对象是人。人啊，人！人是生物，也需要一定的物质生活；但是人高于生物，更看重精神生活，尤其是对真理的追求和自身价值的体现。执教老师评价自己的课时说："这样的教学，从学生的发展来说，是潜能的开发、精神的觉醒、内心的敞亮，是独特个性的彰显和主体性的弘扬；从师生共同生命历程的角度来说，是视界的融合、体验的共享与灵魂的共鸣。"于是，老师深深地赞叹："如此充盈着生命活力的课堂，怎能不令人享受到教育的幸福?!"在这里，老师把"事业的成功"与个人的幸福结合在了一起。这不正是追求"自我实现"者的风貌吗？

这一群娃娃和他们年轻的老师，也使我深深地感动了！我饱含着激动的泪花，迎着绚丽的朝阳，幸福地笑了。

（宋淑持，笔名松子，《小学数学教师》特邀编审）

10. 大成若缺

——以"圆的认识"教学为例

【课前慎思】

我们究竟要教什么

"圆的认识"一直是小学高年级数学的教学内容，几乎所有小学数学教学领域的名师、大家都用过这节课来"吟诗作画"，各领风骚；后生新秀们更是频频用这节课来"小试牛刀"，争奇斗艳。

我在欣赏品味之余，发现我自己和同行们对于"圆的认识"这节课教学内容的处理，主要存在以下三个问题：第一，注重组织学生通过折叠、测量、比对等操作活动来发现圆的特征，而不重视通过推理、想象、思辨等思维活动来概括圆的特征；第二，注重让学生学会"用圆规画圆"，而不重视让学生思考"为什么用圆规可以画出圆"；第三，注重数学史料的文化点缀，而不重视数学史料文化功能的挖掘。

我思考："圆的认识"这节课究竟要讲什么？

我思考："特征"是指"一事物区别于他事物的特别显著的征象、标志"（《辞海》）。那么，圆的特征究竟是什么？"一条曲线围成""没有角""半径是直径的一半"，是不是特征？"一中同长"的特征是不是需要下发空白研报告，组织学生小组合作研究？这是不是为了"研究报告"而组织研究？这是不是教学上的形式主义？

我思考：半径和直径是不是应该"浓墨重彩"地去渲染？"圆"的概念都没有给出，是否需要咬文嚼字地去概括"半径"和"直径"的概念？揭示两个概念后，让学生从一个圆内各个不同的线段中挑出"半径"和"直径"，有没有哪位老师见过学生出错？学生都不会出错的活动，要不要组织？

我思考：半径和直径的关系是不是教学难点？要不要研究？"顾名思义"是否就可以理解？得出关系后的填表练习，究竟是练习两者的关系，还是练习乘以 2 和除以 2 的口算？我们是不是总是好为人师，以为我们不讲学生就不会？是的，熟能生巧，但熟还能生厌，熟是不是还能生笨呢？爱因斯坦说过："取一块木板，在上面寻找最薄弱的部位，在那些容易打孔的地方钻开无数个孔。"这句话可以给我们什么启发？

我思考：量出半径都相等，就科学、深刻吗？在一个圆内，半径和直径真的画不完吗？画不完就能说明"半径有无数条"吗？"半径都相等"和"直径都相等"要不要加上前提条件——"在同一个圆或等圆中"？我们说"正常人的两条腿是一样长的"，怎么不加上前提条件——"在同一个人身上"？以后再说"正方形的四条边都相等"，还要不要加上"在同一个正方形中"呢？数学上的严谨就是这样的吗？加上前提条件——"在同一个圆或等圆中"，是不是教学内容上的形式主义？

我思考：圆的画法是应该教，以促进学生更好地学，但应该一二三地教吗？是不是在容易被学生疏忽的两个地方——"手拿住哪里""两脚之间的距离是直径还是半径"——点破就可以了？学生或者老师画出的"不圆"，是否就该随手擦掉？那些"不圆"的作品，是不是课堂中的生命体？是否应该珍惜？

我思考：我们的小学数学教学是否不仅应该关注"是什么"和"怎样做"，还应该引导学生去探究"为什么"和"为何这样做"？这样是不是才凸显出"数学是思维的体操"这一学科特色？是不是应该带领学生经历从现象到本质的探究过程，促使学生养成研究问题的良好意识？"问题是数学的心脏"，我们数学老师是否可以给学生一个问题模式，让学生"知道怎样思维"，让学生掌握作为一种"非言语程序性知识"的思维？

我思考："圆"的意蕴实在是丰富，借着这么"圆满"的素材，我们是否可以在培养学生的批判思维和突破常规的创新思维上做些文章，引导学生思考"一定这样吗"？柳暗花明、曲径通幽、殊途同归的心理体验，是否更有利于学生的可持续发展？

我思考……

经过一段时间的慎思明辨，我认识到"圆"这一节课应该讲的有价值的东西实在是太多了，有舍才有得，一课一得足矣！

因此，我制定的教学目标是：

1. 认识圆的特征，让学生初步学会画圆，发展空间观念。

2. 在认识圆的过程中，感受研究的一般方法，享受思维的乐趣。

【课堂实录】

"圆的认识"教学纪实

师：我看到有同学桌上放了橡皮，借给我，行吗？借谁的呢？都借给我吧！

（学生们纷纷把橡皮借给了老师，才"借"了一个小组的）

师：（举起满手的橡皮）哎，我借这么多橡皮，干什么用呢？猜一猜。

（学生不明就里，有些木然）

生：（试探性地）变魔术。

（师摇头）

生：你自己写错了，要擦。

师：我借你们的橡皮干什么呢？哈哈，是为了不让你们用。（学生们笑了）没有橡皮，下笔会更慎重。错了，也不白错，抓住"她"好好欣赏！

这样，这节课我们就约定不用橡皮，好吗？我相信大家会守信用的。（老师把借的橡皮再还给大家，学生们脸上露出会意的微笑）

一、在寻宝中创造"圆"

师：（很神秘地）小明参加头脑奥林匹克寻宝活动，得到这样一张纸条——"宝物距离你左脚 3 米"。

（稍顿）你手头的白纸上有一个红点，这个红点就代表小明的左脚，想一想：宝物可能在哪儿呢？用 1 厘米表示 1 米，请在纸上表示出你的想法。

（学生独立思考，在纸上画着……）

师：刚才我看了一圈，同学们都在纸上表示出了自己的想法。（课件演示）宝物可能在这儿——

师：找到这个点的同学，请举手。（全班几乎都举起手）还可能在其他位置吗？

（学生们纷纷表示还有其他可能，课件依次出示 2 个点、3 个点、4 个点、8 个点、16 个点、32 个点，直到连成一个圆。）

师：（笑着）这是什么？（板书：①是什么？）

生：（有的惊讶，有的惊喜）圆！

师：刚才想到圆的同学请举手！（十几位同学举手）开始没想到的同学，现在认同了吗？那宝物可能在哪儿呢？

生：（高兴地）宝物在这个圆上。

师：谁能说一说这是怎样的一个圆？

生：这是一个有宝物的圆。

（全班同学善意地笑了）

生：宝物就在小明周围。

师：（点头）说得真好，"周围"这个词用得没错！（又像是自言自语地）周围的范围可大了——

生：（迫切地）宝物在距离左脚3米的位置上。

（全班同学鼓掌）

师：是啊，他强调了左脚。这个左脚也就是圆的什么？

生：（争先恐后地）圆心！圆心！

师：没错，叫圆心。（板书：圆心）也就是以左脚为圆心。他刚才强调了，距离左脚3米，这个距离3米，知道叫什么吗？

生：（纷纷地）直径！半径！

师：（板书：半径直径）直径还是半径？

生：（绝大部分）半径！

师：现在，用上"圆心"、"半径"，谁能清楚地说一说这个宝物可能在哪儿？

生：在以他左脚为圆心，半径3米的圆内。

师：在圆内还是在圆上？

生：（纷纷纠正）在圆上。

师：刚才××同学很精彩的发言，把两个要素都说出来了，是不是只要说"以什么为圆心，以多长为半径"就把这个圆确定下来了？（同学们纷纷

点头）

二、在追问中初识"圆"

师：咦，为什么宝物可能在的位置是个圆呢？（板书：②为什么？）

生：因为宝物所在的位置是以小明的左脚为定点旋转一圈，所以宝物所在的位置是个圆。

生：因为纸条上并没有明确地指出宝物在距离左脚 3 米的哪个地方。

师：对！要圆满地回答这个问题，需要知道圆的特征。想一想，圆具有什么特征呢？

生：圆有无数条对称轴。

师：对称轴是什么？

生：直径。（也有学生附和着）

生：圆没有棱角。

师：圆有什么特征呢？有比较才有鉴别。我们可以把圆和以前学过的图形进行比较。（出示正三角形、正方形、正五边形、正六边形和圆）

生：圆的半径无论画在哪里，长都是一样的。

生：圆不能计算面积。

生：（不认可地）可以的！

生：长方形、正方形都是由四条直的线围成的，而圆是由曲线围成的。

师：几条曲线？

生：（齐）一条。

生：圆是个封闭图形。

师：这句话说得很专业！对，封闭图形。

师：孩子们，我们以前认识图形特征就是从边和角两个方面来研究的，圆确实具有大家说的这些特点。知道古人是怎么说圆的特征的吗？

（板书：圆，一中同长也）

师：明白这句话的意思吗？"一中"指什么？

生：（抢着）一个中心点。

师：（笑着）什么"同长"？

生：（争抢着）半径的长度都是一样的！直径的长度都是一样的！

师：（反问）圆，是有这个特征吗？

（学生们认可地点头）

师：（若有所思地）难道正三角形、正方形、正五边形、正六边形，它们不是"一中同长"吗？

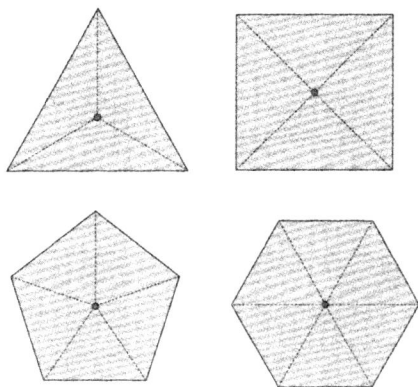

（学生们沉默、紧张地思考着，片刻，学生的手陆续举起来。）

生：（手指课件中的三角形）如果把线连到三角形的边上，那么两条线段的长度就是不一样的。

师：（恍然大悟地）哦！连在顶点上的长度是一样的，但连在不是顶点的其他点上就不一样长了。但是圆呢？

生：（纷纷地）都一样！一样长！

师：是啊，圆上的点都是平等的，没有哪个点搞特殊！正三角形内，中心到顶点相等的线段有3条，正方形内有4条，正五边形内有5条……圆呢？

生：（齐）无数条。

师：（板书：无数条）为什么是无数条？

生：因为圆上有无数个点。（同学们纷纷点头）

师：那谁来说说，半径是一条怎样的线段？

生：一端在圆心，一端是圆上任意的一个点。（教师竖起大拇指）

师：（神秘地）请看——（课件演示正多边形边数不断增多最终转变成圆的动态过程）

生：（惊奇地）成一个圆了！

师：（笑着）现在是正 819 边形。

生：（情不自禁地）哇——

师：看到刚才这个画面，你有什么想法？

生：（争着站起来，大声地）我认为圆是一个正无数边形！

师：（欣赏地）佩服佩服！用老子的话来说就是"大方无隅"，（板书：大方无隅）大方就是指最大最大的方；"无隅"，猜一猜，"隅"是什么意思？

生：（异口同声地）角！

师：（肯定地）真佩服！不用猜都知道！这样看来，圆是不是"一中同长"？

生：（十分认可地）对！

师：（感慨地）圆真是具有这样的特征！那刚才同学们说的对不对呢？（出示椭圆）它也是由一条曲线围成的，没有角。（教师微笑，学生会意了）"圆，一中同长也"，才是圆的特征，由这个特征能衍生出圆的其他特点来。

师："圆，一中同长也"，是墨子说的。墨子的发现比西方人早了一千多年……

生：（惊叹地）哇——

师：那就让我们带着这份自豪，试着以古人的样子读一读这句话。

生：（摇头晃脑、学着古人读书的腔调）圆，一中同长也——

（大家被该生的样子和腔调逗笑了，也为他的勇气鼓起掌来）

生：（也学着古人的样子）圆，一中同长也！

师：（微笑着）嗯。另一位古人！

师："圆，一中同长也"，在寻宝的问题里，"一中"就是小明的"左脚"，"同长"就是 3 米，具备圆的特征，当然就是圆了。为什么宝物所在的位置是个圆的问题解决了吗？

（学生们频频点头）

三、在画圆中感受"圆"

师：刚才我巡视的时候，发现同学们都会画圆了。会画圆的请举手！（学生们热情地高举起小手来，跃跃欲试）画圆一般得用圆规，古人说"没有规矩，不成方圆"。现在请大家用圆规画一个直径是 4 厘米的圆。边画边想：我们是怎样画圆的？（板书：③怎样做？）

（学生们立刻投入地画起来，师巡视并收集学生画得不圆的作品。刚展示一幅不圆的作品，学生们就笑起来。）

师：（意味深长地）孩子们，圆的样子都是一样的，"不圆"的样子就各有各的不同了。想想这样的"不圆"是怎样被创造出来的？

（学生们热情高涨，争抢着举起手来）

师：（悠悠地）想——不说——继续欣赏！

（作品 2、3 仍是不圆，学生会意地、开心地笑了）

师：（疑惑地）怎么回事？怎么会这样呢？从这些作品中，我们是不是看出画圆并不是件太容易的事？

（学生纷纷点头表示同意）

（师出示圆规雏形——树枝）

师：树枝，哈哈，原始的圆规，用这个圆规在沙地上能不能画出圆来？

生：（异口同声）能！

师：（笑着）我们小时候都玩过。（继续出示）

师：这是我们现在用的圆规。这个圆规的优点是两个脚之间的距离可以变化，所以我们可以画出大小不等的圆来。

生：（纷纷点头）对！是！

师：（疑问地）但是刚才我们就是用这样的圆规来画圆的，

怎么会创造出那些不圆的作品呢？

（学生们争着举手要发表看法）

师：（会意地）是不是它的缺点也是这两个脚能动啊？

生：（十分肯定地点头赞同）对！

师：所以，画圆时我们的手应该拿住哪儿才行？

（生已经是迫不及待，很多人站起来举手）

生：手应该拿住把柄。

生：抓住"头"。

师：（微笑）"把柄"这个词用得很好！形象地说，就是抓住它的头。你可别捏住它的脚——

生：（笑）那就动不了了，距离就变了。

师：（思考着）刚才我看到同学们的作品时还有点纳闷，大家都是画一个直径4厘米的圆，画出来的应该一样大，但是我看到有大有小。你觉得要圆满地完成这个画圆的任务，圆规两脚之间的距离应是多少？

生：（争抢着）是半径！半径2厘米。

师：对，圆规两脚间的距离就是半径。那现在我也来画一个圆。

（教师在黑板上画完后，学生佩服地惊叹："哇噢！"）

师：谁能在这个圆上标出一条半径？

生：（争先恐后地）我！我！

师：（和同学一起边看边问）我们看他是怎样画的。他在找什么？

生：圆心。

（学生画出了半径后，大家不约而同地为他准确的画法鼓起掌来）

师：他画得多认真哪！谁再来画一条直径呢？

师：（请一位没有举手的学生）虽然没举手，但请你来好吗？

生：（有些不好意思）我不会，我试试吧。

师：（风趣地）不会，试试！想好了试，我们也没黑板擦哟！

（学生画好直径后，掌声再次响起来）

师：（感慨地）其实学习也不难，学习就是猜想、尝试！敢于试，不就行了吗？

师：直径是一条怎样的线段呢？同桌互相说说。

生：两端都在圆上。

生：还要通过圆心。

师：（指着黑板上的圆）这个圆心，一般用字母 o 表示，半径一般用字母 r 表示，直径用字母 d 表示。（边介绍边在圆上相应的位置标注）

师：半径与直径之间是什么关系呀？

生：（热情地、几乎是喊着）两倍关系！一半！

师：（板书：d＝2r）刚才我们研究完了怎样画圆——先确定圆规两脚之间的距离，然后拿住头固定一个点，旋转。我们是不是又应该思考"为什么这样做"呢？（板书：④为何这样做？）

（生思考，没有人回应）

师：随手不能画出一个圆，用圆规这样（手拿圆规比画）就能画出一个圆了，为什么？

生：我们不能准确判断中心点和手的距离，而圆规是两个点固定了，绕一圈就可以画出圆了。

生：因为圆规可以旋转，而手不好旋转。

生：因为"没有规矩，不成方圆"。

（引得全班开心地笑起来）

生：圆规是没有生命的，它可以一动不动好长时间。

师：（佩服地）她说的"一动不动"太重要了！刚才我们在画圆的时候圆心是一动不动，半径是一动不动。不过，除了一动不动，还有动的——

生：（热切地呼应）旋转。

师：对对对，这么一旋转，因为确定了长度——"同长"，确定了圆心——"一中"，没有两个中心，所以画出的曲线上的所有点和圆心的距离都一样长，（生点头）这就符合圆的特点——"圆，一中同长也"。符合圆的特点，当然就是一个圆了。

四、在"篮球场"上解释"圆"

师：（手指板书）刚才我们通过追问这样四个问题——"是什么"、"为什么"、"怎么做"、"为何这样做"，一起认识了圆，知道了圆的特征，知道了怎样画圆，还增长了学问。

学问，学问，就是要学会去问。一般的研究就是追问这样的问题。请继续看——

（出示篮球场画面，学生们很兴奋）

师：（笑着）是什么？篮球场的中间是什么？为什么？篮球场的中间为什么要做成一个圆呢？看过篮球比赛吗？如果你没有注意过篮球比赛是怎么开始的，你就不能很好地回答这个问题。

（很多学生已经站起身来争抢着要解答"为什么"了，教师并不急于请学生回答，而是用课件播放 NBA 开赛录像。）

师：现在明白为什么了吗？

（学生们已经按捺不住要发言的热情了，纷纷高举小手）

生：这样才公平。

生：我帮他补充一下，这样谁的反应快，球就归谁了。

生：（迫不及待地起身）因为圆的半径是处处相等的，所以球员站在圆的旁边是很公平的，他们离球的距离都一样。

（同学们都赞同地点头，并为他的精彩发言不约而同地鼓起掌来）

师：其实还是要回到圆的特点上来说。"圆，一中同长也"，大家都在圆上，球在圆心，大家离球的距离都一样，这样才公平。再想想，怎样画这个大圆呢？

生：（窃窃私语）拿大圆规。

师：（笑）拿大圆规，超大圆规，谁来画？超人吗？没有圆规能画圆吗？

生：（异口同声）能！

师：（追问）怎么画呢？小组商量一下！

（学生立刻投入热烈的讨论中）

生：用两个量角器量。

生：（立刻不赞同地反问）有那么大的吗？

师：想到用量角器，好不好？

生：（齐声）好！

师：（肯定地）想到这点真好，用两个一拼起来，沿着边画就可以了。不过要画个大圆的话真要找个大量角器呢。

生：（自信地）我觉得先要量出想要画的圆的半径，然后用一根绳子固定住中心点，然后绕一个圈，就是一个圆了。

（老师用绳子比画画圆，同学们的掌声响起来）

生：还可以很多人手拉手围成一个圈。

生：但是不圆啊。

师："但是"，"但是"很重要。不过，我觉得说但是之前，应该先说她的创意好不好。首先应该看到别人好的地方，然后再说但是……

生：我觉得可以先确定圆心，画一个很小的圆，然后一米一米地扩大，一直扩大到比较合适的地方，然后把它用油漆画下来就好了。

师：（情不自禁地）创造！创造！我想你将来会像爱迪生那样去创造！你看，他多棒！华老师教了20多年书，还没有哪个孩子像他这样想到先画个小圆，然后一段一段往外放的，真是佩服！

（全班同学善意、开心地笑了）

师：（课件出示用绳子画圆）为什么没有规矩也画出了圆呢？

生：因为他确定了圆心。

生：还确定了半径。

生：道理都是一样的——确定了圆心，确定了半径，然后再绕一圈。

（老师竖起大拇指，同学们给予掌声）

师：是啊，圆心只能"一中"，半径一定"同长"。只有当我们真正理解了祖先说的"圆，一中同长也"时，才知道以前听说的"圆心"、"半径"是多么重要的两个词啊！其实啊，孩子们，"没有规矩，不成方圆"这句话还是对的！这样画遵照了画圆的规矩。圆有圆的规矩，方有方的规矩，做人有做人的规矩，研究问题有研究问题的规矩。

（手指板书的四个问题）同学们，篮球场上中圈的问题研究完了，你觉得这样追问研究有意思吗？

（学生们满脸灿烂地齐声说"有意思"）

五、再次寻宝突破"圆"

师：20世纪最伟大的科学家爱因斯坦说：我没有什么特别的才能，不过喜欢寻根刨底地追究问题罢了。孩子们，我要告诉你，科学家们还喜欢追问这个问题："一定这样吗？"

（板书：⑤一定这样吗？）

师：（回味地）请看——"宝物距离你左脚3米"，宝物一定在以左脚为圆心、半径是3米的圆上吗？

[头脑奥林匹克·寻宝]

宝物距离你左脚3米。

（教室很安静，学生们陷入紧张的思考中，没有手举起来。教师出示半个西瓜图片，有很多学生恍然大悟，马上举起手来。）

生：宝物也有可能在地下、在西瓜皮上。

生：也有可能在上面，在树枝上。

生：在以左脚为球心，半径是 3 米的球上。

师：是啊！（老师脸上洋溢着幸福）现在看，圆是一中同长的，球也是一中同长的。圆和球最大的不同是什么？

生：一个是平面的，一个是立体的。

师：说得真专业！关于球，细致的研究要到高中。不过，在一个平面内，"一中同长"的就是圆，而不是球。

六、课后延伸研究"圆"

师：（手指钥匙外形）问号是开启智慧的钥匙。圆在我们的生活中触目皆是，是美的使者和智慧的化身，你可以选择我们身边的圆来研究研究，很有意思的。

（依一天时间顺序，配乐出示各种各样的圆：时钟、纽扣、圆桌、向日葵、车轮、井盖、转盘绿岛、笔帽、篮球、锣鼓、锁孔、剪纸、篝火、荷塘月色、"花未全开月未圆"。）

（随着画面，同学们兴奋地大声说出发现的圆。老师再次提醒："下课啦！"学生们坐着不动，有的说："不下课！不下课！"）

师：那干什么呢？

生：为什么要有圆呢？

生：为什么要有半径？

生：圆的面积能求吗？

……

师：（心满意足地点点头）天下没有不散的筵席，课上解决不了所有的问题。课下自己研究，好吗？

（同学们依依不舍，久久不肯离去……）

（石雪纳　整理）

【课后反思】

花未全开月未圆

非常成功，非常享受！已经拖堂了，学生还是不愿意下课。

师父张兴华满意地对我们几个徒弟说："应龙的这节课，我就七个字——浑然大气铸成圆！"

认识决定行为。已有的认识会成为包袱。备课时，我就觉得半径、直径不能像原来那样教，因为一问学生"这是一个多大的圆"，学生就会说出"半径"、"直径"。课堂事实也是这样，就让自己不再思考了。试教后一反思，才发现"宝物可能在哪儿呢"是个更妙的问题，首先，回答了探讨的问题；其次，凸显了"圆心定位置，半径定大小"。现在想来，这样问，味道好极了！

正像电影《阿甘正传》中阿甘妈妈对阿甘所说的："要想往前走，就得甩掉过去。"是啊，我今天的教法不就是想"甩掉过去"吗？但甩掉别人的过去容易，甩掉自己的过去就难了。否定别人容易，否定自己难。我是这样，听课老师会不会也是这样，不肯接受我这节课呢？应该坦荡荡，何必长戚戚？"我的地盘我做主"，30 年后再说吧。哈哈哈。"上士闻道，勤而行之；中士闻道，若存若亡；下士闻道，大笑之。不笑不足以为道。"（《老子》第四十一章）哦，我不该这样想，数学研究者往往是孤傲的，认为只有自己发现的"1"才是对的，我应该再思考，再否定自己，就像硬汉海明威所说的："比别人优秀并无任何高贵之处。真正的高贵在于超越从前的自我。"

顿悟：在几何画板上显示"正多边形和圆的关系"应该从正六边形开始，这样暗合了刘徽割圆术，它也是从正六边形开始的，而且解决了几何画板上正三角形不正、看着不舒服的问题，还解决了与前面研究正三角形、正方形、正五边形、正六边形"一中同长"重复的问题。哈哈，反思真好！

对课上学生画出的"不圆"的资源化运用，感觉真好：有方法上的启迪、情感上的善意、借走橡皮的回应，那意境真有林黛玉引用过的"留得残荷听雨声"的美妙。

在完成了"为什么没有规矩也画出了圆"的追问后，我说："是啊，圆心只能'一中'，半径一定'同长'。当我们真正理解了祖先所说的'圆，一中同长也'时，才知道以前听说的'圆心''半径'是多么重要的两个词啊！"看到学生闪亮的眼睛，我心里真舒畅。这样不就把经验、直观与抽象结合起来了吗？数学的抽象首先是一个过程，其次不就是建立一套术语概念系统吗？

……

整体感受：在学生需要教的时候再教，效果就是好。看来我说"教是因为需要教"，没错！

自己以前多次教过"圆的认识"，为什么没有今天这么享受呢？莫名地，我想起了《老子》第四十五章："大成若缺，其用不弊。大盈若冲，其用不穷。"这几句话的意思是：完全做成的东西，看上去好像缺了些什么，但用起来却一点儿也不差。完全装满水的容器，看上去好像是空的，但用起来却一点儿也不少。

那，我"成"在哪儿呢？爱因斯坦曾经说过这样的话："用专业知识教育人是不够的，通过专业教育，学生可以成为一种有用的机器，但不能成为和谐发展的人。要使学生对价值（社会伦理准则）有理解并产生出热烈的情感，那才是最基本的。"我在没有增加新知识点的情况下，上得学生不愿意下课，让学生体验到不同现象背后的本质是一样的，让学生体验到认识事物"特征"的价值，让学生在认识圆的"规矩"的同时感受了研究问题的"规矩"，让学生体验到追问"为什么"是一件很有意思的事情，让学生听到了自己成长的声音……

以前，我教"圆的认识"时，总是觉得这也不能丢，那也不敢掉，把自己扣牢在自己和他人一起画就的小圆里……

哈哈哈，现在的我真是在理想"圆"里！

为什么以前的我没能、没敢这么上？教学的能力不到，教学的勇气不够，教学的追求没有……

为什么今天的我能这么上，敢这么上？课程改革的深入，百花齐放的氛围……大抵还源于自己对自己和他人的教育实践的过程和结果的意义和价值的哲学之思。

"花未全开月未圆"，大成"有"缺。那，我"缺"在哪儿呢？拖堂了，总是不好，如何在 40 分钟内和学生交流？要舍什么？这节课的教学主线是"是什么""为什么""怎样做""为何这样做""一定这样吗"等五个问题。为了凸显这一主线，课上我安排了两个回合的研究，最后呈现生活中无处不在的圆，还是想引导学生沿着这五个问题的思维路径去研究，那么是否该进一步删繁就简？"大方无隅"等可否舍掉？画圆的环节，已经一题多功能了，可否再压缩？

在研究圆的特征时，一个学生说"圆有无数条对称轴"。虽然学生已经学过轴对称图形，我的预设也是第二课时研究圆的对称性、找直径、找圆心等，但如果当时让学生动手折一折，是不是更自然顺畅？教学效果是不是更好？

这节课，多处引经据典，是否过"度"了？"度"是几处呢？每一处都与"数学"有关，只是"顺手一投枪"（鲁迅语），那老师"顺手"多了，学生是否会目不暇接、审美疲劳？

【专家评析】

一篇优美的散文

华老师：

你好！

太感谢你了，传来如此美妙的作品，让我欣赏。读来真是一种享受。语感像散文，却又岂止"形散神不散"？看似信手拈来，却又思绪缜密，一气呵成，酣畅淋漓。

不瞒你说，我读了两遍。第一遍，似乎急着想知道后面还有什么出其不意的高见、妙招。看完了，情不自禁又细细地读了第二遍。好像很少有哪篇文章如此打动过我。所以，抛开正在修改的文稿，写上主要的读后感。

你的很多见解，我深有同感。目前已发表的"圆的认识"课例确实存在你说的三个问题。只是对于第三个问题，我想稍作点补充：近年来的某些课例，不是"不重视数学史料文化功能的挖掘"，而是"矫枉过正"，显得过于堆砌。

你的八个"我思考"，我亦有同感。

你的教学过程中，有很多匠心独具的设计，如课前收缴橡皮的举措、宝物距离左脚 3 米的情境、对"大方无隅"的诠释、对圆与"不圆"的比对与感悟，等等，非常精彩，让我颇受启迪。

说实话，刚看到"宝物可能在哪儿"的答案是一个圆时，我有点惋惜，这是局限在一个平面内的回答，如果拓展到三维空间，应该是半个球面。看到后面，出来了"半个西瓜"，还引出了"球也是一中同长的"，我甚为赞叹。

以前，我曾多次教学"圆的认识"。深感在小学高年级完全可以揭示圆的本质特征，只是不宜采用动点轨迹的语言来描述。而"一中同长"是最地道的比较适合小学高年级学生理解水平的中国式概括。我也尝试过圆与"不圆"的比对，有一次甚至在木质小黑板上钉了 3 个图钉，一个拴上线和粉笔画圆，另两个拴上线和粉笔画椭圆。学生兴趣很浓，下课了，纷纷挤在小黑板前抢着画。

有一点，我不完全同意你的看法：半径与直径的关系可以顾名思义，但半径与直径的概念描述还是需要的。比如，学习扇形面积计算时，常有学生将直角扇形的半径误认为是直径。这时，根据半径的描述——"从圆心到圆上任意一点的线段"比较容易纠错。至于半径与直径到底是"线段"还是"线段的长"，类似争论，我以为意义不大。虽说前者是"形"，后者是"量"，但根据需要，半径或直径可以指"线段"，也可以指"线段的长"，这样方便叙述。我始终认为，数学概念，有时需要"咬文嚼字"，有时又不宜"钻牛角尖"，"水至清则无鱼"。

再次感谢！

即颂

教安！

曹培英

2007 年 11 月 14 日夜

一堂充满哲学意蕴的数学课

最近，笔者听了特级教师华应龙执教的"圆的认识"一课，他对数学操作活动别出心裁的设计与指导，对学生思维的有层次的开发，对探究体验数学的本质、方法和数学学习过程的把握，对数学史料的灵活驾驭，以及在教学中巧妙渗透情感、态度、价值观的做法，带给笔者许许多多的思考，在此愿与各位同行一起分享。

一、数学概念不仅来自"操作"，还应是思辨的成果

新课程强调动手操作是学生学习数学的重要方式。但在教学实践中，操作流于形式、"脑体倒挂"的现象却比较普遍。更为深层次的问题是：有些内容是否有必要在课堂上动手操作？生活中学生在与外界事物打交道的过程中不断用自己独有的方式建构着零散的、非系统的、具有个性色彩的数学现实，其中，操作、把玩正是儿童最常用的认识事物的方法，也正是在这种有意无意的活动中，数学现实不断丰富起来。带着这些数学现实，学生走进了课堂。因此，在课堂上是激活学生在生活实践中形成的表象，还是再次进行操作，教学的着重点是操作体验的获得，还是思考的深化，全在于教师对学生认知世界的准确把握。

在华应龙老师看来，以往的"圆的认识"的教学只注重组织学生通过折

叠、测量、比对等操作活动来发现圆的特征，而不重视通过推理、想象、思辨等思维活动来概括圆的特征。事实上，学生对圆的半径、直径及其关系等已经通过各种渠道有着或多或少的认识，但这些经验需要课堂教学将其系统化。因此上课伊始，华老师创设了"宝物可能在哪儿"的问题情境："小明参加头脑奥林匹克寻宝活动，得到这样一张纸条——'宝物距离你左脚 3 米'。你手头的白纸上有一个红点，这个红点就代表小明的左脚，想一想：宝物可能在哪儿呢？"这个问题激活了学生已有的经验，他们纷纷在纸上量、画（用 3 厘米表示 3 米），表达自己的想法。华老师接着问："还可能在其他位置吗？"学生在纸上画的点不断增多，渐渐呈现出"圆"形。他随即以一句"宝物可能在哪儿呢"引导学生描述自己思考和表示的结果。这一极富艺术性和生活味的问题促使学生在思考和表达中自主建构起"圆心确定位置，半径决定大小"这一数学知识。学生的描述逐步由生活走向数学，由笼统走向精确。在师生、生生的对话中，参与者努力做出个人理解并表达出思考的内容，通过质疑、诘问不断将探讨的问题引向深入。在不断完善的言说中，澄清、揭示出问题的数学本质——在以左脚为圆心，半径 3 米（直径 6 米）的圆上。

随着华老师层层深入的导引——"是什么""为什么""怎样做""为何这样做""一定这样吗"，课堂中"圆有 1 条边还是无数条边""除了圆，其他平面图形是不是也'一中同长'呢""为什么用圆规可以画出圆"等精彩的思辨层出不穷，不断挑战学生的思维深度，提升学生的思维品质，促使学生发展深层次的智慧情感与品格。

二、数学知识不只是习得的，还应是探究而来的

很多时候，我们不自觉地以演绎的方式教数学，学生则被动地习得基本知识和基本技能，而探究知识的过程来也匆匆，去也匆匆，并非充满挑战性的"再创造"的过程。在许多人看来完全属于技能习得的"用圆规画圆"，在华老师看来，却充满着探究的价值。

华老师并没有按通常的步骤一二三地教，而是让学生自己尝试着画直径

4 厘米的圆，然后展示学生"不圆"的作品。他幽默地说："圆的样子都是一样的，'不圆'的样子就各有各的不同了。想想这样的'不圆'是怎样被创造出来的？"学生先是笑声不断，转而开始沉思，接着小组交流究竟怎么画圆。在对差错认真反思后，学生对"手拿在哪里"、"两脚之间的距离是直径还是半径"等画圆的要领有了深刻的领悟。接着教者又追问为什么用圆规可以画出圆。这一明知故问的问题促成了学生交流的精彩纷呈。对学生的各种回答，华老师不作即时性评价，而是不断地追问"为什么"，让问题的答案走向开放，让学生不断追求更好的答案。在这种看似不追寻确定性结果的诘问中，学生对圆的本质属性有了深层次的理解，更深入地领悟了数学的本质、方法，经历了数学学习的过程。

三、数学史料不只是点缀，还应是思想渗透

《数学课程标准》指出："数学是人类的一种文化。"今天，越来越多的人开始关注并认同这一观点。然而许多数学课仅仅是贴标签式的数学史料渗透。坦率地说，这种直白的宣讲是以听课教师为对象的，最多只能算是课堂的点缀，至于学生从中能获得多少有益的启示，执教者和听课者似乎都不敢奢望。而华老师充分挖掘数学史料的文化功能，使其成为教学内容的有机组成部分，引发学生在文化张力的影响下绽放数学思考的理性之美。

研讨圆的特征时，华老师出示"圆，一中同长也"。在引导学生理解意思后，他反问："难道正三角形、正方形、正五边形、正六边形，它们不是'一中同长'吗？"一石激起千层浪，多媒体显示的中心到各顶点的连线更是诱导着不少学生站到"是"的立场上，然而马上有同学站出来反对，教师则扮演成不知道"正确"答案的人，表现出好奇和疑惑，不断向学生提问，刺激并促成他们思考。正是在这样的激烈交锋中，"一中同长"作为圆区别于其他平面图形的本质特征得以凸显和内化，而"没有角""曲线图形""只有一条边"等学生认同的特征则在与椭圆的比对中消解为非本质属性。接下来的从中心到图形上相等的线段条数的讨论，一方面，深化了学生对多边形特征的认识；

另一方面，在比较、辨析中促成了学生对圆的半径有无数条的深层次认同。多媒体演示的依次渐变图形，从正六边形一直到正 819 边形，更是架起了多边形与圆之间的桥梁，难怪学生惊呼："圆是一个正无数边形！"直线图形与曲线图形的辩证统一、有限与无限、量变与质变等思想"润物细无声"地渗入学生心田。

在课堂教学中，华老师既有知识的渗透，又有方法的指导，更有思想的启迪。对"没有规矩，能否画圆"的追问，让学生对"规矩"的理解由表及里、由浅入深，并最终认同圆的"规矩"就是确定圆心、半径的工具。华老师的评价——"这样画遵照了画圆的规矩。看来，圆有圆的规矩，方有方的规矩，做人有做人的规矩，研究问题有研究问题的规矩"更是彰显了数学多层面的文化、教育功能，体现了"数学是一种精神，一种理性精神"（克莱因语）的文化价值。

（汤卫红，江苏省如皋师范学校附属小学教导主任）

精彩于"方""圆"之间

不久前，听了全国著名数学特级教师华应龙执教的"圆的认识"一课。细观课堂，有三点非常深刻的感受。

对象感

"我在欣赏品味之余，发现我自己和同行们对于'圆的认识'这节课教学内容的处理，主要存在以下三个问题：第一，注重组织学生通过折叠、测量、比对等操作活动来发现圆的特征，而不重视通过推理、想象、思辨等思维活动来概括圆的特征；第二，注重让学生学会用圆规画圆，而不重视让学生思考为什么用圆规可以画出圆；第三，注重数学史料的文化点缀，而不重视数学史料文化功能的挖掘。"

"我思考：'圆的认识'这节课究竟要讲什么？……接着思考：半径和直径是不是应该'浓墨重彩地'去渲染？……再思考：小学数学教学是否不仅应该关注'是什么'和'怎样做'，还应该引导学生去探究'为什么'和'为何这样做'……"

听课前，细读了华老师的"课前慎思"，别有一番滋味在心头。"一堂成功的数学课，必然有强烈的对象感！"这是我的第一直觉。在传统的课堂教学中，我们老师也在思考，我们思考的对象更多的是教材内容，往往去想我怎么才能教会孩子认识直径、半径、圆心，怎么教孩子正确使用圆规，才能画出一个漂亮的圆。而华老师思考的对象首先是学生，他始终明白"教什么比怎么教更重要"。所以，他不断地叩问这堂课究竟要教什么，究竟要怎么教；不停地追问应该这样，不应该那样。思考这些问题，就能较好地确定学生的学习起点，拟定课堂教学目标。对于如何追求朴素有效的课堂教学，他作了精心而又精致的准备，眼中有学生缘自心中有学生。

我还特别欣赏课堂中这样一个镜头：请学生用圆规画一个直径是 4 厘米的圆，尝试练习后，一般老师都会展示学生成功的作品，而华老师却将学生错误的作品一一展评。为什么要展示这些失败的作品呢？难道是偶然所为？直觉告诉我：这就是华老师的独到之处——有对象感。现代教学思想认为，学生的错误不可能单纯依靠正面示范和反复练习得到纠正，而必须有一个"自我否定"的过程。部分学生第一次不会画圆，最好的办法就是通过相互对比，让他自我反思、自行修正。"没有对象，这些话就不可能说得使自己和听的人都相信有说出的实际必要。"（斯坦尼斯拉夫斯基语）教师之所以能左右逢源地从容驾驭课堂，正是因为对教材的正确把握、对学生的尊重与理解。这些理性的思考，也是课堂教学有效性的前提。或许当我们的思维方式呈现"方"的时候，华老师独自选择了"圆"！

学科感

"数学是思维的体操"，华老师深谙此理。而如何培养学生的批判思维和创新思维，如何引导他们思考"一定这样吗"，如何使他们获得丰富而独特的心理体验，正是他这堂课最想做的文章。不妨再现一些精彩的片段：

> 课始，教师创设一个问题情境：小明参加头脑奥林匹克寻宝活动，得到这样一张纸条——"宝物距离你左脚3米"。（出示白纸）……想一想：宝物可能在哪儿呢？学生纷纷在纸上表示自己的想法。教师接着问："还可能在其他位置吗？"展示学生作品后，发现由一个、两个点，渐渐由点及线呈现了"圆"。教师随即引导学生深入思考：为什么宝物可能在的位置就是个圆呢？整节课围绕这个思维触点生发开去。
>
> 接着，创设了操作情境。请学生尝试用圆规画一个直径是4厘米的圆。练习后，教师选择一些作品进行展示（学生身边没有橡皮，许多原生态的失败作品一览无余）。教师幽默地评价说："圆的样子都是一样的，'不圆'的样子就各有各的不同了。想想这样的'不圆'是怎样被创造出来的？"学生盯着屏幕，若有所思，若有所悟。"从这些作品中，我们是不是看出画圆并不是件太容易的事？"老师的及时追问似乎又暗含着什么。在比较观察中，在讨论思辨中，圆的特征渐渐明朗，学生对画圆的方法渐获要领。
>
> 最后，教者播放篮球开赛录像，联系学生实际，创设了生活情境，以画"小圆"引发学生思考"大圆"的画法。有的认为先固定圆心，用线绕一圈画大圆；有的认为可以将小圆一圈圈往外放……

美国劳伦斯教授曾经说过："教学就是要通过情景在学生的头脑中引起认知的兴奋，产生认知的冲突，形成思维的爆炸，进而引发学生的认知活动，建构新的认知结构。"看来，教者并不满足于传统意义上"圆的认识"，而是聚焦教学重点，通过学生尝试练习，把直问改为曲问，把提问改为对话，在概念形成的教学中体现思维的曲折历程、渐变过程，由"不圆"思考如何画圆，由小圆延伸到大圆，由文本的学习拓展到解释生活现象，从而改变了传统的师生交流方式。由课始寻宝到画圆到解释生活问题，真正地"入一点，牵一线，构一面"——"浑然大气铸成圆"，触及了学生认知的内核，着力建构问题模式，让问题的开放与教师的统领、学生的独思与全班的互动交流和谐统一，在不断追问中让学生逐步理解、明晰、构建、完善圆的认识，真正将概念的建构过程变成一个"意义赋予"的过程，提升了学生学习的层次，凸显了数学课的"数学味"。

文化感

"文化的本义，可以理解为对土地的开发、植物的栽培和农作物的收获。教育领域之中深层次文化的意义，是现在的教育教学方式、教育教学过程，就是文化过程。你怎么教，学生就怎么学。"（成尚荣语）对数学课堂文化的关注是新课改的核心理念之一。在这节课中，华老师通过语言的内涵品质来关注数学文化，通过教学内容的行进适时渗透数学文化，通过师生的互动交流来提升课堂文化。很多老师评价说："他的数学课极富文化感。"

研讨圆的特征时，教师出示了古人的说法："圆，一中同长也。"他让学生学着古人的样子读读这句话。"难道正三角形、正方形、正五边形、正六边形，它们不是'一中同长'吗？"教师的反问显然让学生有些措手不及，当课件依次不断地演示渐变图形，从正六边形一直到正819边形时，学生终于耐不住性子了："我认为圆是一个正无数边形！"是啊，由"圆"的教学引申至"正多边形与圆的关系"、"圆与球体的联系"，暗合刘徽的割圆术理论，让学生真切地体会到"圆是正无数边形"的极限思想。曲径通幽，富含哲理。

在探讨由小圆到大圆的过程中，教者大胆放手让学生思考："为什么没有规矩也画出了圆呢？"学生认为确定了圆心、半径就能确定圆了。华老师随即评价说："这样画遵照了画圆的规矩。看来，圆有圆的规矩，方有方的规矩，做人有做人的规矩，研究问题有研究问题的规矩。"

课末，教者出示了爱因斯坦的话："我没有什么特别的才能，不过喜欢寻根刨底地追究问题罢了。"然后说，科学家们还喜欢追问这个问题——"一定这样吗",回归到课始情境,再次追问:"宝物一定在以左脚为圆心、半径是3米的圆上吗?"然后出示半个西瓜的图片。有学生惊喜地发现这是一个球。由圆及球,前后呼应,但朴素的教材是否承载着太多的数学思考?

事实上,同圆或者等圆中的半径和直径都有无数条、直径是半径的两倍等知识点,圆心等一些概念,必然沉淀了丰富的数学内涵。传统的课堂教学往往只是通过操作让学生被动地理解这些概念、知识点,而忽视了内含于"冰冷的美丽"中的"火热的思考"。因此,关于圆的数学文化往往成了数学史料的堆积,学生根本无法去触及、去分享,而华老师敏锐地对之加以捕捉,及时作出判断,放大、外化,并在课堂中悄无声息地予以传递——"学问,学问,就是要学会去问""首先应该看到别人好的地方,然后再说但是……"如此精彩的评价贯穿课中,原因在于教者不仅在数学学科内寻找圆融,而且从数学哲学的角度来精心设计教学流程,对抽象的概念赋予直观、形象、生动、深刻的解读,还原数学文化的本质力量,让数学课堂绽放理性之美。

因此,在华老师的课堂上,数学学习作为一种文化熏染和文化传承,从传统的数学史料的刻意点缀转化成数学思想方法的不断充实、认知探究过程的逐渐丰满、学生数学素养的不断丰厚,足以让我们欣赏到数学文化——一种直达本质的深邃美丽。他的质疑、反思和批判精神,使"圆的认识"又有了别样的解读。课堂,精彩于"方""圆"之间!

(陈惠芳,江苏省张家港市教育局教研室)

把握学科本质与研究学生是数学教育永恒的课题

普普通通的"圆"引出的是不普通的话题。

听过华应龙老师执教的"圆的认识"的老师,大都为其"大气"的教学设计及其实施所折服,好评如潮:新颖,精练,有品位,智慧,自然,活跃,从容,幽默;教者潇洒自如,上课得心应手;学生学得轻松,知识掌握牢固……

但也有这样的评价：有创意，有享受，但有争议；轻松、智慧、大气，但有疑惑；满怀希望却比较失望；作秀、无意义……

有争议、有质疑正是社会进步的表现，正是新的课程改革深化的动力。

质疑与争议的焦点在哪里呢？我们用"事实与证据"说话——课后即对部分听课教师（60人，江苏南通、北京各30人）做问卷调查，调查结果如下页表。

总之，听课者担心基本知识和基本技能没有落实到位，不"扎实"。现在我们就来讨论其中的一些话题。

一、是教"定义"，还是让学生经历"定义化"

有的老师认为，华老师的课中，关于圆的半径、直径的定义以及它们之间的关系是一笔带过的，学生，尤其是后进生，能掌握这些基本知识吗？

这位老师的评价非常中肯，这节课确实淡化了这些概念的"定义"，相反，却非常重视对这些概念本质的理解：

是什么（小明"寻宝"）：在思考与尝试中初步感知"圆是到定点的距离等于定长的点的轨迹"，初步感知确定"圆"的两个核心要素——圆心、半径。

为什么是圆：通过与正多边形的对比研究，让学生再一次感悟到"圆"之所以为"圆"的关键是所有半径都相等。

怎么画圆：通过对学生"不圆"作品以及如何在篮球场上画一个大大的"圆"的分析，再一次强化"圆"之所以为"圆"的核心：到定点的距离都相等。

您能接受这样的数学课吗	能够接受（57%）		基本能接受，也就是说可以偶尔为之，不可长期如此（37%）	不能接受（6%）
能够接受或不能够接受的理由	重视通过想象、思辨等思维活动来概括圆的特征；重视组织学生思考"为什么这样就可以画出圆"；重视数学史料的文化功能的挖掘，而不是将数学史料作为文化点缀。 亮点较多，前后呼应，有借鉴价值。 有助于学生思维品质的形成以及创新潜能的开发。 设计新颖，敢于放手，文化气息浓厚。 有效开发和培养了学生的想象力。 来自学生的错误较真实。 突破教材，思维活跃。 特级教师驾驭课堂的能力让人佩服，能适时对孩子进行思想品德教育。 "寻宝"由一个平面拓展到立体，为学生的空间想象创造了平台，并告知学生提出一个问题比解决一个问题更重要。		偶尔上上可以，如果长期这样，后进生的情况不堪设想。 面对现状，教育不能只关注部分学生，而要对全体学生负责。 学生有没有把知识学扎实？ 不是人人都能驾驭。	过分注重数学知识的人文背景，向学生充分展示了圆的文化内涵，可谓数学课堂文化气氛浓厚，但在基本的数学知识与数学能力方面，学生仍停留于上课之前的原始状态，朦朦胧胧的，并未上升到数学的理性与概括阶段，这不是数学课。 课堂教学超时。

所以说，整堂课对"圆"本质的理解不是"轻描淡写"，而是"浓墨重彩"，让学生真正理解了"圆为什么是圆"这个看似不是"问题"的重要"问题"。

我想老师的这种担心不无道理，因为在华老师的课上没有明确写出"圆心""半径""直径"的定义，也没有再进一步让学生练习这样的题目——给出半径的数据求直径或者给出直径的数据求半径，画出一个"圆"并标出一些非直径或者半径的"线段"让学生来判断，也没有出几个像"从圆心到圆上任意一点的距离都相等"之类的判断题，因而听课教师认为练习不够，不能很好地强化学生的理解。"后进生"怎么办？一句话，听课教师的心里不"踏实"。

但学生的后测结果表明，由于学生充分地经历了"圆"的形成过程，由于教学设计中处处以圆的两个核心要素为重点来展开教学，因此，即使课堂上不练习这样的"问题"，学生仍然没有"问题"。

听课教师的这种担心实际上折射出教师的一种教学价值判断：我讲过的、练习过的"题目"学生就应该会解决，没有练过的就可能不会（甚至不会也是应该的）。教师的要求太低了，学习难道就是解决曾经解决过的问题？他们忘记了把握概念的本质并掌握解决问题的方法才是解决一切"问题"的法宝。

这种担心更折射出教师的几何教学观：我们是教"定义"，还是让学生经历"定义化"的过程？

对此，荷兰著名数学家、数学教育家弗雷登塔尔（《作为教育任务的数学》）早就有过精辟的论述：

> 儿童用逻辑方法组织活动的能力有着一个持续但并不连续的发展过程。在最初阶段，他们通过手、眼以及各种感觉器官进行思维，经过一段时间的亲身体验，通过主动的反思（笔者注：核心是追问"为什么"），就会客观地描述这些低层次的活动，从而进入一个较高的层次。必须注意，这个高层次的达到，绝不能借助算法或形式的灌输来强加给他们。

我们实际的教学是否有很多是"借助算法或形式的灌输来强加给他们"的？展示几幅关于"圆"的美丽图片，再问问"这些都是什么形状"，抽象出

"圆形"，紧接着就给出"圆心""直径""半径"的定义，并做练习巩固强化。这是小学的几何教学吗？靠这样的"形式化"的"强化"学生就理解了，就掌握了？学生对"几何"以及几何学习会有什么印象？

他接着写道：

> 演绎必须始于定义，它是演绎推理链中的重要一环。但苏格拉底的教学理论（笔者注：实际上就是弗雷登塔尔的主张）不主张用定义来引入几何对象……它（定义）不是强加的，而是由直观萌芽逐步发展的，因而就学会了演绎地组织一个对象性质的方法。在实际的科学研究工作中，多数定义不是事先想好的，而是组织、推理的结果。学生应该有这个权利，让他们自己来发现，这样既直观、自然，又有相对性，可以充分体会定义的必要和作用，并且掌握等价的定义。

对此，我们以一个案例来说明。为了了解学生对"圆"的已有认识和经验到底有哪些，我们选择不同年级的学生做了前测，我以我女儿（小学三年级学生）作为观察对象，来了解学生对"圆"的认识，下面是我和她的一段对话：

笔者：右面这幅图中哪条线段是直径？

女儿：妈妈，什么叫"直径"啊？

笔者：你自己看，自己决定吧。

女儿：3 号是直径。

笔者：为什么啊？

女儿：因为它是"直直"的，"直径"、"直径"嘛！

笔者：其他的线段就不是"直直"的？

女儿：是斜的，哦，也是"直直"的，因为 3 号最长。

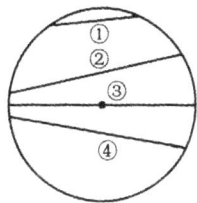

到底什么是"直径"？女儿创造的"定义"——圆上最长的线段——是否可以作为直径的等价定义？学生对于几何图形是否都有"直觉"？什么最容易被学生"直觉（知觉）"到？显然是"长度"，因此"距离"是学生学习、研究几何图形时最容易感知与理解的一个概念。

让学生在动手、动脑的操作中经历"圆"的形成过程，并经历"圆为什么是圆"的理性推理过程，使得"直径"、"半径"、"圆心"的定义呼之欲出，因此，完全可以让学生自己来"创造"定义，进而理解定义。在华老师的课上，就是通过如何"标出"直径、半径来强调这一点的：

师：对，圆规两脚间的距离就是半径。那现在我也来画一个圆。

……

生：（几乎是喊着）两倍关系！一半

（教师板书：$d = 2r$）

二、对于"圆"，学生已有哪些认识

听完华老师的课，有很多老师担心思维慢的学生，尤其是后进生是否真正掌握了"圆"。其顾虑仍然是前面所说的没有强化定义，没有做相应的练习（后测结果表明，老师们多虑了）。即使是后进生，对前面所说的练习有困难吗？学生对"圆"到底已有哪些认识？

对此，我们选择北京市一所重点小学的六年级学生、北京市郊一所农村小学的五、六年级学生，以问卷的形式进行调研，并对我女儿以观察、访谈的形式进行了解，结果如下：

1. 总体来看，城市重点小学学生的得分远远高于农村学生的得分。

2. 100%的学生能够正确地辨认出"圆形"，能够正确地标出哪条线段是直径。

3. 填下面的表格时，学生的差距比较大，但不是因为学生不理解直径与半径的关系，而是因为当学生追问"什么是直径""什么是半径"时，如果教师鼓励学生按照自己的理解来判断，个个几乎都没有问题（除了个别学生计算上的失误）；而在做农村小学六年级学生的测试时，教师没有鼓励学生按照自己的理解来做，而是说"如果会就做，如果不知道就空着，不用填"，因此大约70%的学生没有做这个填空题。从得分来看，五年级学生远远好于六年级学生。其原因不在于五年级学生比六年级学生知道得更多，思维水平更高，而在于教师的鼓励与"引导"，因此六年级学生不是不会填写表格，而是完全"按照教师的要求去做"。

半径（r）	2分米		5厘米	
直径（d）		6米		0.24米

4. 当要求学生画一个半径为3厘米的圆并标出一条半径、直径及圆心时，重点小学的学生几乎百分之百能够解答（除个别学生"徒手"画圆外）。农村学生约有50%是"徒手"画圆（几乎都像"圆"，学生在力图保证到"定点"的距离相等）；约有50%没有留下任何"痕迹"，卷面是空白的。

三年级学生解决这个问题的过程如下：

先是"徒手"画圆，感觉"不圆"，自己的归因是"不认真"，然后又"认真"地"徒手"画了一个"圆"，仍然有地方"瘪进去"了，最后自己终于发现"要用圆规画圆"，找到圆规后就能正确地解决这个问题。

5. 小明说："圆没有棱角，是圆圆的。"他说得对吗？请把你的理由写下来。

几乎100%的学生都认为他说得正确，但不能清晰地写出理由。个别学生认为他说得不对，例如，有学生说"圆不是没有棱角，而是有无数个棱角"，有的画出了圆的"圆心角"、"圆周角"，所以他认为"圆也有角"。

通过前测调研，我们认为学生对于圆的认识没有本质上的区别，对"圆"都有一种"直觉"，差距在于是否听说过"直径""半径""圆心"等名词术语，更大的差距在于学生是否敢于挑战自己：

学习敢于从自己"朴素"的理解开始吗？

敢于自己给某个概念下"定义"吗？

是否有尝试"错误"的愿望与勇气？

是否有"教师没有讲，我也能会"的自信心？

一句话，学生的差异不在于知识储备的多少，而在于是否有一定的学习方法，以及学生的数学学习观是什么。

三、数学文化该如何渗透

有老师认为，这节课过分注重数学知识的人文背景，向学生充分展示了圆的文化内涵……但在基本的数学知识与数学能力方面，学生并未上升到数学的理性阶段与概括阶段。

真是这样的吗？关于圆，"上升到数学的理性阶段与概括阶段"是什么样子？数学文化的价值是什么？

在当前的小学数学课堂教学中，老师们试图尝试数学文化的渗透，但有失偏颇。课堂上出现"古人说"、引用数学历史上的史料就算是渗透数学文化吗？对此，我们缺少对"什么是数学文化"以及如何发挥数学文化的教育价值的追问，因而"数学文化"很容易成为课堂教学的点缀与装饰品。

对于什么是"文化"，我不敢谈论，但文化应包括三个层面的内涵：器物、制度、精神。数学文化也是这样，课堂教学中数学文化绝不能仅仅是"器物"的呈现，更重要的是制度（原理、方法等）、精神与信念的渗透，是用来帮助揭示教学内容的本质的，要用得恰到好处。

在华老师的课上，当学生经过操作、追问等活动理解了"圆为什么是圆"后，引出《墨经》中的"圆，一中同长也"，让学生感悟到，我们非常聪明，古人更聪明，那么早就能够抓住事物的本质，体会到中国语言文字是高度凝练与概括的，进而体验到民族自豪感。

当学生学会利用"对比"的研究方法，分析正多边形与圆的联系与区别，并利用课件真正"看到"正 N 边形（当 N 越来越大时）就是"圆"时，教师出示老子的经典话语——"大方无隅"，学生的感悟又是什么？除了前面所提的之外，是否又从另一个角度高度概括了圆的本质？是否让学生初步感悟到了"量变导致质变"的哲学思想？是否让学生体验到了"无限"世界中的神奇与美妙？

当学生利用圆规画圆后，教师出示"没有规矩，不成方圆"，学生是否体验到了这句话的内涵？是否体验到了语文与数学的密切关系？是否体验到了要换个角度看待所要学习的各个学科？

当学生不能用圆规画操场中的大圆，而想尽一切办法画圆时，教师又出示"没有规矩，不成方圆"，学生是否感悟到画圆不在于是否必须用"规"，而在于必须满足"到定点的距离等于定长"这一圆的本质特征，从而理解"规矩"并不是具体的"规"与"矩"，而是"道理"或者"原理"，再进而明白这也是做人和做研究的道理？

经历这样的教学过程，学生理解了"圆，一中同长也""大方无隅""没有规矩，不成方圆"这三句话，这不是对圆的本质以及特征的高度概括吗？

课堂教学永远是"我的地盘我做主"，但其前提是把握学科本质加上研究学生。

（刘加霞）

朴素而富有启发性的一项研究

教师搞科研，是教师专业化的重要途径，也是探究有效课堂教学的切入点。那么，教师科研工作的目标定位是什么？其突破口又在何处？应该如何研究？这一系列问题应该是教师科研有效性必须思考的问题。北京第二实验小学的华应龙对小学高年级"圆的认识"作了新的思考和新的尝试。他以对一节课的探索和研究作为研究小学数学课堂教学有效性的切入点。我认为，这样一项既朴素又务实的研究，不仅反映在课堂现场的实效性上（大部分听课老师赞同，以及学生们不想下课这一情境），而且对教师如何进行教研工作也有不少启发。

启发一：教师科研的定位问题

科研工作，一般来讲，有基础研究、应用研究、基础应用和应用基础四类不同定位。华应龙对这节课的成功研究主要是，在有限的 40 分钟时间内学生到底应该学到什么，才能得到可持续发展。这是一项很务实的应用性研究。我认为，教师的这种科研定位是很恰当的。基础教育育人的主要渠道是课堂，因此，教师研究课堂教学如何促进学生得到充分的、全面的、和谐的可持续发展，应该是教师科研工作的主导性方向。

启发二：如何研究问题

华应龙对"圆的认识"的研究，首先是从众多现有的"圆的认识"的教学现状出发找出问题的，即先发现问题。他发现主要存在三个问题，从这三个问题出发，他又思考了八个问题。在对这八个问题的思考中，他抓住了小学数学学科的本质，从学生对圆的认识的现状出发，确定了两个教学目标，即认识圆的特征，让学生初步学会画圆，发展空间观念；在认识圆的过程中，感受研究的一般方法，享受思维的乐趣。根据这两个目标，他设计了在寻宝中创造"圆"、在追问中初识"圆"、在画圆中感受"圆"、在"篮球场"上解释"圆"、再次寻宝突破"圆"、课后延伸研究"圆"这样六个环节。在寻宝中创造"圆"的设计是非常符合该年龄段学生的认知特点的，即在寻宝中提出一个问题，而这个问题恰恰是这堂课的教学内容。在问为什么中，教师激发了学生的好奇心和求知欲，为这节课有效的学与教做了非常好的心理准备。

在此基础上，再一步一步地深化，从今到古，从平面到立体，从概念到现实，从不平衡到平衡又回到不平衡，从概念理解到概念应用，从知识到技能，在这一系列深化过程中，知识和数学文化、概念和应用、结果和过程、知识和思维方法等数学教学中一些很重要的问题在这一堂课中呈现得很自然、很和谐，这是课堂教学的一种美，它有利于学生达到学知识、长智慧的目的。

启发三：教师进行科研，应该具有科研的素质

首先，要善于发现问题，善于思考，善于抓住研究课题的本质因素，善于乐观地对待挑战。其次，要善于把思考付诸实践。最后，要进行实践后的反思，也就是要发现或提出新的问题。华应龙这样的研究表明，他已基本上具备了科研工作者的这些素质。这些素质应该是一位科研型、智慧型教师进行有效课堂教学的基础。

华应龙对"圆的认识"的研究，既具有实用性，又对教师如何进行科研具有启发性。因此，这是一项很有价值的研究。

（张梅玲）

11. 请把题目认真读完

——以六年级数学复习课"审题"教学为例

【课前慎思】

怎样审题

2002 年的某一天，我在《读者》杂志上看到一篇题为"请把试卷认真读完"的文章——

某大公司要招聘一名总经理助理，广告刊登后应聘材料像雪片一样飞来。经过认真挑选，50 个人有幸被通知笔试。

考试那天，在临时的考场——公司会议室里，众考生个个踌躇满志，胸有成竹，都显出志在必得的信心。很快，考试开始了，考官把试卷发给每一位考生，只见试卷上题目是这样的：

综合测试题（限时 3 分钟）：

1. 请把试卷认真读完；

2. 请在试卷的左上角，写下尊姓大名；

3. 在你的名字下面写上汉语拼音；

4. 请写出五种动物的名称；

5. 请写出五种植物的名称；

6. 请写出五种水果的名称；

7. 请写出五座中国城市；

8. 请写出五座外国城市；

9. 请写出五位中国科学家姓名；

10. 请写出五位外国科学家姓名：

11. 请举出五本中国古典名著；

12. 请举出五本外国文学名著；

13. 请写出五个成语：

14. 请写出五句歇后语：

不少考生匆匆扫了扫试卷，马上就拿起笔，"沙沙沙"地在试卷上写了起来，考场上的空气都因紧张而有些凝固。

一分钟……两分钟……三分钟，时间很快就到了，除了两三个人在规定的时间三分钟之内交卷外，其他人都还忙着在试卷上作答。考官宣布考试结束，未按时交的试卷一律作废时，考场上像炸开了锅，未交卷的考生纷纷抱怨："时间这么短，题目又那么多，怎么可能按时交卷呢？""对！题目又很偏！"

只见考官面带微笑："很遗憾！虽然各位不能进入敝公司的下一轮考试，但不妨都把自己手上的试卷带走，做个纪念。再认真看看，或许会对你们今后有所帮助。"说完，他很有礼貌地告辞了。

听完考官的话，不少人拿起手中的试卷继续往下看，只见后面的题目是这样的：

……

19. 请写出五个"认真"的同义词：

20. 如果你已经看完了题目，请只做第 2 题。

看完文章，我哈哈大笑。太妙了！我自己也会上当的。让我的学生来做，情况又会怎样呢？在以前的教学中，我们苦口婆心地让学生审题，可是学生依然我行我素，想当然地不把题目读完。是否可以让学生在参与中求体验？

于是，我思考："审题"是问题解决的第一步，也是重要的一步，但在问题解决的教学中到底什么是"审题"？"审"什么？如何"审"？是否有一个共性的流程与标准？学生在审题时的内部心理过程是什么？有效的"审题"需要哪些动力支持系统？教师能够提供哪些帮助以利于提高审题的成效？在审题过程中"专家型问题解决者"与"新手型问题解决者"的区别是什么？

波利亚说过："对你所不理解的问题作出答复是愚蠢的，为你所不希望的目标工作是悲哀的。"他指出：审题时要弄清已知数据是什么，未知数是什么，条件是什么；要求解未知数，条件是否充分，或者是否不充分，或者是多余的、矛盾的。那么，什么样的题目能很好地体现审题的价值？如何让学生读题后与已有的经验、知识背景"直接"建立"有效"的联系？"直接"指学生独立读题后，无需教师的解释和提醒。"有效"是指正确、不存在误解的情况。

学生审题的理想状态是，首先要把题目读完，其次要多读几遍，那么，每读一遍的价值是什么？

【课堂实录】

"审题"教学纪实

教师出示一个大正方形（如图 1），并把它平均分成 BCD 四块，在 BC 三块中又选择完全相同且面积相等的一部分涂上阴影。

请学生们思考问题：

①将 A 部分的空白部分平均分成形状相同且面积相等的两部分。学生经过思考，很快便发现了答案，只需要添一条线即可（如图 2）。

②将 B 部分的空白部分平均分成形状相同且面积相等的三部分。同样，

学生们也很快便发现了答案（如图3）。

③将C部分的空白部分平均分成形状相同且面积相等的四部分。这时，不要说学生，就连现场听课的老师们也陷入了深深的思考中。这的确是一道非常富有挑战性的题目。最后由老师直接给出了答案（如图3），现场一片惊叹，确实，这个答案不是学生或者老师一下子能想得出来的。

④将D部分的空白部分平均分成形状相同且面积相等的七个部分。另外，还给出了一句话——"解答这道题的世界纪录是七秒"，接着电脑便开始计时了。在这样的氛围下大家似乎都停止了思考，不知道如何应对。当时间到时，没有一人想出答案，华老师又出示了答案（如图4），现场所有人都笑了。不是因为这个答案太高明，而是因为这个答案太简单了，正像学生所说的"我们思维定式了"。的确，在数学学习中，思维定式太可怕了，它可以打断我们正常的思维，同时把我们带进一个怪圈中走不出来。就在这样一种轻松的氛围中，开始上课了。

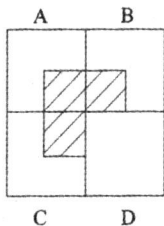

图1

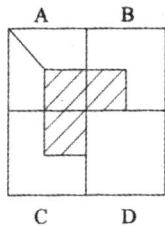

图2

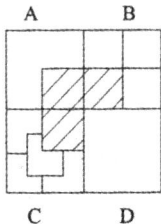

图3

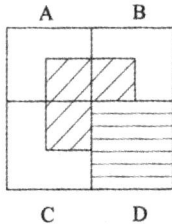

图4

师：口算下面各题，（电脑出示）直接写答数。比一比谁能全部做对。

23×4 $4.8 \div 2$ $15 - 0.6$

24×5 16×5 $21.7 + 3$

$0.3 \times 0.9 \div 0.3 \times 0.9$ $0.9 \times 0.3 \div 0.9 \times 0.3$

（学生练习。教师巡视，提醒学生不用举手，做好的请坐正。3 分钟后，教师出示答案，学生自己判断。对的打钩，错的打个问号。）

师：刚才 8 道口算题全对的请举手。

（有部分学生举手）

师：（饶有兴趣地数着）哦，不错，共有 20 位同学全对。真棒！全对的同学有没有经验告诉大家？做错的同学是不是有疑问要请教呢？请前后四人小组交流一下。

（学生交流，几分钟后，组织全班交流。）

师：交流后，自己有没有收获？你觉得最大的收获是什么？

生：我最大的收获是锻炼了自己口算的能力。

师：真棒！还有特别的吗？

（学生在思考）

师：（发现没人举手，幽默地说）刚才大家说了有收获，但是这个收获呢，却一时不能表达出来，或者说还不想表达，没关系。这让我忽然想到一首歌：你虽然不开口说一句话，但是却明白人世间的真假……

（学生和听课的老师都笑了）

师：其实不管做对了还是做错了，我想都有自己的收获！不急，等一会儿再表达。接下来要好好表现了。现在，我们来完成一份练习卷，5 分钟内，看哪些同学能圆满地解答这些题。为了公平起见，拿到试卷后，先不要看，等一会儿一起看试卷。

（教师分发试卷，不时风趣地说着："真好，没人从试卷的反面偷看。"稍后，学生开始答卷。）

师：（巡视课堂，鼓励学生）同学们写字的姿势真好！时间已经过去一半了。不好，糟了……

（接着，在屏幕上出示了第六题。听课老师抬头一看，纷纷窃笑，估计很多学生要上当了。）

师：（善意地提醒）不要说话，自己独立做。

师：时间到。现在我了解一下，完成的请举手！

（没人举手，没有孩子全部完成）

师：（吃惊地）啊，不会吧？有什么想法吗？怎么一个同学也没有做完？我想不会吧。

生：（生气地）华老师，你在耍我们。

师：我哪里耍你呢？

生：（语气坚决地）看了第 6 题，就觉得你在耍我们。"如果你已经认真读完了 7 道题目，就只要完成第 1 题。这样的测试有意思吗？那就笑在心里，等待 5 分钟的到来，好吗？"

师：（惊奇地）哦，我真的在耍你们吗？

生：（非常冷静地）我认为华老师并没有耍我们，因为试卷上第 1 题——"请认真地把试卷读完，然后在试卷左上角写上自己的姓名"已经告诉我们要把试卷读完，如果认真读完试卷，应该可以看到第 6 题。

师：（惊喜地）这个小老乡真好，善解人意，真是我的知音。我有没有耍你们？开始不是说明白了吗？

生：（齐读）"请认真地把试卷读完，然后在试卷左上角写上自己的姓名。"

师：（反问）要做几件事情？

生：（齐答）两件事情。

师：刚才我发现了，有的同学做了第一件事情，还有的同学名字也没有写，赶紧去做题了。刚才要求大家除了写名字，还要求做什么？

生：还要认真读题。

师：（感叹地）你看，老师提醒你了，你没有读完，这能怪我吗？

（很多学生低下头，自责状）

师：现在说说你有什么感受。

生：以后解决问题时，先审题，再好好做。

生：审题太重要了！

生：要认真地把题目读完。

师：那好，现在请大家完成第 4、5、7 三题，时间为 6 分钟。

（学生独立解答，稍后，进行反馈）

生：第 4 题：$300 - 4 \times 60 = 60$（千米）。

师：还有不同的答案吗？

师：（对着一个男生，笑着）你的表情特别好，皱着眉头想说话，请你说。

生：$60 \times 4 = 240$（千米）。

师：（怀疑地）啊，还有不同的答案？认同第一个答案的请举手！（大部分学生举起手）同意第二个答案的呢？（少部分学生举起手）咦，怎么这道题有两个不同的答案呢？

（学生都低着头思考）

师：（笑着问）那你们究竟同意哪一个？（很多学生改变了自己的选择）为什么改变想法了？

生：因为"从甲地开往乙地，平均每小时行 60 千米，4 小时后离甲地多少千米"就是求 4 小时行了多少千米。

师：是这样的意思吗？会画线段图吗？

（学生独立画线段图）

师：搁笔，大部分同学画好了。把题目画出来是个审题的好方法。简单的题目，可以在头脑里画图。看好问题求什么。把问号标在哪里呢？

生：（齐答）求 4 小时后离甲地多少千米。

师：我们一开始以为求什么了？

生：以为是离乙地多少千米。

师：是不是有人看到"4 小时后离"，就不看了？（好几位学生在使劲点头）这让我想到了一个故事：一位同学回到家，他妈妈说："儿子，帮我去……"那儿子撒腿就跑。妈妈在门口频频招手："儿子，你还没听我说去哪儿呢！"（学生们会心地笑了）最关键的是把题目认真读完，看了一半，不行。咦，刚才大家就知道了"要认真地把题目读完"的啊？看来知道并且做到，才能做到最好。

（学生想想刚才的表现，都不好意思地笑了）

师：做完这题有收获吗？看来经验是有用的，但要看什么时候用。把经验用错了地方就是教训。

（学生默默点点头）

师：第 5 题已经做出答案的请举手。（全班只有几个人做出来）我就好奇了：没有答案，一定是碰到难处了。哪位来说说？

（没有学生响应）

师：（微笑着）不让会做的说，却让不会做的说，为什么啊？（有学生认为老师说出了自己的心里话，笑了）这就像一个人问路，我们得先问他在哪儿迷路了，是吧？（学生脸上浮现出明白意思的表情）能把自己碰到的难处说出来，那就是水平。

（稍停片刻）

生：题目太长，没看懂。

师：你是第一个勇敢地说出自己困惑的人，了不起！最近几年高考数学试卷上都有一两道题题目很长，那是在考阅读理解能力呢。

生："小明的小狗遇到小兵后立即返回向小明这边跑，遇到小明后再向小兵这边跑……"省略号，是什么意思？

生：小狗第一次遇到小兵的时间可以求，小狗再和小明相遇的时间就不会求了。

生：我不会求小狗一共跑了多少时间。

（学生说出困惑后，教师都给予鼓励。然后逐一解决。关于理解题意，教师让学生试着用一句话来概括。）

师：求小狗跑的时间，可以一段一段地加起来，不过，那样难度挺大。如果我们的思路不是跟着小狗跑，就好求了。小狗从什么时候开始跑的，到什么时候结束的？

生：与小明、小兵同时开始，到小明、小兵相遇结束。

生：（大部分同学几乎是同时恍然大悟）哦，小狗跑的时间就是小明和小兵相遇的时间。

师：（满意地点点头）困惑解决了，那现在会做了吗？

生：我是这样做的：$55 + 65 = 120$（米），$1200 \div 120 = 10$（分），$240 \times 10 = 2400$（米）。

师：跟他一样的同学请举手。还有不同的吗？

生：$55 + 65 = 120$（米），$1200 \div 120 = 10$（分），$240 \times 10 = 2400$（米），$2400 \times 2 = 4800$（米）。

师：我很好奇这位同学为什么还要用 2400 乘以 2 呢。

生：我认为小兵也带了一条狗。

师：（手指题目）来，我们一起看题目。（手停在半空，突然哈哈大笑起来）对，对，对，小兵也带了一条狗，一共两条狗了。

（有部分学生和听课老师先不明白，后来都笑了）

师：（开心地笑着）"带着小狗的小明和小兵"，确实可以理解成两人都带了小狗。两只狗，就走了 4800 米。（高兴地摸着孩子的头）呵呵，你叫什么名字？

生：我叫刘凉风。

师：这个"凉风"好不好？（众生笑）你真的太棒了！敢于独立思考。来，掌声祝贺他！我真的没有想到，这可不是华老师有意设计的。

师：现在我特别想提醒那些刚开始没有做出来的同学，一开始是不是盯着题目里那个省略号在想？这让我想起了一个魔术。（播放世界著名魔术大师大卫的魔术：出示六张扑克牌，要求选中一张并记住。几秒钟后，再出示五张牌，果然，自己记的那张牌消失了。不少学生惊讶地张大了嘴……）知道这个魔术的秘密吗？

生：知道。看牌要仔细。

师：怎么仔细？

生：就像看题目一样。

师：看仔细，看出什么了？

生：看出规律来。

师：你想的那张牌是不是没了？（生答：是！）你想的牌也没有了，他想的那张牌也没有了……怎么回事？

生：全换了。

师：（充满怀疑地）是全换了吗？

生：（齐）是！

师：（开心地）真奇妙！那我们一开始怎么没看出这一点呢？是因为我们的眼睛只盯着那一张牌。当我们的眼睛只盯着一个地方看时，我们就会像瞎子一样看不见其他的了。

（众生齐笑）

师：现在请大家交流第 7 题。

生：$4 \times 3.2 = 12.8$（平方米），$12.8 + 2.8 = 15.6$（平方米），$15.6 \times 0.4 = 6.24$（千克）。

（其他同学笑了，看出来第二步好像不对）

师：哦，别说人家错了，有不同想法说出来讨论。

生：$4 \times 3.2 = 12.8$（平方米），$12.8 - 2.8 = 10$（平方米），$10 \times 0.4 = 4$（千克）。

师：好！孩子们，还有不同答案吗？那究竟是第一个答案对，还是第二个答案对呢？

生：（齐）第二个答案对。

师：我们肯定不比人多，也不比声音高，我们只要比较第一个与第二个的不同之处在哪里。看得出来，这也是一个本领。

生：他们解题的第二步不同：上面是加，下面是减。

师：对，区别就在这里。那究竟应该是加上 2.8 还是减去 2.8，减还是加呢？

生：应该是减，因为窗户上不要涂漆，应该用减法。

师：说得真逗！窗户上又不要涂油漆，不能用加的。（学生们都笑了）那应该选哪个结果呢？

生：（齐）应该选第二个。

师：（故意放慢速度）第二个答案是对的？

生：（充满自信地）我认为这两个答案都不对。因为题目里说"小红的房间长 4 米，宽 3.2 米"，要求南墙刷上彩漆。这样就必须知道房间的高，而题目里没有告诉我们，所以我认为这两个答案都是错的。这道题没法做。

（全班学生主动鼓掌）

师：（微笑着）佩服，真佩服！我有两层佩服：一是刚才大家做试卷时，他只做了第一步，后面没有做，我猜他认真审题了；二是在大家声音这么高，意见这么集中的时候，他有勇气站起来发表自己的想法，这是很不容易的。掌声！请大家为他鼓掌！

（师生热烈鼓掌）

师：这使我想到了一个数学故事：在茫茫的大海上有一条船，这只船上装了 75 头牛、45 只羊，请问船长今年多大了？

（生齐笑）

师：你们笑什么？

生：这好像与船长的年龄毫不相干。

师："毫不相干"，这个词用得好！可是，当年一位数学家到全国各地去搞实验，很多人这样解答：75 + 45 = 120（岁）。有人想船长的年龄不可能这么大，于是用 120 ÷ 2 = 60（岁）。也有人用 75—45 = 30（岁）。总之 90% 的人都给出了答案，很少有人发现不能做。我们班同学都看出来了，佩服，为自己鼓掌！

（学生充满了自信，纷纷为自己鼓掌）

师：上完这节课，现在你有什么收获？

生：审题时要看清楚题目，不能盲目下笔。

生：看题目的时候，看清楚条件与问题、条件与条件之间的联系。

师：（板书：审题）那怎么审题呢？

生：仔细读条件，看清楚条件与问题是不是相干。

生：做应用题时，看问题最后求什么。就像刚才第4题，实际上仔细看了，就明白了。

师：还有其他的想法吗？

（学生窃窃私语）

师：从刚才的练习可以看出：我们在解决实际问题时，要认真读题，不能想当然，不能根据已有的经验盲目判断，经验有时候也会害我们。我写了一首儿歌，与大家一起分享——

审　题

审题不误答题工，

匆匆动笔希望空，

量量关系要读懂，

读完三遍再起动。

（学生们读完，教师接着说）审题就是审题目中的数量关系——已知量和已知量、已知量和未知量之间有什么关系，有没有关系？我建议学生，题目一般读三遍，第一遍理解题意，第二遍分析关系，第三遍确认算法。不能读一遍就动笔，更不能读 0.7 遍、0.8 遍哦。

（全班同学微笑着走出了教室）

附　综合测试

1. 请认真地把试卷读完，然后在试卷左上角写上自己的姓名。

2. 脱式计算：$1.25 \times 32 \times 0.25$

3. 解方程：$6.8 + 3.2x = 26$

4. 甲、乙两地相距 300 千米，一辆汽车从甲地开往乙地，平均每小时行 60 千米，4 小时后离甲地多少千米？

5. 带着小狗的小明和小兵同时分别从相距 1200 米的两地相向而行，小明每分钟行 55 米，小兵每分钟行 65 米，小狗每分钟跑 240 米。小明的小狗遇到小兵后立即返回向小明这边跑，遇到小明后再向小兵这边跑……当小明和小兵相遇时，小狗一共跑了多少米？

6. 如果你已经认真读完了 7 道题目，就只要完成第 1 题。这样的测试有意思吗？那就笑在心里，等待 5 分钟的到来，好吗？

7. 小红的房间长 4 米，宽 3.2 米。她爸爸准备把南内墙刷上彩漆，这面墙上窗户的面积是 2.8 平方米。算一算，小红爸爸至少需要买多少千克彩漆？（每平方米大约用彩漆 0.4 千克）

【专家评析】

教学出彩源于潜心创新

在数学学习中，学生因为粗心看错题目，而招致解答失误的现象屡见不鲜，这是十分恼人的常见病、多发病。一般教师都会加强纠错教育，并把它当作作业或试卷讲评的重要内容。但是，这种纠错的教学努力，往往是在作业或试卷的评定讲解中，结合对学生解答失误的原因的分析泛泛而论，就题论题。鲜见数学教师在六年级小学数学的毕业复习教学中，像语文教师那样专门去上审题指导课的。而华老师选取大家最为常见的学生审题粗心致误的问题，于平常中创新教学认识，采取不平常的教学处理，专题专上，引导反思，击以猛掌，形成歌诀，主旨鲜明突出，着眼于自我教育和元认知意识的培养。这样安排，本身就是一种对小学数学教学课型的创新，一种从关注知识到关注人的突破。

这节数学复习课新意迭出，设计思路十分出彩。教者出于对学生数学学习中常见粗心致误的纠正的高度重视，对不认真审题的多发病医治出人意料地组织亲身体验，用亲历体验来唤醒读题的"良知"，让正误对比来激发审题的觉悟。教学设计不落窠臼，从培养学生的解题思维习惯入手，运用真切有趣的习题情境，诱导学生上当，欲擒故纵，进行高温冶炼，强力锻打和淬火，在骤然冷热之中，在响鼓重锤之下，对学生的心灵造成振聋发聩的震撼，增强学生对于粗心致误的切肤之痛的深刻体验，造成他们终生难忘的强烈印象。

这节课在轻松的课前活动铺垫下，让学生对课堂教学的主旨有所接触。开课从易错的口算题练习入手，安排校对和讨论，然后又用一组有多余条件、缺少条件和思路独特的问题让学生尝试练习，引导学生暴露思考中题意领会不细不全的不良解答习惯，让学生自悟自得审题不细、盲目下笔是解答问题的大敌。创新的素材取舍和新颖的思路设计，不但使得学生对所列问题有了逐层深入的理解，求得了正确解答，甚至出现了对带狗问题的新颖独特的理解，把课堂上生成的精彩推向了高潮。课堂上教者的循循善诱还使得学生体察到认真审题的重要性，学会如何着力避免主观经验和思维定式的干扰，如何寻求条件与条件、条件与问题之间的有机联系，防止不相干的关系被误用。课堂的结尾不但确立了"三遍审题法"——"第一遍理解题意，第二遍分析关系，第三遍确认算法"，而且使学生开始重视解题时养成良好的思考习惯，实行自我教育，强化元认知养成。这就使得课堂圆满达成了预定的创新性目标。

从教者的课前慎思和师生交往的活动中，可知教者的教学构思得益于报刊所载招聘的启迪。从鲜活的生活中获取教学的灵感，使得数学教学背景衬托和谐，课堂教学活动充实丰盈，教学指向十分集中。课上，师生共同关注和暴露了一般人遇事遇题不细想，急切地着手解决的通病。教者恰当地借用子女听从父母吩咐时的慌乱、对魔术表演中障眼手法的忽视等与数学习题情境相互验证，并把高考数学阅读题，流行歌曲，对学生的真诚关心、爱护和赞赏，恰到好处地镶嵌在与学生的对话中。这就增加了课堂的信息容量和教学对话互动的吸引力，也使得学生喜、怒、惑、悟交替起伏，数学学习中的行为参与、认知参与、情感参与全力以赴。难怪他们会在下课时"微笑着走出了教室"。

"问渠那得清如许，为有源头活水来。"高妙的课堂设计不是教者凭空地随心所欲，而是潜心钻研，时时从生活中汲取营养，心无旁骛，努力开发生活资源为数学教学所用，积极实施教学创新的结果。

（陈今晨，全国著名特级教师，江苏省海安县教研室原副主任）

惊喜：一种课堂教学评价的尺度

2007 年 4 月 22 日，在一年一度的江苏省小学教育科研协进会上，我们邀请华应龙老师为会议上一节具有研究性质的示范课，于是他借用会议承办学校连云港师专二附小一个班的学生上了"审题"这一课。现场极具冲击力，我相信每一位听课的老师都会强烈感受到这是一节好课，我个人则多次体验到阿多诺所说的"震颤"的美感，进入了"欣赏"的状态。

然而，作为研究者，我并没有轻信自己的直观感受，我需要用听课学生的观点和看法作为准确判断的支撑和依据。我抢在学生出来之前等在外面，以便在第一时间获得学生的真实想法和新鲜意见。处于极度兴奋中的学生，完全不需要知道我是干什么的，对我提出的问题七嘴八舌地发表着自己的观点："从来没有听过这么好玩的课，想不听都不行！""这个老师神了，他能知道我们想什么，而且特准！""他把我们上得一惊一乍的！想不出后面会发生什么！"学生走了以后，我仍然怔怔地发愣：学生的看法完全不符合我们所谓的教学评价标准和理念，但却十分真实而准确。为什么这是一节好课，在学生的真切感受中得到了充分揭示。

这是节好课的第一个理由，是它深深吸引了现场的每一位学生和老师。

说这节课具有磁铁般的吸引力一点也不过分。时间一分一秒地从我们身边悄悄流过，我们就像是恋爱中的男女一样，感觉时间太快太短，甚至失去了对时间流逝的感受。课结束的时候，我听到了全体师生发自内心的掌声，这掌声是希望留住已经过去的时间，并为这节课的每一种精彩定格。我们不会忘记台湾魔术师刘谦，因为他让我们深深地沉浸在他的表演中而忘记了一切。我相信，听完这节课我们也都不会忘记华老师，因为他就是课堂教学的魔术师，他让我们深深地沉浸在课堂里忘记了一切。不知道为什么，在我们的教学评价标准中，已经很少将课堂教学的吸引力作为评价一节好课的重要标准了。但学生说出了最简单、最真实的评价："想不听都不行！"能够深深吸引学生，这就是好课的核心标准。好课的标准上升到理论分析会十分复杂，但实践有时就是这么简单，简单得只有一句话：没人想听的课，吸引不住学生的课，绝不会是好课！

这是节好课的第二个理由，是它凭借数学本身的魅力深深吸引了学生，而不是依靠数学之外的其他什么东西。刘谦是靠魔术吸引观众，马季是靠相声吸引观众，莎士比亚是靠戏剧吸引观众，托尔斯泰是靠小说吸引观众。依此类推，薛法根是靠语文吸引学生，华应龙是靠数学吸引学生。就像马季决不会用小说去吸引观众一样，华应龙也绝不会用语文去吸引学生。表面上看，这很简单，但要做到这一点却十分困难。这就是佳作和劣作的重要区别。由于数学比较抽象，我们怕学生感觉教学枯燥，由于孩子比较感性，我们常常担心他们无法接受理性的数学，因而我们看到了太多的努力和企图，美其名曰"综合运用多种教学手段"，试图用音乐、美术、戏剧、电子技术等包装出全新的数学课。有些拙劣的教师甚至不惜在数学课上表演小品和相声，以眼花缭乱的方式吸引学生。我们看到了太多五彩缤纷、雕虫小技、画蛇添足的课，这本身就是对数学吸引力缺乏自信心的表现。数学本身能否吸引学生？能否吸引每一个学生，包括数学成绩不太好的学生？我想对华应龙来说答案是肯定的。因为他整节课只使用了两份教学材料，一份用于课前思维训练，一份"综合测试"用于整节课，整个教学过程其实就是读完一份试卷（写上自己的名字），审三题解三题，课堂教学设计极为简单，也极为简明，什么复杂的花样都没有。有时简单、简明、简约是最有吸引力和征服力的。就是这么简明的教学材料和教学结构，却上得风生水起、曲折有趣、高潮不断，这既基于教师对数学本身具有足够魅力的坚信，更基于教师对数学教学的深刻理解、智慧把握和艺术处理。难怪学生说这个老师"神了"，神就神在运用数学本身，以一种非常简单的方式，教出简单之中的丰富、平淡之中的高妙、普通之处的深刻！

这是节好课的第三个理由，是以教学材料中的数学思维方式吸引学生，教给学生的是思考过程和数学方法，由此提升学生的数学眼光和数学素养。人类思维方式中居于"原型"地位的其实就是一种数学理解和运算，因此，数学思维就是一种广义的人类思维，它可以迁移到生活、学习和工作的各个方面和各个领域，这是数学素养的核心。但是教会学生数学思维必须通过课堂教学来实现，必须以适应学生经验背景和现有思维水平的方式进行，必须设计符合一节课要求的特定时空形态，于是这节课叫"审题"，其实质就是一种数学思维训练的过程，就是一种教会学生数学思考方法的过程。

值得注意的是，华应龙对本节课使用的教学材料进行了精心的设计和选择，课前思维训练和综合测试两份教学材料是专为这节课准备的，表现了好的数学教师的鲜明特质：一是教学材料本身蕴涵着进行数学思维训练的丰富可能性，二是材料本身体现了教师对学生思考习惯、思维方式、经验水平的充分了解，尤其是对多数学生可能发生思维偏差和经验迁移错误的充分把握；三是材料具有突破学生现有数学思维水平和经验的多种价值和意义，而且是逐步提高和不断加深的。课堂教学实践证明，教学材料的选择和设计是极为成功的，它紧紧扣住了学生的思维习惯误区，不断地让学生掉进误区、分析误区、爬出误区，在自身思考的局限和打破局限的过程中，体验着数学思维的内在紧张、理性冲动和思想激情，从而实现了一种具有丰富思维挑战、思维过程和思维品质的课堂教学，而恰恰是数学思维和方法本身吸引了学生、丰富和提升了学生。难怪学生说这个老师似乎知道他们在想什么，难怪学生说课堂不可预料，想不到后面会发生什么。原因是华应龙深入地研究了学生，透彻地把握了学生，同时又通过教学很好地提升了学生，把他们带进数学思维和方法的更高境界。

需要强调指出的是，这节课的主题和内容是"审题"，但我认为又不是审题，它的意义和价值远远超越了审题。审题是与具体题目相关联的思维过程和认识过程，因而它是不能脱离具体题目的"过程与方法"，却又是超越具体题目的"过程与方法"，是在审题中通过审题为了解题而超越审题和解题，审题和解题本身并不是教学目的，使学生的数学思维得到充分发展才是目的。学生数学思维发展的过程，其实就是不断打破过去的经验和思维定式，不断体验和理解新的数学问题和方法，从而不断拓展数学经验和建构数学思维的过程，即一种数学眼光不断敏锐的过程、数学意识逐步提升的过程、数学素养不断形成的过程。

最后，这节课给我们提供了最有意义和价值的两个字——"惊喜"。学生说这节课"上得一惊一乍的！想不出后面会发生什么"！学生课后兴奋的表情告诉我：他们体验到了一种从未有过的惊喜，一种从数学教学中发现意义和价值从而喜欢数学、热爱数学的惊喜，一种源自数学而又超越数学、在学习过程中获得的惊喜。我以为这是对华应龙这节课的最高评价。维果茨基说，教学要走在发展的前面。可以理解为教学要超出学生的预期，而不能落入学生的预期。落入学生的预期，学生就会感到索然无趣；超出学生的预期，学生就会感到惊讶和惊喜。在教学中，如果我们能够在知识、思维、审美、道德等方面，呈现、提供或指导学生"发现"新的认识、新的感受和新的境界，就能使学生超越他现有的局限和具体存在，有"眼前一亮"或"心中一亮"的喜悦感受。说到底，教育教学其实就是给学生以惊喜的过程，就是让学生在惊喜中获得更多发展可能性的过程。从这个意义上说，"惊喜"就是教育教学打开精神成长的明亮之窗的隐喻，它要求教师打开丰富的现实世界、知识世界和精神世界之窗，让学生在惊喜中看到一个更开阔、更丰富、更遥远的世界。

因此，我们需要牢记马克斯·范梅南的教导：教育教学要使学生有心灵和精神的"惊喜"，有"获得"的惊喜和"成功"的惊喜。这是每一个教师的责任，也是教师努力的方向。

（彭钢，江苏省教育科学研究院基础教育研究所所长、研究员）

12. 人人学有价值的数学

——以"出租车上的数学问题"教学为例

【课前慎思】

什么样的综合实践活动课有价值

《全日制义务教育数学课程标准（实验稿）》开宗明义："人人学有价值的数学。""有价值"的数学应该与学生的现实生活和以往的知识体验有密切的关系，是对学生有吸引力，能使学生产生兴趣的内容。那些对学生来说有如"天外来客"般难以琢磨的内容，是没有必要人人都学的。

我们乘坐出租车时大多会与司机闲聊，从伊拉克局势到街坊趣事，下车时，看一眼票价付钱完事。有一天，我发现出租车票价的计算与传统的百分数应用题有关，就开始琢磨出租车上的数学问题，试想着引导学生一起研究。

学生都已经学会解答较为简单的百分数乘、除法应用题。经过调查，班上97%的学生都乘坐过出租车，而且有几个孩子就是天天乘坐出租车上学、放学。

我觉得，这样的研究，能让学生综合应用所学的知识，经过自主探索和合作交流，解决与生活密切相关的具有一定挑战性和综合性的问题，获得解决简单实际问题的经验、方法以及成功的体验，沟通生活中的数学与课堂上的数学的联系，体会到数学的作用，初步树立运用数学解决问题的自信，发展解决问题的能力。

从一定的角度说，加深对所学百分数等知识的理解，掌握票价计算方法是次要的。在解决问题的过程中，学生可以获得成功的体验，从而进一步树立自信心，这才是这节课的主要价值。

综合应用活动强调学生主动学习，不仅强调对知识的学习，更重要的是强调学生学习方法的养成。在活动过程中，通过与同学交流，向司机请教，听专业人员解疑，向大家陈述自己的观点，在与同学的比较中逐步提高。因此，让学生在综合应用活动中，自己体验活动过程，自己总结是课堂实施的重点。

综合实践活动的基本环节是行动、提问、研究和实践。因此，我布置学生课前行动：尽可能地利用假日乘坐一下出租车，想一想出租车上有哪些数学问题。你能看懂发票吗？把发票带到学校来。

课中提问研讨。在研讨环节，相机渗透一种研究方法，在研究对象纷繁复杂的情况下，可以用"假设"进行简化处理，这样便于研究。

经过近三个月的研究，我试着上了这节课。

【课堂实录】

"出租车上的数学问题"教学纪实

师： 同学们都乘坐过出租车吧？坐出租车的时候你有没有想过出租车上有哪些数学问题呢？

师： 今天这节课我们就一起来研究研究出租车上的数学问题。我们乘坐出租车之后，会得到这样的专用发票——

（出示3张出租车专用发票，见下页）

师： 你能看懂出租车发票吗？从发票上我们能够获得哪些信息呢？拿出

自己带的发票，小组内交流，不懂的地方讨论讨论。

（小组讨论之后请一组汇报）

生：我们组发现出租车票上有车牌号、电话号码这样一些信息，我们想这些信息是为了便于顾客电话联系到这辆车，寻找丢失物品或者投诉的。

生：我们还发现有乘车的日期、上车时间、下车时间、单价、里程这些信息。而且我们知道用单价乘以里程的结果就是最后的车费，也就是小票上的金额了。

生：我们还发现发票上的单位都是四位数，我们认为因为出租车公司有的单位名称会比较长，市交通管理局为了便于管理就给公司都编了号，所以发票上就都是数字了。

生：我们组有个问题没有解决，我们发现发票上写着一个"状态：0"，这是什么意思？哪位同学能够解答？

生：我也有一样的疑问，我也观察到了这一点，而且看过很多发票的"状态"一栏，要么是"1"，要么是"0"，没有"2"以上的数字出现，这是为什么呢？

（同学们十分热情，纷纷举手要作答）

生：我了解，在这里"1"代表往返乘车，"0"代表单程乘车。

生：我的理解恰好和你相反，我认为"1"是单程，"0"是往返。因为我也看了很多人的发票，大多数都是"1"，而我们生活中乘坐往返车的毕竟是少数人，所以我认为"1"是单程，"0"是往返。（同学们纷纷看自己的车票验证该生的说法，纷纷点头表示赞同）

师：看来大家都认为"1"和"0"代表的分别是单程和往返乘车。华老师以前也不知道这个问题，为此专程到交管局了解了一下，"1"代表往返，"0"代表单程。这位同学的见解很有道理，可为什么错了呢？课后再研究，好吗？

师：还有什么问题吗？

生：我还发现有一栏写的是"等候"时间，我也知道等时间是要花出租费的，但我不知道等候与正常速度行驶在计价上有什么区别。

生：等候时间累计5分钟就按照1公里来计价。

生：我坐的出租车是1.6元的，但为什么我的发票单价一栏打出来却是2.4元呢？

生：我也有这个发现，我的是1.2元出租车，单价标出的是1.44元。

生：我的单价是1.8元……

师：大家说的这个问题看来还是个普遍问题呢！请回忆一下，我们北京市的出租车单价有几种？

生：（齐）1.2元的，1.6元的，2元的。

师：可发票上单价还不止这三种，怎么回事？谁能解答？

（学生们眉头紧锁，无从解答）

师：看来还真有一定难度！没关系，我们一会儿再来研究这个问题。

师：还有其他问题吗？

生：我的出租车票"状态"栏是"1"——代表往返，可是大家都知道，往返都该走很远的路，出租车费应该很多，而我的只有10元，这是为什么呢？

（学生们多被问住了，都不知如何作答）

师：同学们有人知道吗？华老师可以回答这个问题吗？

生：（笑）当然可以！

师：我们在坐出租车的时候，达到一定里程数，超过 15 千米后要加收 50% 的空驶费，而如果是往返，就不该加价了……

（一名学生举手，教师停了下来，示意他作答）

生：就是说 15 千米之内的，不管状态是"几"，都不会影响最后的计费。

（学生们频频点头）

师：一语中的。谢谢你！看来大家对出租车上的数学问题有很多感受，也有很多看法，究竟是怎样的呢？

（出示出租车上的标价签）

师：打车时你看到过这样的标签吧？它的反面你注意过吗？

（出示标签反面，大部分学生摇头）

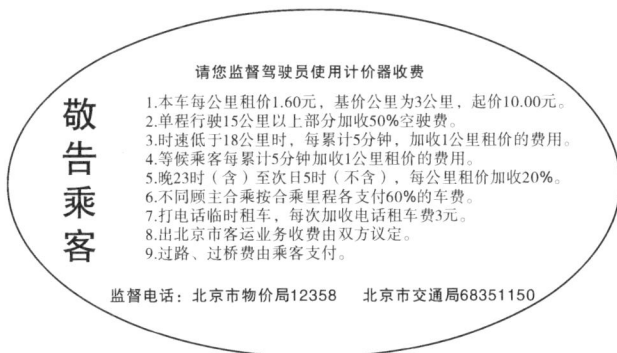

请您监督驾驶员使用计价器收费

敬告乘客

1.本车每公里租价1.60元，基价公里为3公里，起价10.00元。
2.单程行驶15公里以上部分加收50%空驶费。
3.时速低于18公里时，每累计5分钟，加收1公里租价的费用。
4.等候乘客每累计5分钟加收1公里租价的费用。
5.晚23时（含）至次日5时（不含），每公里租价加收20%。
6.不同顾主合乘按合乘里程各支付60%的车费。
7.打电话临时租车，每次加收电话租车费3元。
8.出北京市客运业务收费由双方议定。
9.过路、过桥费由乘客支付。

监督电话：北京市物价局12358　　北京市交通局68351150

师：这上面有很多信息，在你手头那张纸的反面我给你复印了一份，看一看，从这上面能看出什么，能解答哪些问题。

（学生们急不可待地认真阅读起来……）

师：看过之后有什么收获呢？

（孩子们争先恐后地要介绍自己的新发现）

生：（异常兴奋）我知道为什么会出现单价是 1.44 元的现象啦！因为 23：00 之后乘车，每公里单价会加收 20%，如果乘坐 1.2 元的出租车，到了 23：00 之后单价就是 1.2×（1 + 20%）＝1.44（元）。

（此言一出，很多孩子受到启发也高举小手）

生：听了他的发言我还想到，如果乘坐单价 1.6 元的出租车，在 23：00 之后单价就是 1.6×（1 + 20%）＝1.92（元）；如果乘坐的是 2 元的车，23：00 之后就会是 2×（1 + 20%）＝2.4（元）。

（学生们不由自主地为他激昂的发言鼓起掌来）

师：也就是说，单价与我们乘车的时间有关……

生：（很疑惑的样子）老师，好像不全是这样吧？我手里车票的上车时间是 16：54，下车时间是 17：33，不是 23：00 之后啊，为什么单价显示的也是 2.4 元呢？而且，我记得我乘坐的是 1.6 元的出租车呀！即使加收 20%"单价也应该是 1.92 元哪！是不是出租车司机多收了我的钱？

（其他同学立刻很有兴致，也想弄个明白）

生：你说的问题我刚才在阅读的时候也想到了，我来给你解答。你可能没注意到还有这样一条说明："行驶 15 千米以上部分加收 50% 的空驶费。"这说明票价与里程有关，当超过 15 千米就会加价啦！你不是说你乘坐的是 1.6 元的车子吗？那单价不正是 1.6×（1 + 50%）＝2.4（元）吗？

（掌声自发地响起来）

生：我同意他的看法，因为我刚才听你说你乘车时间是 16：54 - 17：33，这么长时间一定走了很远的路，所以应该超过了 15 公里，那么单价就应该是 2.4 元了。

生：我还要补充一点，刚才在阅读时，我还注意到加收 50% 单价是有前提的，是在"单程"行驶时。所以我猜你是单程乘坐的，所以会加钱，如果是往返应该就不会加钱了。

生：你说得对，我是单程乘坐的。现在我知道司机没多收钱，我乘坐了 23.6 千米，单价应该是 2.4 元。谢谢你们！

师：大家讨论得很好！那如果是单程乘坐 1.2 元出租车，当行驶里程超过 15 千米时，单价是多少呢？

生：1.8 元，用 1.2×（1＋50%）＝1.8（元）。

师：那如果是 2 元的车子呢？

生：2×（1＋50%）＝3（元）。

师：你还获得了哪些信息呢？

生：我有个问题，我看到第一条写的是，基价公里是 3 公里。这个基价公里是什么意思？

生：这个基价就是起步价，我们都知道出租车的起步价是 10 元，这个基价公里——3 公里，就是说 3 公里之后就会开始按单价计价向上累加了！

生：我补充一点，1.2 元的车基价公里是 4 公里。

［教师板书：起价：10 元（4km，3km）］

生：通过阅读我由第三条还了解到速度低于 12 公里时，也会累计 5 分钟加收 1 公里的租价费。

师：同学们不断有新问题产生，真不简单，很是佩服！现在，你是不是觉得这出租车发票很有看头呢？

（一边说一边再次出示了那 3 张出租车发票）

生：哎——我还没搞明白，老师您出示的 3 张发票的证号都不一样，为什么一个是 6 位数字，一个都是零，一个是空白呢？

（学生们被问住了，没人能解答）

生：我也没搞明白，而且我发现我的发票上证号也是空的，没有任何数字。

（学生们用期待的眼神等待教师作出解释）

师：原来华老师也不知道这是为什么，课前到有关部门咨询，知道了有的出租车是一个人开，就会输入这位司机的证号；有的出租车是两人合开，就用 6 个"0"代表，或者干脆不输入证号。

师：看了这三张发票还有没有不明白的问题？

生：发票上都有黑框，我不知道这个黑框有什么用。

师：有同学知道吗？

生：我认为就像买东西时扫描条形码一样，一照到黑框就从这儿开始打印。

师：（面向发出疑问的学生）这个答案你满意吗？（该生迟疑）我也不知道。这个知识我真不知道，咱们课后再去查实，好吗？

生：我发现三张发票显示的公里数都是 9 千米，而票价却都不相同。这是为什么呢？

（有学生开始小声议论起来……）

生：第二张和第三张发票的单价是 1.2 元，第一张不同，是 1.6 元，所以虽然都是里程 9 千米，但金额会不同。可是后两张单价一样，为什么金额不同，我也没搞明白呢。

生：（兴奋地起立）我发现了！后两张发票虽然单价一样，但是你看"等候"时间是不同的，一张等候了 12 分 48 秒，另一张等候了 1 分 39 秒，我们不是知道了吗，等候时间累计 5 分钟按 1 公里计费，那么 12 分 48 秒就折合 2 公里多，当然金额就多啦！

（同学们为该生精彩的发言热烈地鼓起掌来）

师：同学们观察得很仔细，思维很敏捷！

出租车票价究竟是怎么计算出来的呢？这个问题是很复杂的。遇到一个很复杂的问题，怎样研究呢？可以这样研究——

假设——

I 乘坐单价是 1.2 元的出租车；

Ⅱ行驶过程中没有等候；

Ⅲ在白天乘车；

Ⅳ单程乘车。

请计算——

①行驶里程为 2km 的票价：＿＿＿＿＿＿

②行驶里程为 9km 的票价：＿＿＿＿＿＿

③行驶里程为 18km 的票价：＿＿ ＿＿＿＿

这样一假设，问题就变得简单了吧？

试试看，独立计算后小组交流。

生：第一题行程 2 千米的票价应该是 10 元，因为刚才我们了解到基价里程是 3 公里，2 千米不够 3 千米，就会按照起步价来收费。

生：我同意她的答案，但她的话中有一个小错误，乘坐 1.2 元的出租车基价里程不是 3 公里，而是 4 公里。

师：我提议大家为这位同学鼓掌，（掌声）他特别注意倾听！

生：第二题用 $10 + 1.2 \times (9 - 4) = 16$（元），所以，行驶 9 千米的金额是 16 元。

生：第三题用 $10 + 1.2 \times (18 - 4) = 26.8$（元）。里程是 18 千米，应付金额是 26.8 元。

（很多同学不同意这一观点，一生起立与之对话）

生：你在计算过程中忘记了 15 公里之后要加收单价的 50% 的空驶费，应该是 $26.8 \times (1 + 50\%)$……

（很多学生举手反对，一生起立）

生：考虑到加收空驶费也不该都加啊，列式应该是 $26.8 + 3 \times 1.2 \times 50\% = 28.6$（元）。

（部分学生点头赞同该生的观点，仍有部分学生处于疑惑状态）

师：大家对这个问题出现分歧了，有的认为应该用 $10 + 1.2 \times (18 - 4)$，有的认为应该是 $26.8 \times (1 + 50\%)$，有的认为应该是 $26.8 + 3 \times 1.2 \times 50\%$。

对这个问题，华老师请教了专业人员——

（播放华老师与北京市物价局收费管理处处长的对话录像及相应的示意图解）

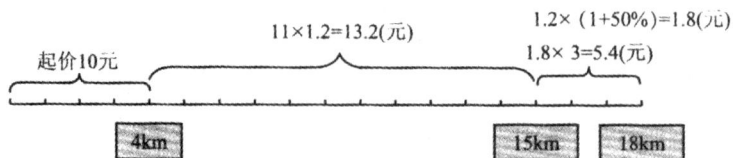

$$11 \times 1.2 = 13.2（元）$$

$$1.2 \times (1+50\%) = 1.8（元）$$

$$1.8 \times 3 = 5.4（元）$$

起价10元

4km 15km 18km

合价：$10 + 13.2 + 5.4 = 28.6$（元）

（在播放录像的过程中，孩子们频频点头，之后对刚才答对的学生投去钦佩的目光。）

生：（刚才答对的学生）我还要提示大家，收费标准标明的是 15 千米以上部分加收 50%，是"以上"才收，不是全程都收。

师：谢谢你！大家都明白怎么计算出租车票价了，而且我们看了录像也知道了计价器对最后的收费会进行"舍零取整"，高出或低于一两元钱都是在正常的范围之内。

同学们可以用自己手头，也可以用老师投影出示的发票进行计算，看看我们算出的票价与应付的金额是不是差不多。

（同学们兴致勃勃地开始计算……）

师：会算出租车票价了吗？能帮我解决一个问题吗？老师经历过这样一件事：在北师大参加编写教材的会，会议开到深夜。我就住在北师大的公寓里，但一位老教师要回家，我打车护送她。当我返回北师大时，发觉票价不对。"我是往返的啊！"司机说，他没听清楚。都是我这口音惹的祸。我实际应付多少钱呢？

生：华老师，您乘的什么出租车？

师：你能看出来吗？

生：单价 2.72 元，我想您乘的是 1.6 元的。

生：（手握计算器）是 1.6 元的！

1.6×（1＋20%＋50%）＝2.72（元）

（教师点头微笑，学生们看着发票独立计算后汇报）

生：10＋1.6×（1＋20%）×（30.6－3）＝62.992（元）。

生：78－1.6×50%×（30.6－15）＝65.52（元）。

生：两种方法的结果怎么不一样呢？

生：我想是因为第 2 个算式中的"78"是舍零取整后的。

（同学们纷纷点头，教师脸上露出了微笑）

师：你们知道吗——收费管理处的处长告诉我，北京市物价局每天接到的投诉电话，90%都是来自乘坐出租车的人，好多人都不清楚出租车票价到底是怎样计算的，学过这节课你有什么收获呢？

生：这节课我了解了很多关于出租车计价的知识，如起步价多少元、单价有几种，等等。

生：以后坐出租车我可以自己来计算我的车费，也可以看看司机收费是否合理了。

生：如果不合理，我还可以去他们公司投诉。

生：我知道了数学不光在课堂上可以学到，生活中也有很多数学可以学习。

（自发的、热烈的掌声）

生：我还知道了出租车的相关规定，会减少一些收费上的误解。

师：这样，到物价局投诉的电话就会减少。不过，刚才那位同学说得也好，当票价真有差错的时候，我们就去维护自己的权益。

生：我们在平时生活中要多留意观察，比如 1.6 元标签后面有很多出租车的计价办法呢，我可是一直没仔细看过啊……

（友好、和善的笑声）

师：这正应了一句古话：处处留心皆学问！还有什么遗憾呢？

生：课前没能好好地独立把没搞明白的问题仔细思考一下，课上我的参与深度不够……

师：说得真好！有时候发现了问题不要急于请教别人，要先自己动脑筋思考思考。

生：感觉学这节课学得太晚啦！以前我就吃过一次打车的亏，早点学我就不会吃亏啦！（同学们大笑）

师：大数学家华罗庚说过："宇宙之大，粒子之微，火箭之速，化工之巧，地球之变，生物之谜，日用之繁，无一不用数学。"上完这节课我们是不是感觉到我们学了数学就应该去用呢？否则，就相当于是抱着金饭碗，却到处去要饭吃！

（石雪纳、李刚　整理）

【专家评析】

创造了适合学生的教育

上完华老师的课，小学生喊出的心声是："这节课学得太晚啦！"听完华老师的课，给我留下的直觉是："40分钟怎么这么快？"这的确是一节好课，"好"就好在它"创造了适合学生的教育"。这正是当前数学课程改革精髓之所在。

现从以下三个方面简析。

一、选取题材——新

华老师为六年级设计的"出租车上的数学问题"颇有特色。它具有鲜活的现实性、强劲的挑战性和跨学科的综合性。

坐出租车是城市小学生经常遇到而又不去深思的实际问题。今日面对一张张出租车发票所提供的大量信息，要他们去探索、猜测、分析、研究，要他们通过自己的生活经验，利用已学过的全部数学知识来解决一连串的复杂问题，孩子们感到有趣、有理、有用，甚至叹息"相见恨晚"。这正是华老师合理选择、充分利用课外资源所得到的丰厚回报。

二、发挥学生的主体作用——充分

整节课自始至终，华老师把学习的主动权完全交给学生。引导学生观察自己收集的出租车发票，让他们发现信息，选择信息，在自主探索、亲身实践和小组合作交流中，提出困惑，切磋讨论，这里有倾听、质疑、说服甚至争辩，有时针锋相对，争得面红耳赤；有时又为同伴的精彩发言所折服，情不自禁地鼓起掌来，分享成功的愉悦。由于拓宽了从事数学活动的时间和空间，数学学习变成学生主体性、能动性、独立性不断发展和提升的过程，体现了"以学生发展为本"的新理念。

三、教师角色的转变——到位

如何使教师成为真正意义上的组织者、引导者和合作者，仍是当前教师感到困惑的一个热门话题。这节课在体现教师角色转变方面也颇有创新。

华老师的"组织者"角色，不仅体现在课内，而且延伸到课外，如组织学生收集出租车发票，自己又去交管部门、物价局等作专题调查访问，并利用访谈录像及时解决学生的疑问，取得了良好的效果。他那"引导者"角色，不是张扬而是隐性的。华老师勤于观察，善于等待，巧于激起学生的思维火花，在整个教学过程中，做到了"收放得当"，放得真心、实在，收得自然、适时。在学生自主探索、合作交流时，又配合恰当的板书、及时的点拨，尤其是最后引用华罗庚先生的名言作的总结，画龙点睛，使学生进一步体会到数学的应用价值，感受到数学的力量，使学生的收获得到理性的升华。其"合作者"角色则是显性的，教师和学生完全处于平等的地位，遇到个别问题自己也不能解答时，决不掩饰，而是公开表示：这个知识我真不知道，咱们课后再去查实，好吗？教学相长，真是一个师生互动、生生互动的"共同学习体"。

教学是科学，科学的真谛是求真；教学是艺术，艺术的真谛是创新。华老师这节课既求真又创新，做到了"科学"和"艺术"的结合，是一节难能可贵的好课。

（周玉仁）

后记　追寻梦想

　　学校是放飞梦想的剧场，不管是小学、中学，还是大学。

　　如果在学校，没有一位自己敬爱的、魂牵梦绕的老师，没有一帮情同手足、志趣相投的同学；如果在学校，没有得到尊重和呵护，没有鲜花般明艳的展示，没有浸透了泪水的奋斗；如果在学校，没有一块自己痴迷神往的天地，没有一串有关自己的有滋有味的故事，那么，你对母校就不会有太深厚的感情。

　　北京第二实验小学，是我的母校！

　　虽然，我的小学、初中、中师、大学都是在江苏读的。

　　学校是放飞梦想的剧场，不管是对学生而言，还是对老师来说。

　　这本书中的十二节课，基本上都是我在北京第二实验小学执教的。

　　衷心感谢李烈校长给我创造了如此高大的平台！她的"以爱育爱"、"以学论教"、"以参与求体验"、"以创新求发展"的教育理念滋育了我，她提出的课堂教学三段式——"课前参与、课中研讨、课后延伸"考验了我，她倡导的教师在课堂上要"勇敢地退，适时地进"点化了我……

　　衷心感谢在我研究这些课的过程中给予很多无私帮助的北京第二实验小学的同事们！"中括号"一课中，施银燕老师的金点子；"多位数减法练习课"中，刘伟老师的细致推敲；"我会用计算器吗"一课中，石雪纳老师由乘改除的变化，黄利华老师建议使用的信封；"神奇的莫比乌斯带"一课中，李刚老师勇敢的尝试；"角的度量"一课中，赵铂楠老师反复修改的课件……

衷心感谢帮我整理课堂实录的石雪纳、李刚、宋征、易玫、王红、赵铂楠等老师！

不单在校内，校外也有许多帮我圆梦的人。

衷心感谢在我研究这些课的过程中给予很多宝贵指导的中国科学院心理研究所张梅玲研究员，北京师范大学周玉仁教授，北京教科院吴正宪主任，教育部刘兼主任，北京教育学院刘加霞教授、张丹博士，首都师范大学王尚志博导，中央教科所曹裕添研究员！

衷心感谢在我研究这些课的过程中给予很多难得帮助的中央电视台的罗京先生、杨天和老师，中央人民广播电台的王晓晖副台长，东田公司的马兴寿总经理……

衷心感谢孙晓天、刘加霞、曹培英、张春莉、吴正宪、王永、周玉仁、李烈、施银燕、张丹、刘兼、张梅玲、张奠宙、张兴华、宋淑持、汤卫红、陈惠芳、陈今晨、彭钢等专家为我的课写出的启人深思的评论！

衷心感谢《人民教育》、《江苏教育》、《小学数学教师》、《小学教学》、《北京教育》、《福建教育》、《新世纪小学数学》等报刊的编辑老师们！我的这些课中有他们的指导和厚爱。

衷心感谢国家督学成尚荣先生、东北师范大学马云鹏院长在百忙中为我写了热情洋溢、褒奖有加的序言！

衷心感谢我的启蒙导师陈今晨先生！是他的错爱和引领，为我的教学奠基，激发了我对小学数学的热爱。

衷心感谢在我成长过程中数不清的给予很多帮助的领导、专家、朋友们！虽然数不清，但都珍藏于我的心中，荡漾在我的心头。

一个好汉三个帮，三个帮出一好汉。

衷心感谢我的父母！他们给了我一副强健的体魄、一颗热忱的心、一个好听的名字（初为"华逸农"，读书后改为"华应龙"）。上次回老家，看到82岁的老母亲在屋后的田里干农活，我心里感觉特幸福，特温暖，特踏实。父母身体健康就是儿女的福。

　　衷心感谢我的妻子！她是贤妻良母，承担了家庭的重担。半夜三更，我打开的床头灯会把她惊醒。衷心感谢我的儿子！小学、初中、高中、大学的学习没让我操一点儿心；20 年来，没有给我添一点儿乱，让我始终能够心无旁骛地追寻梦想！

　　"寻梦？撑一支长篙，向青草更青处漫溯。满载一船星辉，在星辉斑斓里放歌。"（徐志摩诗句）

　　"万物皆备于我矣。反身而诚，乐莫大焉。"（孟子语）

　　这本小书，是我交给您的一份作业．不知您满意否？

　　诚惶诚恐！

2009 年 8 月 28 日于北京新文化街 111 号

再版后记　居高声自远

2009 年 10 月，华东师大出版社出版了我的《我就是数学》和《我这样教数学》。哪知道，甫一出版，就迎来了好评。

2010 年春节，我姐姐（夫人的姐姐，扬州的高中物理教师）回娘家，拿出一本《我就是数学》让我签名。那毕恭毕敬的姿态，搞得我受宠若惊。要知道，当初，我和夫人谈恋爱时，姐姐是不支持的，嫌我家穷，人长得又黑，还是个乡村小学体育老师。（写到这儿，我笑出声来。如果不是真事，我是不敢这样戏谑姐姐的。）大概是我受宠若惊的样子，刺激了姐姐。姐姐的话中有些打击我的味道，她板着脸说："别高兴，不是我要你签的。"停顿了三秒（姐姐的物理教得非常棒，学校党委书记的工作做得很入心，她说话是很有艺术的），姐姐接着说："是我们学校的语文老师要的。"我惊讶地张大了嘴："更不可思议了！怎么可能啊？中学语文老师喜欢小学数学老师的书？"姐姐很认真地说："我们 X 老师非常喜欢。多次和我谈起读这本书的心得，因此我说，我帮你请华应龙签个名吧。不过，我始终没说你是我妹夫。"

后来我才知道，中学老师喜欢我书的故事还真不少呢！

家长朋友，也是我的热心读者。前几天，一位一年级家长朋友说："我是先买了您的《我这样教数学》，看后才决定一定要争取让孩子来实验二小的。"北京第二实验小学是教育的高地，衷心感谢北京第二实验小学的家人们！他们的包容、抬举、青睐，才让我"居高声自远"。

2017 年 10 月 1 日，我的公众号发布了我的《故事中认识我自己》，一位读者在"留言"中说，他把我的书读了不下十遍，每次心里不安静的时候，拿起这本书就能让他静下来。

每每回想起这些，我就十分感激我生命中遇到的那些贵人：李烈校长、顾明远先生、叶澜先生、陈今晨师父、张兴华师父、吴瑞祥局长、郭毅浩局长、舒小红局长、鲍东明主编、傅国亮总编、余慧娟总编、翟博社长、刘坚教授、刘加霞教授、张奠宙先生、蒋徐巍副主编、吴法源总编、张万珠编辑，等等。

这次《我就是数学》和《我这样教数学》能够再版，我非常感谢长江文艺出版社尹志勇社长和秦文苑主任的青睐有加！

为了再版，我工作室的伙伴们分工合作，帮我一页一页、一行一行、一字一字地修订，实在是令我感动！

为了再版，我自己也是一篇一篇地回味。看着，看着，我和夫人说："我都不相信是我自己写的。现在的我，是写不出来的。"

"大夏书系"系教育出版业的高地。我的书之所以能有比较好的影响，同样是因为"居高声自远"。最后，我要再次感谢华东师范大学出版社的老师们，是他们的欣赏和抬举，才有了今日的再版！

长江文艺出版社是文艺出版业的高地，"居高声自远"，我很期待！

2019 年 10 月写于北京圆方斋